产品经理实用手册

产品思维方法与实践

谢星星 李应玲 魏勇 编著

PRODUCT MANAGER
PRACTICAL MANUAL

本书系统介绍了产品思维方法与实践。全书共 15 章，分为四篇：产品思维的根本——用户至上、产品思维的核心——价值为王、产品思维的落脚点——产品落地、产品思维实践。每一章都辅以丰富案例，尤其是最后一篇提供了 Web 产品、App 产品和小程序产品的完整案例，帮助读者思考如何在实际工作过程中运用产品思维。

本书理论结合实践，内容深入浅出，有助于读者认识产品思维的本质。本书主要面向产品经理、产品总监、产品设计师、项目经理和需求分析师等读者，也适合高校产品设计相关专业师生作为教材使用。

图书在版编目（CIP）数据

产品经理实用手册：产品思维方法与实践 / 谢星星，李应玲，魏勇编著.
—北京：机械工业出版社，2021.3（2024.1 重印）

ISBN 978-7-111-67321-7

Ⅰ. ①产… Ⅱ. ①谢… ②李… ③魏… Ⅲ. ①企业管理-产品管理-手册 Ⅳ. ①F273.2-62

中国版本图书馆 CIP 数据核字（2021）第 003898 号

机械工业出版社（北京市百万庄大街22号　邮政编码100037）
策划编辑：王　斌　　责任编辑：王　斌
责任校对：张艳霞　　责任印制：单爱军

北京虎彩文化传播有限公司印刷

2024 年 1 月第 1 版·第 2 次印刷
184mm×240mm · 17.5 印张 · 431 千字
标准书号：ISBN 978-7-111-67321-7
定价：89.00 元

电话服务	网络服务
客服电话：010-88361066	机 工 官 网：www.cmpbook.com
010-88379833	机 工 官 博：weibo.com/cmp1952
010-68326294	金 书 网：www.golden-book.com
封底无防伪标均为盗版	机工教育服务网：www.cmpedu.com

前言
PREFACE

一、写作初衷

记得 2019 年 9 月初，我和出版社编辑沟通《Axure RP 原型设计实践（Web+App）》的重印事宜时，都认为可在产品经理方向打造一个产品经理实用手册系列。其实，这也是我在完成 Axure RP 工具类书籍写作时曾经一闪而过的想法。于是，我和小伙伴们开始整理思路，拟定写作大纲，最终确定了 4 本一套的产品经理实用手册系列，本书就是该系列中的一本。

产品经理类的书籍其实已经有很多，但是，讲究实用性，通过大量案例将各种知识点融会贯通的实用类书籍却并不太多。我写作本书的初衷就是想让产品经理，或者即将成为产品经理的朋友们能通过本书的内容，再结合具体的工作和实践形成产品经理思维，成为合格的互联网产品经理。

二、产品思维核心三要素

本人有多年的产品规划和设计经验，也曾从事过架构师、售前咨询和开发工程师等工作，近 5 年的主要工作就是做产品经理，以及从事相关领域的培训，包括 51CTO 学院的线上课程、培训机构的线下课程等。在工作和实践中，对于产品经理有了较为深刻的认识和理解。

产品思维是产品设计人员的底层能力，也是产品经理必须具备的思维。本书旨在帮助"初入行"的产品经理们，厘清思路，建立产品思维。

本书内容分为四篇共 15 章。

- ✓ 第一篇，产品思维的根本——用户至上。"用户至上"是产品思维的根本。一名好的产品设计人员需要做到用户至上，深入了解用户，洞悉用户需求。这部分内容共 4 章，笔者将结合案例讲解如何进行用户画像，如何分析用户特征，如何获取用户的真实需求，如何分析、评估和管理需求。
- ✓ 第二篇，产品思维的核心——价值为王。"价值为王"中的价值是指用户价值和产品价值。这部分内容共 4 章，笔者将结合案例讲解如何进行产品定位，如何让用户价值最大化，如何明确产品价值，如何提升用户体验。

- ✓ **第三篇，产品思维的落脚点——产品落地**。产品只有诞生后让用户使用，通过多次产品迭代得以优化，才能真正实现其价值。如何从 0 到 1 实现产品落地，这一过程中贯穿着产品思维。本篇将通过 4 章内容，重点讲解如何构建产品的架构，如何开展产品从 0 到 1 的诞生过程，如何开展产品从 1 到 N 的迭代优化过程以及如何建立产品思维 4 个方面的问题。
- ✓ **第四篇，产品思维实践**。这一篇将会通过 3 个完整的产品案例：在线教育平台、新闻 App 和品牌特卖电商平台小程序，将本书的核心知识点"产品定位""用户画像""用户价值""商业价值""竞品分析""产品架构"融会贯通进行介绍，让读者通过实践印证产品思维的内涵。

三、勘误和支持

由于作者的水平有限，编写的时间也很仓促，书中难免出现一些错误或不准确的地方，不妥之处恳请读者批评指正。

本书的修订信息会发布在作者的技术博客，地址为 http://www.blogjava.net/amigoxie。作者会在该博客不定期更新书中的遗漏之处。当然，也欢迎读者将遇到的疑惑或书中的错误在博客留言中提出。如果您有更多的宝贵意见，也欢迎发送邮件至笔者的邮箱（xiexingxing1121@126.com），期待能够听到您的真挚反馈。

四、致谢

首先要感谢我的家人，感谢他们不断给我支持、信心和力量，是他们的鼓励和背后的默默支持，让我坚持写完了本书。

感谢我的朋友李应玲和我一起完成了本书第 4 章和第 8 章，感谢我的朋友魏勇和我一起完成了第 5 章和第 6 章的内容，本书的成功出版离不开你们的默默耕耘。

感谢机械工业出版社的编辑老师们，他们也是本书的幕后功臣，本书的出版离不开众多小伙伴的辛苦付出！

感谢关注 51CTO 学院的学员朋友，技术博客的众多 IT 朋友，我所编著的所有 IT 图书的读者，以及鼓励过我的各位 IT 同仁，你们的肯定是我持续写下去的动力。

谢星星（阿蜜果）
2020 年 7 月于武汉

目录

前言

什么是产品思维？ / 1

第一篇　产品思维的根本——用户至上

第 1 章　对用户进行画像 / 5

1.1　什么是用户画像 / 5
1.2　用户画像的价值 / 6
1.3　用户画像的要素 / 8
1.4　用户画像的方法 / 9
1.5　用户画像实践案例 / 10
1.6　知名互联网产品的用户画像案例 / 11
1.6.1　滴滴专车的用户画像案例 / 11
1.6.2　小红书用户画像案例 / 11
1.6.3　抖音用户画像案例 / 12
1.6.4　优酷用户画像案例 / 13
1.6.5　京东用户画像案例 / 14
本章小结 / 14

第 2 章　分析用户特征 / 15

2.1　划分用户群和用户群矩阵 / 15
2.2　洞察用户心理和人性 / 17
2.3　群体用户心理 / 19
2.4　用户生命周期 / 21
2.5　用户特征分析案例 / 23
2.5.1　豆瓣用户特征分析案例 / 23
2.5.2　全民 K 歌用户特征分析案例 / 25
本章小结 / 26

第 3 章　获取用户的真实需求 / 27

3.1　需求背后的动机 / 27
3.2　判断真实需求 / 28
3.3　需求采集的 11 个方法 / 30
3.3.1　定性的用户访谈 / 30
3.3.2　定性的焦点小组 / 31
3.3.3　定量的问卷调查 / 32

3.3.4 可用性测试 / 34
3.3.5 用户反馈 / 34
3.3.6 头脑风暴 / 34
3.3.7 Bug转需求 / 35
3.3.8 数据分析 / 35
3.3.9 竞品分析 / 36
3.3.10 网络资讯/行业报告 / 36
3.3.11 用户模拟 / 36
3.4 需求采集工具和模板 / 36
3.4.1 需求卡片 / 37
3.4.2 思维导图 / 37
3.4.3 需求亲和图（需求簇）/ 38
3.4.4 用户访谈提纲模板 / 39
3.5 获取需求案例 / 40
3.5.1 竞品分析 / 40
3.5.2 用户访谈 / 41
本章小结 / 42

第4章 分析、评估和管理需求 / 44

4.1 需求分析方法论 / 44
4.2 分析和评估需求的影响 / 46
4.3 定性需求分析 / 46
4.3.1 用户访谈 / 47
4.3.2 可用性测试 / 47
4.4 定量需求分析 / 48
4.4.1 调查问卷 / 48
4.4.2 数据分析 / 48
4.5 输出需求文档 / 49
4.6 管理需求 / 55
4.6.1 需求管理的原因 / 55
4.6.2 需求管理的角色 / 56
4.6.3 需求管理的方法 / 59
4.7 管理需求案例 / 62
4.7.1 KANO模型分析法 / 62
4.7.2 ICE排序法 / 63
本章小结 / 64

第二篇 产品思维的核心——价值为王

第5章 产品定位一定要清晰 / 66

5.1 认清产品定位 / 66
5.1.1 什么是"定位" / 66
5.1.2 为什么要定位 / 67
5.2 产品定位对产品构建的影响 / 67
5.2.1 定位解决什么问题 / 67
5.2.2 产品定位对产品构建影响案例 / 68
5.3 产品定位五部曲 / 70
5.3.1 分析所处行业 / 70
5.3.2 分析市场的竞争局面 / 71
5.3.3 定位产品竞争对手 / 71
5.3.4 寻找切入点 / 72
5.3.5 从切入点找到产品定位 / 72

5.4 好的思考模式——让产品更出彩 / 73
    5.4.1 往本质思考——让产品更有深度 / 73
    5.4.2 往上层思考——让产品更有高度 / 74
    5.4.3 往核心思考——让产品更有重点 / 75
    5.4.4 往不同思考——让产品更有特点 / 76
    5.4.5 往创新思考——让产品更有前瞻性和生命力 / 76
5.5 产品定位案例分析 / 77
    5.5.1 "抖音"的产品定位 / 77
    5.5.2 "多闪"的产品定位 / 78
    5.5.3 "下厨房"的产品定位 / 78
    5.5.4 "美丽说"和"蘑菇街"产品定位比较 / 79
    5.5.5 "知乎"和"百度知道"产品定位比较 / 80
本章小结 / 81

第6章 产品要实现用户价值最大化 / 82

6.1 产品是承载用户价值的最佳容器 / 82
6.2 用底层思维思考用户价值 / 83
    6.2.1 什么是底层思维 / 84
    6.2.2 创造用户价值 / 85
    6.2.3 量化用户价值 / 87
    6.2.4 用户价值创新策略 / 89
6.3 用户价值案例分析 / 92
    6.3.1 "知乎"的用户价值 / 92
    6.3.2 "支付宝刷脸支付"的用户价值 / 92
    6.3.3 "得到"的用户价值 / 93
    6.3.4 "抖音"的用户价值 / 94
本章小结 / 94

第7章 明确产品价值,成就好产品 / 96

7.1 何谓产品价值 / 96
    7.1.1 产品价值 / 96
    7.1.2 商业价值 / 97
    7.1.3 商业模式和盈利模式 / 98
    7.1.4 用户价值和商业价值 / 99
7.2 四个角度分析产品价值 / 100
7.3 短期价值和长期价值的权衡 / 102
7.4 产品价值案例分析 / 103
    7.4.1 "知乎"的产品价值 / 103
    7.4.2 "豆瓣"的产品价值 / 105
    7.4.3 "微信读书"的产品价值 / 108
    7.4.4 "优酷"的产品价值 / 109
    7.4.5 "天猫"的产品价值 / 109
本章小结 / 110

第8章 用户体验——细节决定成败 / 111

8.1 何谓用户体验 / 111
8.2 用户体验分类 / 111
8.3 用户体验设计原则 / 114
8.4 用户体验要素 / 116
    8.4.1 何谓用户体验要素 / 116
    8.4.2 视觉体验要素 / 117

8.4.3 交互体验要素 / 117
8.4.4 内容体验要素 / 117
8.4.5 情感体验要素 / 118
8.5 用户体验案例分析 / 118
8.5.1 微信App用户体验分析 / 118
8.5.2 抖音App用户体验分析 / 121
本章小结 / 123

第三篇 产品思维的落脚点——产品落地

第9章 建立产品架构，夯实产品基础 / 125

9.1 产品架构定义 / 125
   9.1.1 什么是产品架构 / 125
   9.1.2 五种架构类型 / 126
9.2 产品架构五个层面 / 131
   9.2.1 战略层 / 131
   9.2.2 范围层 / 132
   9.2.3 结构层 / 133
   9.2.4 框架层 / 133
   9.2.5 表现层 / 136
9.3 产品架构设计要点 / 136
   9.3.1 产品模块划分的三个要点 / 136
   9.3.2 产品信息结构设计五层维度 / 137
   9.3.3 产品内在逻辑设计的七个核心原则 / 138
   9.3.4 画产品架构图的三个要点 / 140
9.4 产品架构案例 / 141
   9.4.1 核心业务流程 / 141
   9.4.2 用户功能需求 / 145
   9.4.3 产品逻辑架构 / 149
   9.4.4 产品功能架构 / 150
本章小结 / 153

第10章 从0到1——产品落地的必经之路 / 154

10.1 产品落地的10个步骤 / 154
   10.1.1 需求调研和分析 / 154
   10.1.2 竞品分析 / 155
   10.1.3 需求确认和管理 / 156
   10.1.4 产品规划和设计 / 157
   10.1.5 产品开发 / 158
   10.1.6 项目管理 / 158
   10.1.7 团队协作 / 161
   10.1.8 产品测试 / 163
   10.1.9 产品上线 / 164
   10.1.10 产品运营和数据分析 / 165
10.2 产品落地的关键点 / 167
   10.2.1 产品目标清晰 / 167
   10.2.2 目标用户明确 / 167
   10.2.3 产品规划合理 / 168
   10.2.4 产品具有优势 / 168
   10.2.5 用户场景丰富 / 169
   10.2.6 交付物准备完善 / 170

10.3　产品落地的案例分析 / 170
　　10.3.1　需求调研 / 170
　　10.3.2　竞品分析 / 171
　　10.3.3　需求分析 / 174
　　10.3.4　产品设计 / 174
　　10.3.5　产品运营 / 178
本章小结 / 180

第 11 章　打造有竞争力的产品——这样迭代更有效 / 181

11.1　何谓产品迭代 / 181
　　11.1.1　产品迭代定义 / 182
　　11.1.2　产品迭代流程 / 182
　　11.1.3　产品迭代策略 / 184
　　11.1.4　产品迭代频率 / 185
11.2　产品迭代的意义 / 185
11.3　产品迭代案例分析 / 186
　　11.3.1　陌陌的产品迭代 / 186
　　11.3.2　微信的产品迭代 / 188
　　11.3.3　钉钉的产品迭代 / 193
本章小结 / 199

第 12 章　思考与辨析——如何建立产品思维 / 200

12.1　如何建立产品思维 / 200
　　12.1.1　多思考为什么 / 200
　　12.1.2　多观察 / 201
　　12.1.3　多看书 / 202
　　12.1.4　多体验别人的产品 / 202
　　12.1.5　多进行竞品分析 / 204
　　12.1.6　多参与产品规划和设计 / 208
　　12.1.7　多交流、勤总结和勤分享 / 209
12.2　项目思维 VS 产品思维 / 210
　　12.2.1　项目思维 / 210
　　12.2.2　产品思维 / 210
　　12.2.3　项目和产品的根本差异 / 211
12.3　产品思维是走钢丝式的平衡 / 211
12.4　产品思维需要借鉴科学思维 / 213
12.5　使产品占据用户心智 / 215
　　12.5.1　占据用户心智的重要性 / 215
　　12.5.2　抢占用户心智的方法 / 216
本章小结 / 216

第四篇　产品思维实践

第 13 章　产品思维实践 1——Web 在线教育平台 / 219

13.1　产品定位 / 219
13.2　用户画像 / 219
13.3　用户价值 / 221
13.4　商业价值 / 221
13.5　竞品分析 / 222
　　13.5.1　腾讯课堂 / 222

13.5.2　51CTO 学院　/　226
13.5.3　CSDN 学院　/　227
13.5.4　极客学院　/　227
13.5.5　网易云课堂　/　228
13.6　产品架构　/　229
　　13.6.1　核心业务流程　/　229
13.6.2　产品逻辑架构　/　232
13.6.3　学员端功能结构　/　233
13.6.4　讲师端功能结构　/　233
13.6.5　运营人员端功能结构　/　233
13.6.6　核心用户需求　/　237
本章小结　/　241

第 14 章　产品思维实践 2——新闻类 App　/　242

14.1　产品定位　/　242
14.2　用户画像　/　242
14.3　用户价值　/　243
14.4　商业价值　/　244
14.5　竞品分析　/　245
　　14.5.1　用户画像分析　/　245
　　14.5.2　产品战略层分析　/　246
　　14.5.3　产品范围层分析　/　247
　　14.5.4　产品结构层分析　/　247
　　14.5.5　产品框架层分析　/　249
　　14.5.6　产品表现层分析　/　250
14.6　产品架构　/　250
　　14.6.1　核心业务流程　/　251
　　14.6.2　产品逻辑架构　/　253
　　14.6.3　产品功能结构　/　253
　　14.6.4　核心用户需求　/　253
本章小结　/　256

第 15 章　产品思维实践 3——品牌特卖电商平台小程序　/　257

15.1　产品定位　/　257
15.2　用户画像　/　257
15.3　用户价值　/　258
15.4　商业价值　/　259
15.5　产品架构　/　259
　　15.5.1　核心业务流程　/　259
　　15.5.2　产品逻辑架构　/　263
　　15.5.3　产品功能结构　/　263
　　15.5.4　核心用户需求　/　266
本章小结　/　268

什么是产品思维？

任何一个成功的产品都需要经过相当艰辛的过程，才会迎来从 0 到 1 的诞生时刻。把握好产品从 0 到 1 质变过程的关键点，对产品落地整个过程了然于胸，并且规避这一过程中会遇到的坑，才能使产品顺利落地。

做产品要找到用户心理诉求的本质。
产品经理应知道用户的欲望，给他们制定简单的规则，让他们按规则运转和演化。
做产品要满足用户的贪嗔痴，才能产生黏性。
产品定位是心理供给。
产品要有架构，规则要简单、要插件化。
产品规则越简单，越能让群体形成自发的互动，互动需要加速器、催化剂。
好的产品体验是爽、是好玩。

——腾讯公司高级副总裁、Foxmail 创始人、微信创始人 张小龙

产品能力是每个人的底层能力。产品能力就是训练一个人判断信息、抓住要点、整合有限的资源，把自己的价值打包成一个产品来向这个世界交付，并且获得回报。

——湖畔大学产品模块学术主任、得到 App《产品思维 30 讲》课程主理人梁宁

产品思维是产品设计人员的底层能力，也是产品经理必须具备的思维。产品思维的核心三要素：用户至上、价值为王、产品落地。为了贯穿产品思维三要素的内容，本书将通过三个精

产品经理实用手册——产品思维方法与实践

讲案例（网站、App 和小程序案例）将重要知识点融会贯通。

本书的知识体系如下图所示。

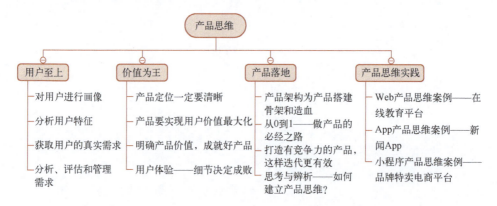

《产品经理实用手册——产品思维方法与实践》知识体系

1. 用户至上

好产品不仅仅是产品质量本身，首先需要了解客户到底需要什么。一名好的产品设计人员需要做到用户至上，深入了解用户，洞悉用户需求，这也是产品思维的根本之处。本篇将介绍如何对用户进行画像，分析用户特征，获取用户真实需求，分析、评估和管理需求四部分内容，从而做到"用户至上"。

2. 价值为王

获取了用户需求，需要给予产品准确定位，塑造产品价值，注重用户体验，使用户价值最大化，才让用户更愿意为产品买单，让产品更具生命力。本篇结合实践案例，讲解如何进行产品定位，如何最大化产品价值，如何打造好的用户体验，使设计出的产品具有更加旺盛的生命力。

3. 产品落地

产品落地是指实现产品，要将理念变成产品，除了上述内容外，还远远不够，实现产品的从 0 到 1 还有很长一段路要走。首先需要搭建优秀的产品架构，这是决定产品之路顺畅与否的关键一步。产品从 0 到 1 的过程，需要走好 10 个步骤，产品上线后，需要经过不断迭代更新，使产品适应日新月异的用户需求。这部分内容通过实践案例讲解产品落地的全过程，详细讲解产品从 0 到 1，以及从 1 到 N 的具体步骤、方法和实用技巧，让产品设计人员少走弯路。

4．产品思维实践

通过讲解如下三个案例贯穿三要素的知识，重点讲解如何进行产品定位、绘制用户画像、明确用户价值、明确商业价值、进行竞品分析和开展产品架构工作等核心知识点。

1）Web 产品思维案例——在线教育平台。

2）App 产品思维案例——新闻 App。

3）小程序产品思维案例——品牌特卖电商平台。

第一篇　产品思维的根本——用户至上

"用户至上"被称为互联网时代的企业生存法则。

"一切以用户价值为依归"一直是腾讯公司设计产品的理念。

好产品需要了解客户到底需要什么，坚持用户至上，深入了解用户，这样才能让用户在万千产品中选择我们设计的产品。

本篇分为四章讲解产品思维的根本——用户至上，涵盖用户画像，用户特征分析，获取真实需求，分析、评估和管理需求4个方面的内容。

1）对用户进行画像：用户画像就是与该用户相关联的数据的可视化展现，一句话总结就是"用户信息标签化"。该章主要讲解用户画像的定义、价值、要素、方法和实践案例等内容。

2）分析用户特征：在产品设计过程中，需要对典型的用户群体做用户特征分析，从而明确知道用户真实的诉求点是什么。本章主要讲解如何划分用户群和用户群矩阵，如何洞察用户心理和人性，群体用户心理和用户生命周期，并辅以案例讲解如何进行用户特征分析。

3）获取用户的真实需求：想要做出好的产品，就是要想方设法得到产品真实的用户需求。本章详细讲解如何获取真实需求，重点讲解需求背后的动机，如何判断真实需求，结合案例讲解需求采集的11个方法，以及需求采集工具和模板的内容。

4）分析、评估和管理需求：获取用户的真实需求后，需要对需求加以详细分析和评估，并了解需求之间的影响，对需求进行统一管理。

第 1 章
对用户进行画像

用户画像就是与该用户相关联的数据的可视化展现,一言以蔽之:用户信息标签化。通过精确的用户画像,能更加深入地了解客户,解决用户痛点,从而让产品更加具有生命力。本章结合案例详细讲解什么是用户画像,以及用户画像的方法论,让读者在实际用户画像过程中懂得举一反三,工作如虎添翼。

1.1 什么是用户画像

用户画像又称用户角色,作为一种勾画目标用户的有效工具,在各个领域得到了广泛应用。在实际勾画用户画像的过程中,往往会以最浅显和贴近生活的词语将用户属性、行为与数据转化连接起来。作为实际用户的虚拟代表,用户画像所形成的用户角色需要有代表性,能代表产品的主要受众和目标群体。

在大数据时代背景下,用户信息充斥在网络的各个角落,将用户的具体信息抽象成标签,利用标签将用户形象、用户特点具体化,从而为用户提供具有针对性的服务。用户画像最初在电商领域应用,目前已在各个领域得到广泛应用。

例如,如果我们对数据加以分析,去哪儿网的简单用户画像如下。

1)高学历、一、二线城市,已婚用户居多。
2)男性用户居多。
3)25~34 岁用户占比高,平均年龄 29.3 岁。
4)常驻 TOP5 城市:深圳、北京、上海、广州、重庆。

已经初步给出了学历、婚否、城市、性别和年龄情况,但是,无法精准地对去哪儿网的用户进行画像。利用大数据进行"画像"是企业经营的基础,同时也是大数据在企业应用最有价值场景之一,用数据量化是用户画像的常用好办法。例如图 1-1 所示来源于"艾瑞智云大数据画像平台"中去哪儿网的用户画像,就能很好地对产品经理后续产品规划和设计工作给出指导。

用户画像——去哪儿旅行APP

一、二线城市用户已婚居多,国内游偏好苏杭地区

2017年去哪儿一、二线城市用户画像总结

一、二线城市用户
(59.6%)

高学历、已婚用户人数多
- 男性用户较多,占比54.3%
- 学历在本科及以上的用户接近半数(49.6%)
- 25~34岁用户占比高,平均年龄在29.3岁
- 已婚群体居多,占比59.5%
- 常驻城市TOP 5为:深圳、北京、上海、广州、重庆

工薪一族多,对地图导航类服务需求较高
- 职业分布方面,普通公司员工(26.7%)、中级管理人员(20.8%)占主导
- 个人月收入在5000~8000元这一区间人数最多,占21.4%
- 家庭月收入在10000~20000元这一区间人数占比较高,达到29.4%,家庭平均月收入超过24000元
- 使用地图导航类App用户相对较多,使用时间主要集中在每天的10~17时

国内游偏好苏杭地区,境外游美国比例高
- 日常出行方式中,主要以公交(64.8%)和地铁(48.9%)出行为主
- 长途交通出行偏好主要以火车/高铁(86.3%)和汽车(61.9%)为主
- 国内游TOP3目的地为:北京(14.1%)、杭州(12.7%)、苏州(11.0%)
- 出境游TOP3目的地为:泰国(30.7%)、日本(16.9%)、美国(12.7%)

数据来源:艾瑞智云大数据画像平台,艾瑞睿见MediaPlanner大数据画像平台,去哪儿和艾瑞Click社区调研获得,2018年3月。

图 1-1 去哪儿网用户画像(艾瑞智云大数据画像平台)

在图 1-1 中,对学历、婚否、年龄、性别、常驻城市、职业分布、个人月收入、家庭月收入、使用地图导航类 App 情况、日常出行方式、长途交通出行偏好、国内游 TOP3 目的地和出境游 TOP3 目的地等标签进行了用户画像。

1.2 用户画像的价值

用户画像可以让产品经理聚焦产品的服务对象。在日常工作中,产品经理总有这样不切实际的幻想:想要用一个产品打"通关",期望目标用户能涵盖所有人,男人、女人、老人、中青

第 1 章 对用户进行画像

年、少年、小孩、专家、小白、文青等。通常这种想迎合所有人的产品很快会走向消亡，因为每一个产品都是为特定目标群的共同标准而服务，目标群的基数越大，标准就会越低。如果某个产品适合所有人，那么它的服务标准会降到很低的程度。

进行精准的用户画像的价值主要体现在如下几个方面。

1. 解决核心问题

纵观市面上成功的产品，例如美团外卖、滴滴出行、知乎等，这些产品服务的目标用户通常都非常清晰，并且具有明显特征，体现在产品上，就是专注、极致地解决某些核心问题。例如苹果公司的计算机和手机产品，一直都为有态度、追求极致品质、特立独行、对价格不太敏感的人群服务。例如豆瓣，专注于为文艺青年服务，用户黏性非常高，文艺青年在这里能更快地找到知音。给特定群体提供专注的服务，远比给广泛人群提供低标准的服务更容易接近成功。微信和 QQ 等腾讯公司的产品，虽然目标人群范围比较宽广，但是，因其专注在社交领域，也能开花结果。

2. 助力产品设计

用户画像能帮助产品经理透过客户行为表象看到客户深层的动机和心理，在一定程度上避免产品设计人员草率地将自己代表用户。产品经理常常自作聪明地打着"为用户服务"的旗号，将自己当作用户，而往往我们和用户的一些特征如学历、对手机和计算机的熟悉程度或经济情况都不一样，这样的后果往往是：我们精心设计的服务，用户并不买账，甚至觉得设计很糟糕。

3. 提高决策效率

在互联网产品的规划和设计流程中，各个环节的参与者非常多，分歧在所难免，决策效率也会对项目进度造成很大影响。而用户画像来自对目标用户的研究，而且往往基于客观数据开展研究过程，屏蔽了一些主观性因素。当所有参与的人都基于一致的用户画像进行讨论和决策，就很容易约束各方坚持大方向，提高决策效率。

4. 精准营销

针对用户画像体现的潜在信息对平台各类客户进行更精准的营销，这部分也是广告部门最注重的工作内容，当产品经理给产品的各类用户打上各种"标签"之后，广告主（店铺、商家）就可以通过标签圈定想要的进行精准广告投放的用户，另外，对用户也可以提供精准的付费内容推送，例如优酷向偏爱某类视频的客户推送该类别的付费电视剧或电影，例如抖音购买

DOU+进行短视频定向投放时，可选择"自定义定向推荐"，可选择性别、年龄段（多选）、地域（单选）和兴趣标签等进行投放。

1.3 用户画像的要素

用户画像是基于真实的人群具体化、标签化后形成的，它并不是一个具体的人，可以理解为用户角色。

经提炼的用户画像的 PERSONAL 八要素如下。

1）P（Primary）：代表基本性，指是否基于对真实用户的情景访谈。

2）E（Empathy）：代表同理性，指是否包含姓名、照片和产品相关的描述。

3）R（Realistic）：代表真实性，指对那些每天与客户打交道的人来说，该用户角色是否看起来像真实人物。

4）S（Singular）：代表独特性，每个用户是否独特，彼此很少有相似性。

5）O（Objectives）：代表目标性，该用户角色是否包含与产品相关的高层次目标，是否包含关键词来描述该目标。

6）N（Number）：代表数量性，用户角色的数量是否足够少，以便设计团队能记住每个人物角色的姓名，以及其中的一个主要用户角色。

7）A（Applicable）：代表应用性，设计团队是否能使用用户角色作为一种实用工具进行设计决策。

8）L（Long）：代表长久性，用户标签的长久性。

我们可以通过需求调研了解用户，根据用户的目标、行为和观点方面的差异，将他们区分为不同的用户角色类型，抽取每一种类型的多个典型特征，例如：个人基本信息，如性别、年龄、学历、城市、婚否、个人月收入、家庭月收入和兴趣等，以及家庭、工作、生活环境的描述，并为体现真实性，可为其赋予名字、照片和场景等描述，这样就形成了一个具体化的典型用户画像。

用户角色一般会包含与产品使用相关的具体场景和情境，以及产品使用行为描述等。为了让用户画像更容易记忆，可以更加具体化，例如将用户具化为具体名字，如张明等，还可以使用该类用户采用的标志性语言和关键特征进行描述。一个产品通常会覆盖 3~6 个用户群体。

1.4 用户画像的方法

进行用户画像的方法通常使用如下 3 种。

1. 定量分析

绘制用户画像经常通过客观性的数据对海量用户进行初步了解,定量分析数据通常来源于对平台用户相关数据提取分析,以及问卷调研两种方式,进行定量分析的数据维度,可以参考如下维度。

1)人口属性:文化程度、年龄、性别和城市等。

2)商业属性:用户所属行业、职业、个人收入情况、家庭收入情况、消费金额和消费习惯等。

3)消费意向:购买护肤品、服饰箱包、汽车、房产、快消品、电子产品、图书等的消费意向。

4)生活形态:用户的生活习性(例如熬夜党、早起党等)、娱乐爱好(电影、电视剧、音乐和综艺等)和社交爱好(社交达人、喜欢独处等)等。

5)产品行为:产品类别、用户活跃频率、产品喜好、产品驱动、使用习惯(使用时间、使用配套、使用功能)和产品消费等。

2. 定性分析

这里先说一个概念:PERSONAL(在本章 1.3 小节提到的用户画像的八要素)。Alan Cooper 提出了 PERSONAL 这个概念,《赢在用户》这本书将其翻译为"人物角色",是在定量分析基础上,进行具象化得到一个的虚拟用户。

在定性分析具象化某个客户时,为更具有场景感,可具象化到用户的姓名、工作单位、性别、年龄、生活环境、照片等信息,模拟该用户在产品的各种场景的相关反应,就好像他们是真实存在于我们身边的人一样。

3. 数据建模和产品应用

在目前的产品应用中,最常见的数据建模方法包括用户分类和客户流失模型等。在进行用户分类时,可按照"因子"进行分类,例如网易云音乐的特色推荐模块,就是根据"对产品的熟悉程度"这个因子将用户分为新用户、普通用户和深度用户 3 类用户来进行有针对性的推荐。

1）私人 FM：主要针对普通用户，多样性强，偏实时，会根据用户当前收听的歌曲行为实时带来推荐歌曲变化，为优化推荐，用户可点击"喜欢"和"屏蔽"按钮进行推荐结果优化，以此来判断用户对推荐结果的喜好程度。在网易云音乐 App 中，私人 FM 不在首页，而是在"我的"菜单黄金位置。

2）每日推荐：主要针对新用户和普通用户，多样性弱，每天定时更新 30 首热门歌曲。每日推荐歌曲也会根据近期听歌习惯每 24 小时生成一次，每日推荐对增强用户黏性来说相对重要。

3）推荐歌曲：主要针对深度用户，用户有收听歌曲行为后可实时带来推荐变化。歌单将个性化和社交进行结合，个性化歌单推荐也反映了个人风格。

可以使用 Python 分析并处理客户流失数据集，选用逻辑斯蒂回归（logistic regression）简单建模，最后使用拟合模型来进行客户流失预测。

1.5 用户画像实践案例

按照"1.4 用户画像的方法"章节提供的方法，分析一下如何进行用户画像，例如想做一款手机阅读工具，首先可以分析目标用户的文化程度、年龄、性别、城市、用户所属行业、职业、个人收入情况、家庭收入情况、消费金额、消费习惯、消费意向、用户的生活习性、娱乐爱好、社交爱好、产品类别、用户活跃频率、产品喜好、产品驱动、使用习惯和产品消费等，还可以具体化到某个例如 28 岁白领目标客户的姓名、工作单位、性别、年龄、生活环境、照片等信息。

在制订初步的用户画像时，还可以通过易观数据或艾瑞数据等数据分析平台获取如微信读书 App 等竞品的数据信息，给产品的用户画像提供基础。

根据易观数据显示，微信读书 App 的用户群体具有如下特点。

1）性别分布：男性用户占比高于女性，男性用户占比 55.4%，女性用户占比 44.6%。

2）年龄分布：24~35 岁用户占比超 50%。

3）消费水平：中高消费群体占比高达 47%。

4）城市分布：主要集中在一、二线高消费城市。

5）用户活跃度：较高的时段分别集中在上班时间段（9:00~10:00）、午餐时间段（12:00~13:00）、午休过后时间段（14:00~15:00）以及睡前（22:00~24:00）。

需要注意的是，在为自己的产品进行用户画像时，可以采取先粗后细的方法，先有初步的用户画像，有些方面可以根据平台上线后的运营数据不断细化，通过产品的迭代升级不断为目标用户提供更优质的服务。

1.6 知名互联网产品的用户画像案例

接下来以滴滴专车、小红书、抖音、优酷和京东为例，一起来看看这些优秀产品的用户画像。

1.6.1 滴滴专车的用户画像案例

可从性别分布、年龄分布、职业分布、收入情况和学历情况等方面对滴滴专车用户进行精准用户画像（数据来源于网络）。

1）性别分布：男性用户居多，占比 68.5%，女性占比 31.5%。

2）年龄分布：年龄集中在 26~35 岁，占比 58.6%，其次是 36~45 岁，占比 22.6%。

3）职业分布：私企、外企和合资企业职员占比 25.5%，专业人士如律师、教师等，占比 16.3%。

4）收入情况：用户个人收入 10000 元以上占比较高，为 29.1%。

5）学历情况：整体学历偏高，本科学历占比 66.4%。

6）性格属性：性格偏成熟，"有责任感的"用户占比 42.1%，"务实可靠的"用户占比 40.1%。

7）使用场景：用户选择专车主要因为临时出行需求以及加班晚归需求，分别为 68.7% 和 51.6%。

1.6.2 小红书用户画像案例

小红书是一个生活方式平台和消费决策入口。在小红书社区，用户通过分享文字、图片和视频笔记，记录正能量和美好生活，小红书通过机器学习对海量信息和人进行精准、高效匹配。小红书和其他电商平台不同，它是从社区起家。刚开始时，用户注重于在社区里分享海外购物经验，到后来，除了美妆、个人护理，小红书上内容更加多样化，扩展到运动、家居、旅行、酒店和餐馆等的信息分享，触及消费经验和生活方式的方方面面。如今，社区已经成为小红书的壁垒，也是其他电商平台难以复制的原因。截至 2019 年 7 月，小红书用户数已超过 3 亿，其中 70% 用户是 90 后。

接下来看一下 MobData 研究院通过小红书的运营数据为小红书用户建立的用户画像，如图 1-2 所示。

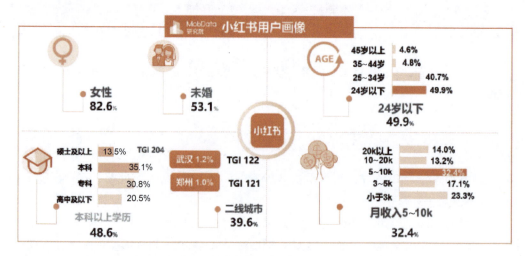

图 1-2　小红书用户画像（来源于 MobData 研究院）

从图 1-2 中可以得出以下信息。

1）性别：小红书女性用户居多，高达 82.6%。

2）婚否：一半以上是未婚用户，占比 53.1%。

3）年龄：用户年龄集中在 35 岁以下，其中 24 岁以下用户占比最大，高达 49.9%，25～34 岁用户占比 40.7%。

4）学历：学历主要集中在专科、本科和硕士及以上，本科及以上学历占比 48.6%，本科占比 35.1%。

5）月收入：占比最高的范围是 5000～10000 元，为 32.4%。

1.6.3　抖音用户画像案例

抖音是一款可以拍摄短视频的音乐创意短视频社交软件，是一款专注年轻人音乐的短视频社区平台。由今日头条孵化，于 2016 年 9 月上线。用户可以通过它选择歌曲，拍摄音乐短视频，形成自己的作品，很多用户甚至通过它将自己打造为音乐、美食和职场 IP 主。抖音平台的主要用户偏年轻化，配乐以电音、舞曲为主，视频分为两派：舞蹈派、创意派。

分析公开数据，得到抖音用户画像参考如下所示。

1）用户性别：女性用户偏多，占比 60% 以上。

2）用户年龄：90 后用户占比很高，30 岁以下的用户总占比 80.7%，其中 20 岁以下占比 20%，20～24 岁占比 32.8%，25～29 岁占比 27.9%。

3）用户学历：集中在本科或以上，占比 40% 以上。

4）城市分布：超过 40% 用户在一、二线城市，其中，一线城市占比 8.23%，二线城市占比 34.39%，三线城市占比 21.51%，四线及以下占比 35.87%。

5）消费能力：集中在中等、中高等消费者。

6）消费偏好：网购、生活服务、出行、高端商旅。

7）用户标签：喜欢美食和旅游。

8）消费场景：教育学习、汽车、财经和经营类信息有明显的偏好。

9）人均使用次数：5.21 次/日。

10）人均使用时长：31.23 分钟/天。

11）使用高峰时段：中午 12 点或晚上 6 点前后。

12）手机设备：苹果、华为和三星。

1.6.4　优酷用户画像案例

优酷现为阿里巴巴旗下的视频平台，其内容体系由剧集、综艺、电影、动漫四大头部内容矩阵，以及资讯、纪实、文化财经、时尚生活、音乐、体育、游戏和自频道八大垂直内容群构成，拥有国内最大内容库。

分析公开数据，得到优酷用户画像参考如下所示。

1）用户年龄：集中在 20～34 岁，占比 70% 以上。其中，20～24 岁用户占比 30.5%，25～29 岁用户占比 26.6%，30～34 岁用户占比 17.7%。

2）用户性别：男性用户居多，男性占比 59%，女性占比 41%。

3）安卓机型喜好：OPPO 和 VIVO 占比最大。

4）兴趣特征指数 TOP10：依次为体育赛事、汽车、时尚美妆、休闲生活、泛娱乐、3C 电子、旅游、求职、教育、游戏。

5）购物兴趣特征指数 TOP10：依次为数码-游戏设备、图书音像-贺卡/年历、图书音像-护肤彩妆书籍、图书音像-计算机/网络书籍、礼品-贺卡/卡片、护肤彩妆-香水、图书音像-漫画/动漫小说、图书音像-摄影书籍、图书音像-服饰书籍和图书音像-自然科学。

6）App 喜好：用户喜欢的 App 包括手机淘宝、爱奇艺、支付宝、新浪微博和腾讯视频。

7）网站偏好特征指数 TOP5：弹幕视频、门户网站、直播平台、电商购物和资源下载。

1.6.5　京东用户画像案例

京东是我国自营式电商企业，旗下设有京东商城、京东金融、拍拍网、京东智能、O2O 及海外事业部等。2013 年正式获得虚拟运营商牌照。

分析公开数据，得到京东电商平台的用户画像参考如下所示。

1）用户性别：男性占比 59%，女性占比 41%。

2）用户年龄：24 岁以下占比 17.38%，24～35 岁占比 42.39%，35 岁以上占比 40.23%。

3）地域分布：主要集中在一线、新一线、二线和三线城市，其中，一线城市占比 40.83%，新一线、二线和三线城市占比 51.23%。

4）消费能力：中高消费占比 22.11%，中等消费占比 29.11%，中低消费占比 24.5%。

5）用户职业：集中在白领、学生、中高级工薪阶层。

6）访问时段：午餐后、下班后、休闲时间和晚上在家时间。

7）访问设备：PC 端和移动端。

本章小结

用户画像又称用户角色，作为一种勾画目标用户的有效工具，在各个领域得到了广泛应用。本章对什么是用户画像、用户画像的价值、用户画像的八要素和用户价值的方法进行详细讲解，最后以滴滴专车、小红书、抖音、优酷和京东 5 个用户画像为例，讲解其典型用户的用户画像，让读者对什么是用户画像，以及如何对用户进行画像有深入的了解。

第 2 章
分析用户特征

在产品设计过程中,需要对典型的用户群体做用户特征分析,从而明确知道用户真实的诉求点是什么,以便为功能设计提供核心依据,为数据挖掘与用户推荐提供底层支持。要分析用户特征,需要划分产品的用户群,建立用户群体矩阵,还需要洞察不同用户心理和人性,并了解用户的生命周期。

2.1 划分用户群和用户群矩阵

用户群划分是互联网产品进行用户研究的重要手段,对于用户群的细分,能让产品经理更有针对性地为目标用户提供精准服务,从而也让产品更加具有竞争力,在市场竞争中立于不败之地。

对用户进行画像时,并不是一个平台只有一个用户画像,会对不同用户群进行用户画像,一般为 3~6 个,在多个用户画像中体现不同用户群的典型用户特征,也通过分析竞品覆盖的用户群,了解哪个细分用户群尚且是蓝海,哪个用户群是必争之地,哪个用户群适合长期布局。

对用户群的划分通常采用的方法是定性用户访谈。用户访谈需覆盖不同类型的用户,搜集多个用户特征因子,并加以分析,不断抽丝剥茧,提取重要特征因子,赋以不同的权重,利用这些因子对不同用户群加以区分。

例如,以全民 K 歌为例,可以从"年龄"和"唱歌水平"区分不同用户群,如图 2-1 所示。

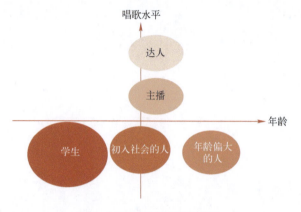

图 2-1 全民 K 歌用户群划分

可将全民 K 歌用户分为如下五类用户群。

1）学生：在校学生时间自由，消费能力并不是很强，对于 K 歌的娱乐需求也最多，所以，不能经常去 K 歌场所，所以全民 K 歌类 App 的活跃用户很多是学生。

2）初入社会的人：参加工作 1～5 年，目前较为普遍的 90 后群体，消费能力较强，对 K 歌类 App 的需求较年龄大的人群要多，但是，因为工作忙碌，娱乐时间比较少。

3）年龄偏大的人：K 歌主要采取线下方式，对 K 歌类 App 的需求并不是很大，消费能力强，在年龄偏大人群中，50 岁、60 岁半退休、退休人群因为时间较多，喜欢看直播，或者和朋友一起唱歌，也成为 K 歌类的占比较大的群体。

4）主播：选择成为 K 歌主播的人，需要具有比较好的口才和唱歌水平，才能后续获得更多粉丝。

5）达人：歌手或 K 歌主播的人，需要非常好的口才和唱歌水平，拥有几十、上百万，甚至上千万的粉丝量。

接下来，以知乎为例，可以从"专业背景"（1-N 个专业领域的专业水平）和"发声意向"两个典型用户特征来划分三类用户群，如图 2-2 所示。

可将知乎用户分为如下三类用户群。

1）大众：俗称"吃瓜群众"，没有专业背景，看不懂专业性很强的话题和答案，更倾向于观看娱乐导向的话题，知乎是该类用户打发时间的工具。平常会习惯性从知乎上找小段子，分享给身边的朋友，是知乎平台很好的分享者，也成为意见领袖的关注者，促进知乎大 V 们产出更多有价值的内容。

第 2 章　分析用户特征

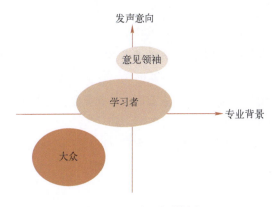

图 2-2　知乎用户群划分

2）学习者：在某方面具有专业背景，但是，火候不够，或者纯粹不喜欢在网络平台发声，将知乎平台当作学习专业知识的场所，通过到知乎平台查找相关问题，或对相关问题进行提问，然后，等待知乎大 V 来解答。

3）意见领袖：知乎大 V，该类用户拥有专业背景，具有较高的学术地位或者丰富的工作经验等，属于知乎社群的意见领袖，在平台拥有数以万计甚至 10 万以上的关注者，回答的问题往往比较专业、详细，篇幅也相对较长，是知乎优质内容的生产者，也是知乎的核心竞争力所在。

2.2　洞察用户心理和人性

普通产品经理和优秀产品经理的分水岭，在于是否能够洞察用户心理和人性，除了直观、具体的需求，另一类需求是体现人性的需求。

人性有阴暗面，也有阳光面，从正反两方面洞察人性，才能更好地把握用户的心理，做出更多优秀的产品。

也可从马斯洛的需求层次理论来分析人的需求，将人的需求自下而上分为 5 层：生理需求、安全需求、社交需求、尊重需求和自我实现需求。

接下来从马斯洛的需求层次理论来分析知名的互联网产品。

1. 生理需求

生理需求主要包括呼吸、水、食物、睡眠、生理平衡、分泌和性。如美团外卖、饿了么和大众点评等 App 主要满足的是人的生理需求，让用户能快速地满足在食物方面的需求。

2. 安全需求

整个有机体是一个追求安全的机制，人的感受器官、效应器官、智能和其他能量都是寻求安全的工具，甚至可以把科学和人生观都看成是满足安全需要的一部分。当然，当这种需求一旦相对满足后，也就不再成为激励因素。主要包括人身安全、健康保障、资源所有性、财产所有性、道德保障、工作职位保障和家庭安全等。

对于理财、保险、支付、手机安全管家、电脑管家和云平台等各类软件应用，需要重点在安全需求方面下足功夫，类似云平台上的资料丢失，或理财平台的资产故障，都是这类平台的致命一击。

3. 社交需求

人人都希望得到关心和照顾。感情上的需要比生理上的需要更加细致，主要包括友情、感情和性亲密方面。

社交类产品是近年来的大热门，动辄上亿粉丝，人在社会中生存，必定要和其他人产生联系，例如微信（熟人社交）、QQ、陌陌和 Facebook 等。微信主攻熟人社交，它的大火除了取代短信，提供图片、语音和视频，使得交流形式更加丰富外，更主要是因为它找准了熟人之间社交的人性需求。

4. 尊重需求

人人都希望自己有稳定的社会地位，期望个人的能力和成就得到社会的承认。尊重的需要又可分为内部尊重和外部尊重。内部尊重是指一个人希望在各种情境中有实力、能胜任、充满信心、能独立自主。外部尊重是指一个人希望有地位、有威信，受到别人的尊重、信赖和高度评价。

知乎和豆瓣等平台都充分考虑了尊重需求。以豆瓣为例，该网站以图书、影音起家，提供关于书籍、电影、音乐等作品的信息。该平台对于大众最有意义的信息，是意见领袖们对于书籍、电影和音乐作品的打分以及评论，很多人将这些评论和打分信息作为自己是否看某部电影或某个电视剧的参考。而意见领袖们也因为得到越来越多的粉丝认可而觉得备受尊重，促进其更加乐意分享。

5. 自我实现需求

这是最高层次的需要，它是指实现个人理想、抱负，发挥个人的能力到最大程度，达到自我实现境界的人，接受自己也接受他人，解决问题能力增强，自觉性提高，善于独立处事，要求不受打扰地独处，完成与自己的能力相称的一切事情的需要。

目前自我实现需求类的产品主要包括教育类和自我管理类等。以网易公开课为例，通过这个平台用户可以随时随地免费学到世界名校课程，这对爱学习的用户来说，无疑是一款非常有吸引力的产品。

当然，优秀的互联网产品，不可能只是满足了需求层次理论某方面的需求，甚至全部 5 个层次的需求都能被满足，例如微信不断升级后，不只是初始地完成社交要求，可以通过微信内嵌的第三方应用"美团外卖"和"大众点评"业务实现生理需求，可以通过"理财通"等理财产品，以及微信对于用户隐私的安全保障实现安全需求，通过朋友圈的点赞、评论，以及公众号平台等完成尊重需求和自我实现需求。

需要说明的是，5 个需求层次并没有很明确的界限，从这些基本的需求中可以衍生出无数具体需求。产品经理们需要在 5 个需求层次中做到游刃有余，洞察人性，开发出有"人情味儿"的产品，而不是一个个冷冰冰的产品。

2.3 群体用户心理

人是群居动物，爱表现和共鸣都是建立在群体之上的心理，因此，在研究分析用户心理时，一定要站在群体的角度去思考，划分用户群，思考不同用户群的特点。

大家想一下自己选择使用互联网产品，例如 QQ、微信、新浪微博、淘宝、天猫、京东、知乎、豆瓣、抖音和全民 K 歌等产品时，是不是基本都经过了朋友们的推荐？"大家都在玩，我也去试试"的想法产生后，趋同心理让我们也成为这些产品的使用者的一员，以笔者来说，就是因为好几个好朋友用全民 K 歌 App 去 K 歌，于是，开始下载该 App 并使用至今。

正如有一句话所说"不是我们选择了品牌，而是品牌选择了我们"，很多品牌在诞生之初，确定目标群体之时，我们就在该品牌的用户群体网中，收入囊中只是或早或晚而已。

群体用户心理主要包括如下 4 个方面。

1. 群体趋同心理

"物以类聚，人以群分"。群体与个体相对，是个体的共同体。不同个体按某种特征结合在一起，进行共同活动、相互交往，就形成了群体。当群体中的个人面临选择时，往往会趋向于选择与群体中其他人一致的做法，主要原因如下。

1）个人需要群体中他人的认同，需要在群体中寻找归属感，倾向于与群体中的其他人保持一致。

2）个人希望与群体中多数意见保持一致，当个人决策拿捏不准的时候，群体行为更安全，可避免因孤立而遭受群体制裁的心理。

3）群体向心力足够强时，会产生很强烈的仪式感、符号化。

例如在豆瓣平台因为"圈子"功能而聚集，在知乎平台因为"问题"而聚集，在设计产品时，需要寻找群体用户共同的爱好、兴趣点和共鸣点，在知乎平台的运营工作中，其实，很多优质的问题都是由运营人员提出，为整个平台起到正向引导的作用。

大到整个网络平台，各种新鲜专用网络词汇的盛行，例如"真香""家里有矿""柠檬精""雨女无瓜""杠精""锦鲤""硬核"和"扎心啦老铁"等，也是一种符号化的表现。

2. 群体排外心理

对于某些品牌的喜好，在群体中会呈现两极分化的情况，喜爱的人爱得要死，不喜欢的人讨厌到极致，不同群体之间存在排外心理。群体内部的向心力越强，群体内部越紧密，与群体外部越界限分明。

苹果、小米和锤子的用户群体，呈现明显的群体排外心理，而同为手机品牌的华为却没有这个现象，造成这样的局面和品牌调性息息相关。大家会发现苹果、小米和锤子都有一个核心，就是其创始人"乔布斯""雷军"和"罗永浩"，这三个人本身已经被打造成了超级明星，形成了号召力、影响力很大的 IP，并且形成了广泛的口碑效应，与外界形成了很强烈的壁垒，甚至这个群体的思考方式都会有很强的独特性。

某些互联网产品也是利用了群体的排外心理，虽然属于小众产品，但是因其有平台独特的调性，却也活得很好，小众互联网产品也有春天。例如豆瓣主流用户是文艺男女青年，仅仅依靠电影、电视剧、音乐和书籍就吸引用户这样的发展路线，最初的豆瓣很少人看好，却发展到今天的规模和格局。

3. 群体促进心理

群体促进心理指的是个人单独不敢表现出来的行为，在群体中则敢于表现，个人在群体环境下变得勇敢起来。这和个体在群体中获得了强大的归属感和认同感息息相关，好似无形地得到一种强大的支持力量，从而鼓舞了个人的信心和勇气，唤醒了个人的内在潜力，做出了独处时不敢做的事情。

4. 群体需要留住关键意见领袖

群体中最有影响力的人是关键意见领袖（Key Opinion Leader，KOL），KOL 会引导用户群体内的兴趣点和价值观，在社区产品或团队管理中，用户的活跃度下降和团队成员的流失不可避免，群体越大，KOL 流失对平台产生的破坏性越大，所以平台要想办法留住意见领袖。例如全民 K 歌、知乎某个粉丝量很大的达人或大 V 的流失，会带来群体内人员的流失。

2.4 用户生命周期

用户生命周期和产品生命周期是完全不同的概念，用户生命周期就是用户从开始接触产品到离开产品的整个过程，而产品生命周期则是一款产品从创意概念到研发上市最后到死亡的过程。在衰退期的产品也会有新引入用户。

用户生命周期模型如图 2-3 所示。

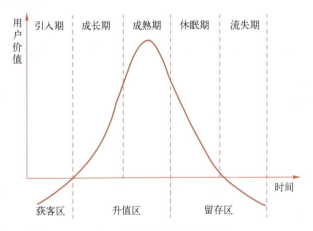

图 2-3 用户生命周期模型

可将用户生命周期分为以下 5 个阶段。

1）引入期：用户获取阶段，将市场中的潜在用户流量转化为平台用户。

2）成长期：用户注册登录并进行激活操作，已经开始体验产品的相关服务或功能。

3）成熟期：深入使用产品的功能或服务，贡献较多的活跃时长、广告营收或发生付费操作等。

4）休眠期：一段时间内未产生价值行为的成熟用户。

5）流失期：超过一段时间未登录和访问的用户。

以社交产品如微信为例。

1）引入期：当用户在好友的推荐下开始使用微信，注册成为微信用户。

2）成长期：当新用户导入了部分好友，激活并开始使用语音、通话、发送文字、表情、发布朋友圈和关注微信公众号等操作。

3）成熟期：随着该用户使用的不断深入，开始使用微信支付服务，以及进行发红包、加入群、在微信上订餐和买车票等操作，花越来越多的时间在微信上。

4）休眠期：该用户每天仅使用不到半小时，而且基本不再看朋友圈，很少聊天和通话，也不再使用有价值的服务。

5）流失期：如果该用户很长一段时间都不再使用微信（例如一周时间），很可能已经转投其他社交 App，成为流失客户。

为什么要重视用户生命周期？为什么要进行用户生命周期管理？

请看下面这个产品价值公式：

产品价值 = 用户量 × 用户单体价值

从公式可以得出，要想让产品价值最大化，要么用户量不断增长，要么提升用户的单体价值。而驱动用户单体价值的方向有如下两个。

1）在同样的时间内提升单体用户价值，例如一个月内平均消费 30 元变成平均 50 元。

2）延长用户生命周期，例如平均用户生命周期为 2 年，变成 3 年。

进行用户生命周期管理的 4 点建议如下。

1. 降低用户导入门槛

现在很多平台用户导入的门槛越来越低，填写的信息越来越少，因为绝大多数用户都是微信、QQ 或新浪微博用户，所以，很多平台提供直接使用微信、QQ 和新浪微博一键登录的方式，手机号码和地址等信息，都是后续需要付费时，或者主动补充信息时，才需要用户提供。如果平台注册流程烦琐，会很容易在引入期让用户觉得反感，造成不好的第一印象。

2. 优化引入期→成长期用户成长路径

用户注册后，要快速引导用户从引入期进入成长期。例如当用户在微信 App 注册成为新用户时，根本没有好友，微信提供通过手机通讯录导入好友的功能，让用户快速导入通讯录好友，找到好友后，就能很快进行私聊、通话和查看好友动态等操作，快速进入成长期，甚至成熟期。

3. 优化成长期→成熟期用户成长路径

针对个体而言，用户生命周期的 5 个阶段并不是所有用户都会经历，存在从成长期直接进入流失期的用户，原因可能是有更好的竞品出现，或者某些功能让用户很反感，或者用户对平台产生了信任危机事件等。

为让用户快速、平稳地进入成熟期，而且尽量延长成熟期，产品经理需要优化成长路径，例如在得到 App 中，用户注册成功后，可以根据用户产生的浏览课程行为，分析用户喜好，推送免费课程，用户领取并观看课程后，推荐同类的优质付费课程，完成付费课程支付，并在学习完课程对课程评价很高后，让用户快速进入成熟期，成为产品的忠实粉丝。

4. 设立流失的预警机制预留用户流失

需要定义何谓平台流失客户、预流失客户。例如多长时间没登录，或者发生某种特定行为时定义为流失或预流失用户。需要产品经理和产品运营人员实时监控平台数据，分析流失征兆，并做出相应改变。例如喜马拉雅 App 或得到 App 的注册客户，如果 15 天没有观看课程，可标记为预流失客户，可在通知消息中推送课程链接。今日头条的用户，如果一周没有登录查看新闻，则应该不间断推送手机通知信息，推送热点新闻吸引用户注意。

2.5　用户特征分析案例

用户特征分析是根据用户特征、业务场景和用户行为等信息，构建一个标签化的用户模型。简而言之，就是将典型用户信息标签化。接下来讲解几个知名互联网平台的用户特征分析案例。

2.5.1　豆瓣用户特征分析案例

豆瓣的用户群可以分为以下三类用户。

1）文艺、电影、音乐青年：喜欢书籍、电影、电视剧、综艺、音乐，喜欢写影评等。

2）学生/白领：爱好阅读、观影和音乐，也喜欢分享心情和评论。

3）业内专家：书籍、音乐、电影专业的从业者和评论家，撰写专业影评和书评，有的甚至以此为生。

接下来一起分析豆瓣用户有哪些细分用户特征，如图 2-4 所示。

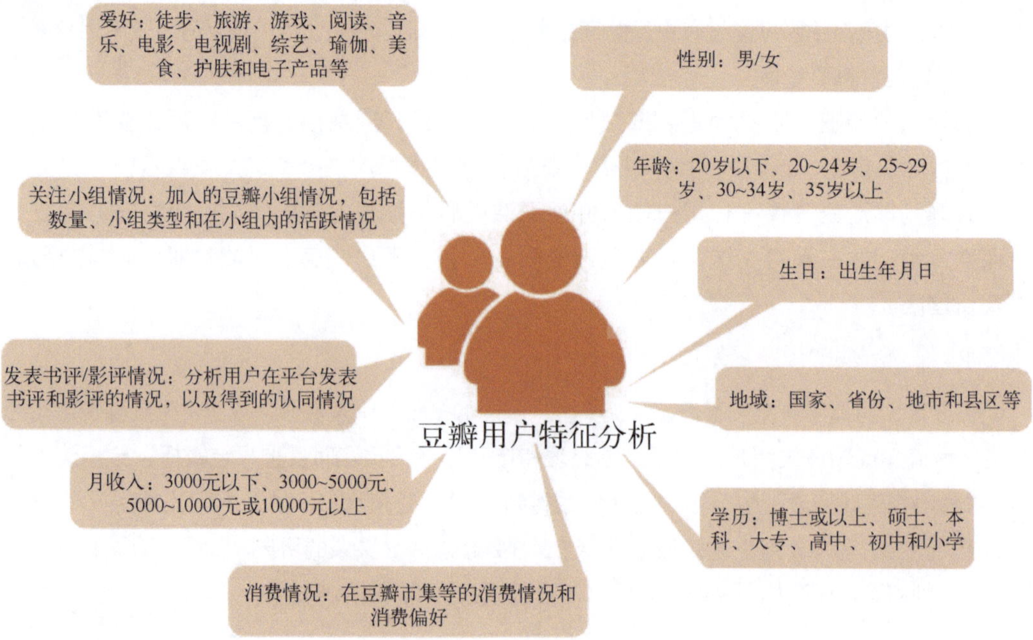

豆瓣用户特征分析

- 爱好：徒步、旅游、游戏、阅读、音乐、电影、电视剧、综艺、瑜伽、美食、护肤和电子产品等
- 性别：男/女
- 年龄：20岁以下、20~24岁、25~29岁、30~34岁、35岁以上
- 关注小组情况：加入的豆瓣小组情况，包括数量、小组类型和在小组内的活跃情况
- 生日：出生年月日
- 发表书评/影评情况：分析用户在平台发表书评和影评的情况，以及得到的认同情况
- 地域：国家、省份、地市和县区等
- 月收入：3000元以下、3000~5000元、5000~10000元或10000元以上
- 学历：博士或以上、硕士、本科、大专、高中、初中和小学
- 消费情况：在豆瓣市集等的消费情况和消费偏好

图2-4　豆瓣用户特征分析

其中：

1）性别：男/女，可据此为其推荐好友。

2）年龄：20岁以下、20～24岁、25～29岁、30～34岁、35岁以上。

3）生日：出生年月日，由此可推断星座信息，推送相应内容。

4）地域：国家、省份、地市和县区等。

5）学历：博士或以上、硕士、本科、大专、高中、初中和小学。

6）爱好：徒步、旅游、游戏、阅读、音乐、电影、电视剧、综艺、瑜伽、美食、护肤和电子产品等。

7）关注小组情况：加入的豆瓣小组情况，包括数量、小组类型和在小组内的活跃情况。

8）发表书评、影评情况：分析用户在平台发表书评和影评的情况，以及得到的认同情况（如点赞数、评论数、转发数、收藏数、用户关注数等）。

9）月收入：3000以下、3000～5000元、5000～10000元或10000元以上。

10）消费情况：在豆瓣市集等的消费情况和消费偏好。

2.5.2 全民K歌用户特征分析案例

在划分用户群时提到，将全民 K 歌的用户群可划分为学生、初入社会的人、年龄偏大的人、主播和达人，并提出两个典型的用户特征"年龄"和"唱歌水平"，在本小节中，更详细地分析有哪些用户特征，有助于进行产品优化。

全民K歌用户特征分析如图 2-5 所示。

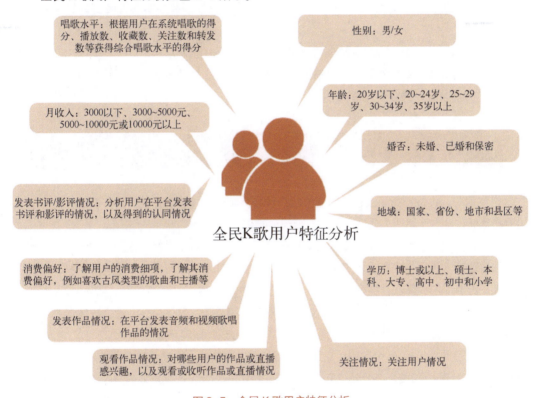

图 2-5　全民K歌用户特征分析

其中：

1）性别：男/女，可根据此推荐歌曲、好友。

2）年龄：20 岁以下、20～24 岁、25～29 岁、30～34 岁或 35 岁以上。

3）婚否：未婚、已婚和保密。

4）地域：国家、省份、地市和县区，可进行区域性好友推荐。

5）学历：博士或以上、硕士、本科、大专、高中、初中或小学。

6）唱歌水平：根据用户在系统唱歌的得分、播放数、收藏数、关注数和转发数等获得综合唱歌水平的得分。

7）月收入：3000 元以下、3000～5000 元、5000～10000 元或 10000 元以上。

8）消费能力：分析在平台的近期消费次数、消费金额等，以便更有针对性地为其提供更精准的服务，进一步引导其消费。

9）消费偏好：了解用户的消费细项，了解其消费偏好，例如喜欢古风类型的歌曲和主播等。

10）发表作品情况：在平台发表音频和视频歌唱作品的情况。

11）观看作品情况：对哪些用户的作品或直播感兴趣，以及观看或收听作品或直播情况。

12）关注情况：关注用户情况。

本章小结

在本章中，详细剖析了应该如何划分用户群和分析用户特征。在划分用户群时，可分析典型用户特征，从中选取两个最典型的用户特征建立用户群矩阵。

优秀的产品，不仅仅是关注直观、具体的需求，还需要洞察人性，在产品中考虑马斯洛的需求层次理论，满足生理需求、安全需求、社交需求、尊重需求和自我实现需求中的一种或多种需求，击中用户的痛点，挠客户的痒点。

在产品中，人的群体特性得到体现，包括群体趋同心理、群体排外心理、群体促进心理和群体需要留住关键意见领袖等，产品经理应该将这些心理加以利用。

用户生命周期包括 5 个阶段：引入期、成长期、成熟期、休眠期和流失期，并不是所有用户都会经历这 5 个阶段，各个阶段每个人也是长短不一，为了产生更多的产品价值，应该尽可能延长用户生命周期，或提高同样生命周期时间内的用户单体价值。本章给出了相应的建议，包括快速导入、优化成长期路径、成熟期路径、进行流失期预警等。最后以豆瓣和全民 K 歌用户特征分析案例，进一步强化用户特征分析的相关内容。

第 3 章
获取用户的真实需求

要做出好的产品，就要想方设法得到产品真实的用户需求，而不是将伪需求当成真实需求。产品经理需要了解需求背后的动机，并加以判断，获取真实需求点。

3.1 需求背后的动机

福特汽车公司创始人亨利·福特的一句名言常常被引用："如果听用户的，我们根本造不出汽车来，用户就是需要一匹快马。"苹果公司已故 CEO 乔布斯也有类似的言论。在他们看来，如果只盲目听从用户反馈的需求，产品经理永远无法做出优秀的产品。

产品经理要建立用户需求与解决方案之间的联系，最有效的途径是洞察用户动机，这也是产品经理最重要的任务。类似于警察办理刑事案件时，需要首先收集人证和物证信息，还要能很好地解释犯罪嫌疑人的犯罪动机，如果犯罪动机无法解释，或疑点重重，这个案件一般还需要继续进行查案。

产品经理收集到用户需求后，需要加以分析。例如当用户说想要一匹快马时，应该能够洞察其实对方想要的是更快的交通工具，而更快的马只是其中一种实现方式，如果有更好的实现方式，客户也非常乐于接受。例如目前来说汽车、火车和飞机等都是实现方式。

再以弹幕为例，在弹幕出现以前，如优酷、爱奇艺等视频网站，以及网易云音乐和 QQ 音乐等 App 都有评论功能，一般位于作品下方，评论有个很明显的缺点就是实时性不好，当眼睛所接受的信息相对于人脑的处理速度而言太少时，会让观影者出现无聊的观感。而弹幕是产品经理洞悉需求背后动机后的一大亮点功能，能制造出非凡的观影体验，现已成为各个视频和音乐平台的必备功能。弹幕的伪即时互动特性广受用户追捧,甚至还会给人带来"弹幕比视频更加好看""第一遍看视频,打开弹幕再看一遍弹幕"的感觉。弹幕由用户发布,并不需要视频或音乐平台付出什么代价,却很好弥补视频或音乐信息量过少带来的观看无聊感。

再以微信为例,个人微信更新若干版本,但是一直未提供消息"已读"功能,而企业微信却有该功能,因为微信是熟人社交的平台,而企业微信是同事实时交流平台,对于信息的到达性要求不一样。这个功能,实现起来其实很简单,但是,个人微信没有"已读"实则给了用户自己的空间,给了大家喘气的机会,可以假装自己没有看到,之后想起来还能够慢慢回复。这个功能的有与无,体现了用户在社交需求中的保护隐私的需求动机。

3.2 判断真实需求

做产品,永远绕不开"需求"二字。很多产品从 0 到 1 的诞生过程,需要产品团队付出很多努力,但是,如果在前期把握用户需求时出现错误或纰漏,再好的产品团队、再优秀的团队执行力,以及再高的技术水平都无法阻止产品的失败,因此,判断用户需求成为产品成败的关键步骤。

在讲需求之前,产品经理首先要分清什么是真需求,什么是伪需求或表面需求。真需求可以实现用户的强关联,从而实现用户量的稳定增长。而伪需求和表面需求,要么无法获得用户,要么昙花一现。用户给我们迷惑性大的地方,就是经常喜欢"说一套、做一套"。例如你问用户喜欢什么颜色的手机,可能他说的是白色,但是选择时却做出黑色手机的选择。

例如海边居民经常说他们讨厌穿鞋子,因为穿鞋很容易进沙子,其实他们的真实需求并不是"赤脚",而是"舒适"地走在沙滩上。类似沙滩凉鞋,就很可能大卖。因此,"赤脚"就是伪需求,而"舒适的步行"才是用户的真实需求。

再举"智能防溅马桶"的例子,去问用户的时候,很多人会觉得防溅功能很有必要,但是,如果真投入市场却反响很差,因为要为一个不痛不痒的需求花费更多的金钱,很多用户不愿意。

一般来说,任何"产品经理觉得有用",但是市场反馈不好的"需求",只有一种可能性,那就是这个需求并未解构到最本质的用户需求,而非这个需求不存在。如何从众多的需求中区分真实需求、伪需求或表面需求呢?

1. 了解需求来源

在判断需求真伪时,首先需要清楚地了解需求来源,是产品资深用户、新用户、平台意见领袖，还是某个领导一时兴起提出的需求，或者是与竞品对标时提出的需求，该用户使用产品有多长时间，在什么情况下提出这个需求，想将功能在什么场景下使用，想解决什么问题，并尽可能多地收集该用户的信息，例如该用户的性别、年龄、所在区域、职业、兴趣爱好、月收入、消费水平和平台活跃情况等，相当于为需求提报人提供简易的用户画像，也方便用作未来需求提报的透视分析。

2. 挖掘真实需求

分析用户反馈及用户行动背后的动机，才能最终验证需求是否为真实需求的根本，也决定了用户最后是否会为某个解决方案买单。继续回到前面讲到的沙滩赤脚还是穿鞋的例子，沙滩上面有很多碎贝壳，不穿鞋很容易划伤脚，而穿鞋则很容易进沙子，但是，因为不能划伤脚这个需求更紧要，所以，比起"鞋子里不要进沙子"的需求更为迫切，因此，用户的真实需求经挖掘、解构后是安全、舒适地行走在沙滩上。那么，提供的产品解决方案不是提倡大家"不穿鞋"，而是为用户提供一双舒适且不容易进沙子的鞋子。

3. 统计该需求反馈量

判断需求真伪需要用数据统计分析来支撑。多少用户反馈了同样需求？是否属于同类用户？非同类和同类客户反馈数量在整体反馈中占比多少？以此判断该需求是否具有代表性和普遍性。

例如网易云音乐的听歌识曲功能，是新版本提供的功能，满足广大用户提出的在某地听到了一首好歌，但是不知道歌名时，需要找出歌曲的场景。

4. 确认需求的真实覆盖面

为了确认需求的真实覆盖面，可将该需求向产品的忠实粉丝或意见领袖用户进行求证，可通过在线调查问卷、意见领袖（KOL）群体、微信、QQ、新浪微博和需求反馈有奖活动等多渠道进行确认，如果抽样调查达到 50%（这个比例可根据实际情况调整）以上用户的认可，可进入需求排期，没达到这个比例可将需求向后顺延，等待合适的实现阶段和上线时机。

小米的品牌理念和品牌口号是"为发烧而生"，事实上，小米也是这样做的。每一款小米新手机都是在发烧友的积极参与下才生产的，小米手机采纳广大发烧友的意见与建议，最大限度满足小米发烧友的需求。但是，并不是所有发烧友提出的需求都会应用到新款手机中，也需要在发烧友提出后，进行调研分析，确认该需求的真实覆盖面。

5. 确定需求的重要性和优先级

产品经理需要清楚产品在当下阶段的核心任务，把握产品总体步伐，确定需求的分类，以及确认是否为强需求,确定该需求的重要性,以此对需求的优先级进行排序,确定功能实现的价值和必要性,和开发团队一起估算开发周期,共同讨论决定是否将需求纳入开发计划。

3.3 需求采集的 11 个方法

产品经理每天都会接到各式各样的需求,包括外部需求和内部需求,可以是被动接收,也可能来自产品经理的主观想法太多。然后进行需求分析、需求管理、产品设计、评审、开发、测试和产品上线工作,并不断进行产品迭代。

3.3.1 定性的用户访谈

在产品规划阶段,可通过用户访谈的方式进行需求采集,一对一聊天更加经常采用。在进行用户访谈时,产品经理进行多轮引导式询问,用户做出回答,产品经理从中了解用户的需求。用户访谈不仅可以收集到需求,也可以针对某个问题进行深层次的追问而获得更深层次的需求,可以了解用户有关产品的行为、动机、态度和个性等方面的消息。但是,需要注意的是,用户访谈因无法定量,属于定性了解需求,主观因素比较多,因产品经理经验不同,得出的需求质量也有较大差异。

用户访谈具有 4 个显著的特点,如图 3-1 所示。

图 3-1 用户访谈的 4 个显著特点

具体内容如下。

1)互动和主观性:整个访谈过程是访谈者与用户通过对话、观察表情和潜台词等,进行相互影响、相互作用的过程。用户访谈以语言为媒介,产品经理作为访谈者,用户作为被访谈者，双方通过互动来实现。但是，访谈者所收集到的需求会受到用户回答和态度的主观影响；同样，被访谈用户的回答也会被访谈者的看法与想法所影响。

2）技巧性：用户访谈要求访谈者要善于与人沟通，掌握访谈技巧和节奏。

3）灵活性：在进行用户访谈的过程中，访谈者随时有机会发现新问题，可以基于当时的特定情况和被访谈者的部分回答，灵活多样地选择提问顺序、提问形式、提问内容和措辞，有针对性地进行访谈。

4）计划性：在进行用户访谈的过程中，访谈具有特定的目标，以及遵循一整套设计、编制和实施的原则，要做到提前计划，有的放矢。

进行用户访谈时，访谈者需要注意如下 10 点建议。

1）做好准备工作，在进行用户访谈前提前设计访谈提纲。

2）设计访谈提纲时要明确访谈目标和想要获取的信息，做到以目标为导向，而不是随心所欲。

3）注意访谈时间，一次用户访谈以 30~60 分钟为宜。太短，无法了解足够信息；太长，被访谈者身心疲惫，也获取不到准确的信息。

4）访谈时刚接近用户时，要给予用户恰当的称呼，并进行自我介绍，可以出示自己的身份证明，例如名片等，特别是遇到没有介绍人带领的情况时。

5）提问应当简单、清楚、明了、准确，使用被访谈者能理解的语言，例如不要说计算机方面的诸多专用词汇。

6）在用户访谈过程中，尽量不要做出评判，要保持中立的态度。

7）做一个好的倾听者，准确捕捉被访谈者话里话外的信息。

8）实时观察用户的表情、情绪和话语等，根据不同用户调整访谈形式，把握好访谈节奏，紧抓访谈主题，避免过多闲聊，不要被用户带偏或带跑节奏。

9）及时消化获取的内容，对有价值的内容进行追问，深挖需求。

10）访谈形式不局限于通过语言交流获取信息，还可以结合交互模型测试及可用性测试获取用户的心理模型和偏好。

3.3.2 定性的焦点小组

与一对一的用户访谈不同，焦点小组是产品经理与用户进行一对多交流的沟通形式。相比一对一的用户访谈，它能在较短时间内从不同用户身上获取更多的信息，如图 3-2 所示。

图 3-2 焦点小组

焦点小组需要注意如下 4 点建议。

1）同一个焦点小组的被访谈者的用户背景尽量保持一致，例如学历、收入、职业和所在城市等。

2）这种方式更适合在对用户或产品有一定了解的基础上进行。

3）焦点小组访谈最好有主持人进行引导，用户就主持人引导下针对某个话题进行集体讨论，自由地表达观点，使用灵活的访谈顺序，让访谈的人员都感觉受到关注，因此更愿意表达自己的观点。

4）因有多人在场，不宜提出敏感、私人或带负面倾向的话题。

3.3.3 定量的问卷调查

问卷调查是指通过制定详细、周密的调查问卷，要求被调查者按照问卷进行作答，批量收集调研资料的方法。问卷是一组与某个研究目标有关的问题，或者说是一份为进行调查（例如某个产品的 2.0 新版本的调查）而编制的问题表格，又称调查表。它是人们在社会调查研究活动中用来收集资料的一种常用工具，调研人员借助这一工具进行准确、具体的测定，并应用社会学统计方法进行定量的描述和分析，获取所需要的调查资料，是一种定量的需求获取方法。可通过问卷网等平台制作调查问卷，问卷网示范问卷如图 3-3 所示。

第 3 章 获取用户的真实需求

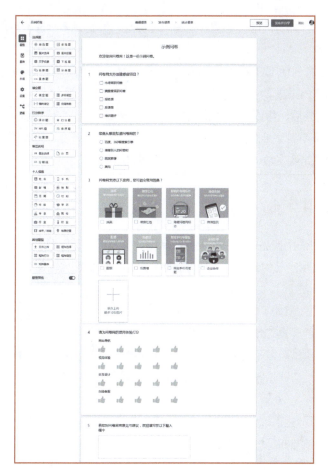

图 3-3 问卷网示范问卷

问卷调查需要注意如下 7 点建议。

1）首先需要明确问卷调研的目的，包括验证想法、收集用户数据（例如收集今晚去哪家餐馆就餐的投票数据）和确认用户对产品的感受（例如对新版本的使用感受）等。

2）调研问卷核心内容包括调研问卷标题、问候语、调研问卷说明、用户基本信息、过滤问题、主题问题，其中过滤问题的设计是为了过滤无效样本。

3）用户信息主要获取性别、年龄、城市和职业等基本信息，用于分类分析。

4）确认调研目标对象，并不是样本数量越多越好，找准目标用户能大大提高针对性，提高调研问卷结果的质量。

5）主题问题建议组合开放和封闭式两类问题，由浅及深，层层递进，问卷问题通俗易懂、表述清楚、选项独立。同时，还需要控制问题数量，数量太多会影响用户的耐心，影响调研结果的质量。

6）发放问卷通常包括 QQ 群、微信群、公众号、社区和产品的 banner 区域等渠道，选择更容易找到目标用户的渠道。

7）收集调研问卷后，需要对数据进行整理，加以统计分析，验证论证目的。

问卷星和问卷网等都适合便捷地定制调研问卷，并可方便地进行打印和发布操作，调研问卷可采取线上或线下结合发放的方式，以便获得更多样本信息。

3.3.4　可用性测试

通过让目标用户使用产品或原型来发现产品设计中的可用性问题，可用性测试可以帮助产品经理了解用户在使用产品的过程中，是否会遇到问题，遇到哪些问题，有时也能在用户使用过程中发现新的需求。

可用性测试需要注意如下 5 点建议。

1）不要等到全部开发工作完成后才开始进行可用性测试。

2）如果在开发测试阶段不好找到真实用户进行测试，可让朋友或同事参与可用性测试。

3）在设计可用性测试任务时，建议包括 5~8 个功能点，不宜过多，尽量控制在 30 分钟内完成。

4）用户进行可用性测试时，观察员需要观察用户操作，并记录问题。

5）为提高用户参与积极性，可向参与可用性测试的用户赠送一些小礼品。

3.3.5　用户反馈

产品上线后，部分活跃用户会积极发出反馈信息，或吐槽，或建议，或赞赏。为了更好地收集用户反馈，设计产品功能时要考虑加入用户反馈模块，产品运营部门要组织收集意见奖励活动等。

可通过产品提供的意见通道、反馈窗口、产品社区、微博、在线客服、电话客服、企业邮箱、应用市场评论、豆瓣和知乎等多渠道收集用户反馈信息。

3.3.6　头脑风暴

头脑风暴是指通过无限制的自由联想和讨论来进行需求采集，其目的在于产生新观念或激发创新设想。头脑风暴法又被称为智力激励法、自由思考法。与焦点小组一样，也是多人参与，但是与之不同的是没有那么正式，也不会对任何创意进行评价，只是记录。

头脑风暴如图3-4所示。

图3-4 头脑风暴

头脑风暴需要注意如下3点建议。

1）在头脑风暴过程中，不要对任何创意进行评价，只是记录。

2）在头脑风暴过程中，注意创意数量，而质量是很次要的考虑因素。

3）每个参与者都可以提出自己的新创意，也可以在别人的创意上继续联想拓展，产生思想碰撞，在此基础上产生另外的创意。

3.3.7　Bug 转需求

测试工程师提出的部分 Bug 和可用性测试类似，是由测试工程师在使用产品过程中产生的新需求，可以将有用的需求经商讨后纳入需求池。

3.3.8　数据分析

数据分析的主要作用是建立数据体系，跟踪和收集产品数据，例如用户使用产品数据包括使用时长、使用频率、使用时间段、页面访问路径、事件跟踪数据、PV（页面浏览量或点击量）、UV（独立访客数）、市场转化率、行为轨迹、流水分析、用户反馈和营收增长数据等，分析产品和运营优化方向，收集需求。可以在 App 中集成第三方 SDK 获得这些使用数据，例如通过百度指数和阿里指数等平台获取这些数据。

3.3.9 竞品分析

产品需求可以来自用户，也可以通过已有的同类产品进行分析寻找，分析同类产品设计背后的原因，挖掘这些产品所满足的用户需求。在进行竞品分析时，需要重点分析市场趋势、业绩现状、竞争对手的企业背景、产品定位、目标用户、产品价值、发展策略、核心功能、交互设计、体验设计、产品优缺点、运营策略、推广策略，以及市场占有率、市场占有量等市场数据。

例如要做电子商务类产品，可对天猫、淘宝和京东等进行竞品分析，做搜索类产品，可对百度、谷歌和搜狗等进行竞品分析，完成必须实现的功能，并提出独特的、有竞争力的新需求。

3.3.10 网络资讯/行业报告

通过网络资讯、行业报告等方式获取需求，行业数据主要来自公共调研机构的数据报告，例如企鹅智库和艾瑞咨询等，可以通过它们了解行业趋势、用户习惯、需求和市场份额等内容，寻求产品的切入点。

3.3.11 用户模拟

用户模拟可以融入用户角色，感知用户所需、所思和所想，挖掘出更真实的用户需求。常见有以下两种方式。

1）模拟和代入用户角色：了解目标群体在什么样的场景下，有什么样的真实诉求。

2）一秒变小白：以新手小白的角度放空大脑，体验产品流程，从而发现想要什么和不足之处。

3.4 需求采集工具和模板

可通过需求卡片、思维导图和需求亲和图（需求簇）方式进行需求采集，在进行需求采集时，需要产品经理设计需求访谈等模板。

3.4.1 需求卡片

需求卡片可以有效地帮助产品经理收集部分需求，参考模板如图3-5所示。

单项需求卡片	
需求编号（可由需求人员填写）	需求类型（可由需求人员填写）
包含采集时刻、采集者信息	功能需求/非功能需求
来源（Who，重要信息）	
产生需求的用户，最好有该用户的联系方式等信息。 用户背景资料，如受教育程度、职业、岗位经验，以及其他与之相关的经验。	
场景（Where/When，重要信息）	
产生需求的特定的时间、地点和环境等信息。	
原因（Why，需求人员要保持怀疑的心，很多时候需求是假想出来的）	
为什么会产生这个需求？以及相关解释。	
验收标准（How）	需求重要性权重（How much）
如何确认这个需求被满足？ 尽量用量化的标准。	满足后（"1：一般"到"5：极好"） 未实现（"1：略感遗憾"到"5：非常懊恼"）
需求生命周期（When）	需求关联（Which）
1.需求的紧迫度。 2.时间持续性。	1.人：和此需求关联的任何人。 2.事：和此需求关联的用户业务和其他需求。 3.物：和此需求关联的用户系统、设备，以及其他产品等。
参考材料	竞争者对比
在需求采集活动中的输入材料。	按照"1分：差"到"10分：好"进行评估： 1.竞争者对该需求的满足方式。 2.用户、客户对竞争者及公司对该需求的评估。

图3-5 需求卡片参考模板

3.4.2 思维导图

思维导图运用图文并重的技巧，把各级主题的关系用相互隶属与相关的多层级图表现出来，把主题关键词与图像、颜色等建立记忆链接。思维导图可以充分发挥左右脑机能，充分利用记忆、阅读、思维的规律，可以开启人类大脑的潜能。

思维导图是一种用来产生和收集对项目需求与产品需求的多种创意的技术，在通过头脑风暴方式采集需求时，可通过思维导图快速进行记录，或通过它进行整理。常用的思维导图工具有 MindManager、XMind、ProcessOn 和百度脑图等。笔者使用百度脑图制作的一个课程的思维导图如图 3-6 所示。

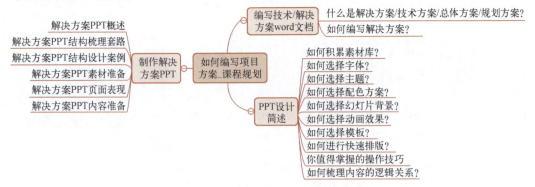

图 3-6 思维导图制作课程规划

3.4.3 需求亲和图（需求簇）

亲和图是一种用来对大量创意进行分组的技术，以便进一步审查和分析。可将访谈采集到的用户需求概括之后抄写在卡片上，将需求卡片分成不同的小组，如图 3-7 所示。建议与访谈用户一起制作需求亲和图。

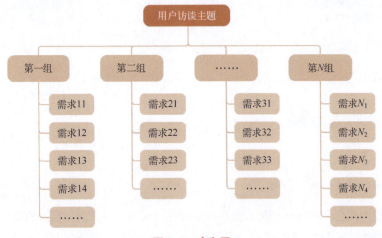

图 3-7 亲和图

要求在每一组里选择一张能概括本组内容的最佳卡片,并将其置于每一组的顶部,形成需求簇图,如图 3-8 所示。

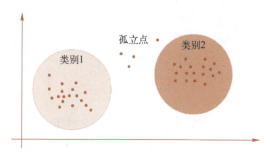

图 3-8 需求簇图

3.4.4 用户访谈提纲模板

在进行用户访谈前,为防止访谈过程被用户带偏、带跑,一般需要准备需求调研提纲,例如下面的用户访谈模板案例。

部门:xx 局

对口联系人	部门及职务	联系电话	电子邮箱/QQ

反馈联系人:
联系电话:
请将访谈提纲反馈至邮箱:

1. 单位业务部分

1)本单位的主要职责和业务范围是什么。
2)当前本单位在业务管理方面的重点、难点和存在的问题是什么。
3)未来 3 年本单位在业务管理方面的发展设想与将要实现的业务目标规划是什么。
4)未来迫切需要区委区政府和其他相关单位给予哪些工作上的支持和协同帮助。
5)本单位与 xx 项目规划建设强关联类问题。

2. 单位信息化相关工作

1)本单位的信息化建设情况。
➢ 基础网络(电子政务内外网、互联网)情况。

- 近 5 年已建、在建的信息系统（工程项目）情况。
- 本单位现有 IT 设备清单。
- 相关的规章管理制度（如系统运维、网络信息安全）制定及执行情况。

2）本单位信息化投入情况。
- 有无专门的信息化部门，大概的人员编制情况。
- 单位每年信息化工作的投入预算情况。

3）本单位现有信息系统能否满足需要。
4）业务信息（数据）获取及未来信息化建设方面规划和需求。
5）目前本单位在业务信息（数据）方面获取的渠道有哪些，是否方便。
6）为了更好地开展本单位的业务工作，还需要获取其他哪些信息（数据）。
7）是否有外单位表示希望获取本单位的相关业务信息（数据）。
8）未来 3 年拟投入建设的信息系统（工程项目）有哪些。

3.5 获取需求案例

任何一款产品都必须满足用户的核心需求，方向错误，满盘皆输。接下来以母婴类社区为例，分析其核心需求。

1）学习需求：学习科学育儿知识。
2）记录需求：记录宝宝的成长瞬间。
3）倾诉需求：婆媳问题，育儿矛盾，带孩子的困惑。
4）交友需求：结识志同道合的宝妈。
5）提升需求：自我成长，如美容、护肤、穿搭和育儿能力等。
6）购物需求：买什么，如何买。

因母婴类用户很多，现有母婴类平台五花八门，接下来讲解如何通过竞品分析和用户访谈获取母婴社区的需求。

3.5.1 竞品分析

目前母婴用户的刚性需求在于如何快速获取知识，以及如何进行情感交流。建设母婴社区和社群已成为母婴行业产品标配，例如蜜芽创办了蜜芽圈，乐友上线了乐妈圈，育学园具有专门的育儿交流粉丝群等。目前各类母婴产品均将社区和社群建设作为重点,所以,如何进行内容输出,增强用户间的情感交流是运营母婴市场的关键。

公开数据显示,2016 年 12 月,宝宝树孕育成为中国最大的母婴类 App。母婴 App 活跃用户规模中,宝宝树孕育位列第一,母婴综合社区 App 的用户规模仍然领跑行业,妈妈帮和妈妈网位列第七和第八,宝宝树和贝贝的活跃用户重合率为 3.6%,宝宝树孕育和孕育管家的活跃用户重合率为 1.64%;孕育管家和贝贝的活跃用户重合率为 1.42%。

公开数据还显示,2016 年 12 月,妈妈网用户活跃度最高,人均单日启动次数 5.38 次,人均单日使用时长 45.08 分钟。贝贝作为母婴电商,用户活跃度亦较高,贝贝的人均单日启动次数为 3.95 次,人均单日使用时长为 38.73 分钟,移动母婴社区和母婴电商的用户使用行为习惯已经养成,无论社区还是电商用户均具有较高黏性。

3.5.2 用户访谈

进行用户访谈时,需要利用经验、参考竞品等确定用户访谈提纲,参考如下内容

1. 学习需求

1)目前通过哪些网站或 App 学习母婴知识。

2)最喜欢在母婴知识学习过程中添加哪些功能,例如标记、评论、分享、赞赏或学习笔记等。

3)视频、图文类结合的文章和问答,更喜欢哪种学习方式。

4)学习过程中最让你有成就感的是什么事情。

2. 记录需求

1)目前喜欢在哪些平台记录宝宝的瞬间。

2)最喜欢这些平台的哪些和记录相关的功能。

3)记录宝宝瞬间的常用时段。

4)记录宝宝瞬间的使用场景。

3. 倾诉需求

1)最喜欢在网络上倾诉哪些问题,如婆媳问题,育儿矛盾,育儿疑问。

2)会在网络上找人倾诉和母婴有关的问题吗。

3)一般会在网上找哪些人倾诉。

4）之前倾诉过程获得的结果如何。

5）优质的倾诉对象需要满足哪些条件。

6）和智能机器人聊过母婴问题吗。

7）如果加入树洞这样的功能，有何看法。

4．交友需求

1）交友会倾向于选择同城的朋友吗。

2）喜欢在母婴平台的朋友满足哪些要求。

3）交友后，会选择线下见面吗。

4）更愿意加入哪些交友圈子。

5）在母婴平台交友是否喜欢添加微信、QQ、微博好友的好友。

6）特别喜欢交友平台的哪些功能，希望在母婴平台也具有。

5．提升需求

1）有哪些自我提升需求，美容、护肤或穿搭等。

2）平时常去哪些提升自我的平台。

3）目前会在哪些提升自我的平台留存数据。

4）提升自我时，还想要哪些附加功能。

6．购物需求

1）有哪些购物需求。

2）经常购买母婴用品的网站。

3）一般通过什么方式买产品。

4）希望母婴平台除提供母婴产品外，还提供什么产品。

5）购物最看重的是商品哪方面，价格、品质还是其他。

6）国内最喜欢的前3个购物网站。

7）国外最喜欢的前3个购物网站。

本章小结

本章详细讲解了如何获取用户的真实需求。获取需求时，首先需要了解需求背后的动机，

第 3 章 获取用户的真实需求

产品经理要建立用户需求与解决方案之间的联系，最有效的途径是洞察用户动机，这也是产品经理最重要的任务。在区分真需求与伪需求或表面需求时，需要了解需求来源、挖掘真实需求、统计该需求反馈量、确认需求的真实覆盖面、确定需求的重要性和优先级。需求采集的办法主要有用户访谈、焦点小组、调查问卷、可用性测试、用户反馈、头脑风暴、Bug 转需求、数据分析、竞品分析、网络资讯/行业报告和用户模拟。需求采集工具和模板包括需求卡片、思维导图、需求亲和图（需求簇）和用户访谈提纲模板。最后，再以母婴平台为案例讲解了两种需求采集方法竞品分析和用户访谈的使用。

第 4 章
分析、评估和管理需求

获取用户的真实需求后,需要对需求加以详细分析和评估,并了解需求之间的影响,可借助定性和定量两种方式进行分析,形成需求文档后,需要加以管理。分析、评估和管理需求是产品设计人员的日常工作之一。

4.1　需求分析方法论

需求分析就是将粗略了解的大量用户需求,进行挖掘和提炼,加以详细分析和评估,最后提出完整、准确、清晰和具体的需求的一个过程。在产品规划初期,产品经理会罗列尽可能多的需求,也会收集到众多不同用户的需求,但有些需求是伪需求,有时候不同需求自相矛盾,有些需求也不具备实现价值,需要产品经理加以分析,进行解构,并进行需求筛选和优先级排序。产品需求分析的过程,从用户提出的需求出发,挖掘用户内心真正的目标,并转换为明确、清晰的产品需求规格。

需求分析一般通过以下方法完成。
1)筛选需求。
2)挖掘需求。
3)整理需求。
4)匹配产品定位。
5)定义需求优先级。

下面一步一步来剖析。

第 4 章　分析、评估和管理需求

1. 筛选需求

这时候的需求量很大，并且杂乱，需要一个一个判断它们的合理性，包括在技术上不可能实现、投入产出比低和明显没必要去做的。经过这些方面的判断，会筛掉很多伪需求。

例如，用户想要一个可以记账的 App，如果能更换主题颜色就好了，结果有个用户提出，如果能根据手机壳颜色改变主题颜色就更好了，最后一个需求明显是投入产出比低和没必要去做的，直接可以剔除。

2. 挖掘需求

用户提出的需求都是以自我为中心提出的，可能是突然闪出的一个想法，也可能不是自己的真实想法，所以需要产品经理挖掘用户潜在需求，判断用户想要做什么，在什么场景下，最终想要达成什么样的结果。

还是以记账 App 为例，用户每天的消费很多，一笔一笔地记很麻烦，但是又需要记清楚每一笔消费。我们来分析该需求，在记账的场景下，用户需要的结果就是能够快速、方便，并且清楚地记下每一笔消费，因此"快速清晰"是用户最终想要的结果，可以设计一个用户可以提前添加好每天相同的消费，或者根据用户平时的记账习惯计算出用户每天相同的消费，用户可以直接选择添加记账，这样就可以实现用户想要的"快速清晰"了。

3. 整理需求

获得了用户的真正需求之后，加以分析，发现其中有些需求自相矛盾，有些需求的目标其实相同。这时候，需要产品经理归类整理，找出各需求之间的联系。

关于记账，用户想要添加的账户有信用卡、储蓄卡，随着移动支付的发展，现在用户又有了支付宝、微信和京东白条等账户。通过分析，支付宝、微信和储蓄卡是类似的，京东白条和信用卡是类似的账户。账户的分类，可以只以储蓄卡和信用卡为类型，在每个分类下面有默认账户列表可供选择，不用细分很多种类型，也是为了以后更好的扩展。

4. 匹配产品定位

这是非常重要的一步，所有的需求都需要匹配产品定位，并且要分析该需求是否为目标用户的需求，这是进一步的筛选。

这个很好理解，例如记账类 App，可以剔除与记账无关的需求，如用户想要记账 App 能够实现移动支付等，这与产品定位是不符合的。

5. 定义需求优先级

筛选完成需求之后，确定需求，然后根据产品生命周期，分析每一个需求，对需求的优先级进行排序。

4.2　分析和评估需求的影响

在完成需求分析之后，继续分析和评估需求的影响，这是必不可少的一个过程。需求分析与评估开始于产品生命周期之前，也是在整个产品生命周期的存在的过程，所以需要评估的需求是包括提炼的需求和变更的需求。

我们需要评估这些需求的影响如下。

1）是否与整体的商业策略保持一致：我们在决定做产品之前，都会制定商业策略，产品开发商最终的目的都是盈利，所以产品需求最终实现的价值，是需要跟商业策略保持一致的。

2）是否影响客户或者相关干系人的利益：相关干系人就是指产品的利益相关者，例如产品发布商、产品投资者、权力部门、合作方和用户等，评估提炼的需求或者变更的需求对干系人的利益影响。

3）是否影响交付时间：评估需求实现的工作量，工作量决定了产品开发的时间成本，根据工作量估算是否会影响开发进度。

4）是否影响所提供的项目资源：项目资源指的是在产品生产周期中，每项活动所利用的资源，例如人力资源、开发资源和软硬件环境等，评估需求所带来的影响和所产生的成本。

5）评估需求的成本以及价值：评估需求实现所需要投入的人力成本、时间成本和资源成本，以及所带来的价值，是否值得投入以上成本。

6）评估需求影响的商业环节：确定提炼的需求或者变更的需求是在产品核心业务流程的哪一个环节，需要考虑企业、产品发布商和用户的利益，评估利益的影响程度。

7）评估需求的紧急程度和优先级：确定需求，评估需求对企业、产品发布商和用户的重要程度，最终确定该需求的紧急程度和优先级。

4.3　定性需求分析

在第 3 章的"3.3 需求采集的 11 个方法"中，了解了需求采集的 11 个方法，下面了解关于定性的用户访谈和可用性测试的需求分析。

4.3.1 用户访谈

用户访谈通常是一对一聊天的方式,存在很多主观因素,得出的需求质量也会有很大的差异,因此访谈结束后,需要及时地对访谈内容进行整理分析。在需求分析时,需要注意如下 4 点。

1)整理之后,先剔除严重不合理的、跑题的、重复的和不可信赖的回答等。

2)在提炼需求的时候,需要考虑访谈用户当时的表情、情绪和语气等。

3)在提炼需求的时候,只需要提炼用户的需求,不要把访谈用户提出的解决方案当作用户的问题。

4)在提炼需求的时候,需要注意关注的问题背后存在的问题,不要只停留在问题的表面。

最终需求分析的结果需要有如下 4 点。

1)用户的个人信息、特征以及使用偏好。

2)用户遇到的问题。

3)用户会怎么做。

4)用户问题和行为的原因。

4.3.2 可用性测试

可用性测试是让一群具有代表性的用户对产品进行典型操作,同时观察员和开发人员在一旁观察、聆听和做记录。测试可以是早期的纸上原型测试和产品原型测试,也可以是后期成品的测试。需要注意的是,测试的是产品,而不是使用者。

对一些用户而言,"测试"有负面的含义,我们要努力确保他们不认为测试是针对他们。要让用户明白,他们正在帮助我们测试原型或网站。当用户难以完成任务时,我们应该改变网站,而不是改变用户。同时,我们还应该思考该网站能在多大程度上符合哪些典型用户的目标和使用习惯,而不是关注用户在这个任务做得多好。

同样地,在测试结束后,我们需要及时地对测试结果进行整理分析,需求分析的结果需要包括如下 4 点。

1)测试用户是否为代表性的用户。

2)用户遇到的问题。

3)遇到问题之后的反馈和行为。

4)用户测试后的感受。

4.4 定量需求分析

定量需求分析是对相关数据进行量化处理、检验和分析，从而获取有意义的结果，本节主要介绍关于定量的调查问卷和数据分析的需求分析。

4.4.1 调查问卷

调查问卷是一种很常见的需求收集的方法，通过网络等方式发放调查问卷表，被调查者按照问卷进行作答之后，回收问卷，统计反馈结果，然后进行需求分析，得出需求分析结果。前面的用户访谈和可用性测试，都是针对目标用户群体中很少的部分用户，所以得到的需求很有限，而调查问卷，可以有更多的用户参与，应该充分利用这一收集方法。在需求分析时，需要注意以下 3 点。

1）剔除不完整的和无效的问卷后，再进行统计分析。
2）对调查问卷中的每一个问题都要做统计分析。
3）每一个问题中最好能够分目标用户、使用产品用户和所有用户这 3 类统计分析。

最终需求分析统计结果需要包括如下 4 点。

1）参与调查问卷目标用户的特征比例与人数规模。
2）参与调查问卷使用产品的用户特征比例与人数规模。
3）参与调查问卷的所有用户特征比例与人数规模。
4）问题的选项答案比例、重要性以及分析结果。

4.4.2 数据分析

数据分析是收集和挖掘产品的用户使用数据，通过估计、预测、相关性分组、关联规则、聚类和复杂数据类型挖掘等分析方法，挖掘出更有价值的信息，辅助产品团队进行决策。

数据分析的过程依次为数据分析方案设计、数据收集、数据处理、数据分析和数据可视化。

1. 数据分析方案设计

开展数据分析的工作开始，需要明确数据分析的目的，设计数据分析的方案，为之后的数据收集、数据处理、数据分析和数据可视化的工作指明方向。

2. 数据收集

数据收集是按照数据分析方案，收集相关数据的过程。通常收集的用户使用产品数据包括使用时长、使用频率、使用时间段、页面访问路径、事件跟踪数据、PV（页面浏览量或点击量）、UV（独立访客数）、市场转化率、行为轨迹、流水分析、用户反馈和营收增长数据等。数据收集可以在 App 中集成第三方 SDK 获得这些使用数据，或者在产品研发时，注入统计代码，并搭建起相应的后台查询。

3. 数据处理

数据处理是对收集到的数据进行加工整理，最终形成适合数据分析的要求样式的过程。数据处理包括数据抽取、数据清洗、数据转换、数据合并和数据计算等。

数据抽取是将复杂的数据转化为单一的或者便于处理的类型，以达到快速分析处理的目的。

数据清洗是去除重复数据、干扰数据及填充缺失值，数据清洗的 4 个关键点：完整性、全面性、合法性和唯一性。

数据转换是通过数据平滑、数据聚集、数据概化和规范化等方式将数据转换成适用于数据挖掘的形式。

数据合并是将多个数据源合并存放在一个数据存储中。

数据计算是进行各种算术和逻辑运算，以便得到进一步的信息。

4. 数据分析

数据分析是指利用分析方法和工具，对加工处理后的数据进行分析，提取有价值的信息，形成有效结论的过程。

5. 数据可视化

通过以上过程，就可以用数据图表的方式将分析的结果展示出来，直观、清晰地展示数据间的联系和变化情况。

4.5 输出需求文档

在需求分析和评估之后，输出《产品需求规格说明书》。《用户需求说明书》是站在用户角度，提出用户需要的功能或者任务的说明书，用户需求是用户的目标，即用户要求产品完成的任务以及对产品的未来期望。《产品需求规格说明书》是需求分析师对《用户需求说明书》的详细分析和细化,将用户需求转换为产品需求的文档。

《产品需求规格说明书》主要包括变更记录、引言、项目/产品概述(产品简介、用户和角色说明、功能总体设计、核心业务流程和用例图等)、功能性需求、非功能性需求、验收标准(项目一般有该章节,产品一般没有)、运行环境规定和附录等内容。

1. 变更记录

要求每一个文档都必须存在,方便以后的变更查询。每次变更,都需要详细记录变更内容、变更人、文档版本号、变更日期和批准人等信息。

2. 引言

(1)目的

目的也就是这份文档所要解决的问题或者要达到怎样的目标。

(2)适用范围

说明该文档的使用范围,适用于产品周期的哪个阶段,适用于产品周期内哪些参与人员。

(3)预期读者和阅读建议

本文档的读者对象有哪些,哪些人需要重点阅读本文档,哪些人可选择性地阅读本文档。

(4)参考文档

需要列出本文档的所有参考文件。

如果包含了参考文献,需要按照下面格式编写:

[标识符] 作者,文献名称,出版单位(或归属单位),日期

(5)术语与缩写解释

用于清楚地描述术语或者缩写的意思,如表4-1所示。

表4-1 术语与缩略语解释示例表

术语/缩略语	说明

(6)需求描述约定

用于说明本文档描述需求的约定,这些约定主要包括需求标识方法、需求跟踪的颗粒度和

第 4 章 分析、评估和管理需求

需求优先级定义。

1）需求标识方法："需求编号"的格式为：X-YYY-ZZZ，其中 X 表示子系统，YYY 表示 3 位主功能模块码，ZZZ 表示 3 位子功能模块码。

需求层次：分 3 个层次，第一层指主功能模块，第二层指功能模块的子功能，第三层指子功能下的具体需求。

2）需求跟踪的颗粒度：跟踪到第二层功能需求。

3）需求优先级定义。

本文档统一规定对需求层次为二级以上的定义优先级，三层需求依据二层需求的优先级执行。

需求分析师应确定每个需求的优先级并写入软件需求分析说明书，需求的优先级的评价标准如表 4-2 所示。

表 4-2 需求优先级评价标准

级别定义	判断标准	采取的措施
高	满足以下任意一条时： 1）需求实现的紧急程度为特急或紧急。 2）国家或行业法律法规和标准要求，客户明确要求的，满足正常业务必须的需求	对于这些需求在项目实施过程中需要重点投入资源，优先实现，只有在这些需求上达成一致意见，软件才会被接受；必须完美地实现。通常这类需求在当前版本必须实现
中	满足以下任意一条时： 1）客户隐含要求，对正常业务影响程度不大。 2）需求实现的紧急程度为中心。 3）支持必要的系统操作，实现这些需求将增强产品的性能，是产品最终所要求的需求	这些需求必须被实现，但如果项目实施中出现进度、资源等方面的冲突时，如果有必要，可以延迟到下一版本；需要付出努力，但不必做得太完美
低	满足以下任意一条时： 1）功能或质量上的附加功能； 2）实现这些需求会使产品更完美，若不实现也不影响产品的功能与性能，属于锦上添花； 3）需求实现的紧急程度为低	实现或不实现均可；可以在项目组有足够的时间时考虑这些需求的实现

3. 项目（产品）概述

（1）简介

说明项目（产品）是什么，用来做什么。

（2）用户与角色

通过分析用户的最后结果，说明产品的用户角色有哪些，如表 4-3 所示。

表 4-3 术语与缩略语解释示例表

角色	职责描述
管理员	例如:管理账本
记账人	例如:记录账单

(3) 功能总体设计

1) 功能架构图:产品的功能架构图由分功能或功能单元按照逻辑关系连成的结构图。

2) 功能列表:用表格形式细分功能,如表 4-4 所示。

表 4-4 功能示例表

功能模块	二级功能	三级功能	里程碑	需求编号	优先级
账本模块	账本分类管理				
	账本管理				
	……				
账户模块	账户分类管理				
	账户管理				
	收入管理				
	支出管理				
	……				
统计分析	分类统计分析				
	时间统计分析				
	……				
……	……				

(4) 核心业务流程

该部分展示产品核心业务流程图,按优先级排列,如业务流程图 1,业务流程图 2,业务流程图 3 等。

(5) 核心用例图

该部分展示产品的用例图,按优先级排列,如用例图 1,用例图 2,用例图 3 等。

4. 功能性需求

功能性需求需要叙述清楚功能的业务概述、使用者、输入要素、处理流程和输出要素。以

表 4-4 中的"账本分类管理"功能为例。

（1）业务概述

账户分类管理是对用户账户分类的管理，用于可添加多个类型的账户。包括添加分类、删除分类和编辑分类功能，分类信息包括账本分类信息。

（2）使用者

所有用户。

（3）输入要素

1）添加分类：分类名。

2）编辑分类：分类名。

（4）处理流程

1）添加分类：用户进入账户分类界面，点击右上角"+"图标，弹出添加账户分类弹窗；输入分类名，点击"确认"按钮，如果添加成功，以 toast（属于一种轻量级的反馈，常常以小弹框的形式出现，一般出现 1 到 2 秒会自动消失，可以出现在屏幕任意位置）提示"添加成功"；如果失败，提示"添加失败"。

2）编辑分类：用户进入账户分类界面，左滑显示"编辑"和"删除"按钮，用户点击"编辑"按钮，弹出编辑账户分类弹窗；输入分类名，点击"确认"按钮，如果修改成功，以 toast 提示"修改成功"；如果失败，提示"修改失败"。

3）删除分类：用户进入账户分类界面，左滑显示"编辑"和"删除"按钮，用户点击"删除"按钮，弹出确认删除弹窗；点击"确认"按钮，完成删除；点击"取消"按钮，取消删除。如果删除成功，以 toast 提示"删除成功"；如果失败，提示"删除失败"。

注意：如果账本名下存在账户，不能删除。需要给出提示"该账本名下存在账户，不能删除"。

（5）输出要素

1）列表显示账户分类名，并且显示存在账本数。

2）添加、编辑和删除，提示相应操作结果。

5. 非功能性需求

（1）界面需求

界面需求的描述，可包括风格、布局、色调、图片、控件和提示等方面的需求。

（2）质量要求

记录产品质量的需求，一般包括性能、易用性、安全性、可靠性、稳定性、扩展性、兼容性和可移植性等方面的需求，如表 4-5 所示。

表4-5 产品质量需求示例表

质量特性	详细要求
性能	例如：页面加载最多不能超过5s，并发能够达到1万
易用性	页面易操作，流程不烦琐
安全性	例如：提供数据的备份和恢复功能
稳定性	例如：产品能够7×24小时正常运行
可靠性	对产品可靠性提出的需求
扩展性	对产品的扩展性提出的需求
兼容性	例如：网页版需要兼容IE8以上、Chrome和360浏览器等
可移植性	例如：需要从一个环境移到另一环境
……	……

（3）接口需求

一般接口需求包括内部接口和外部接口。

6．验收标准

项目一般有该章节，产品一般没有。

7．运行环境规定

硬件环境规定如表4-6所示。

表4-6 硬件环境规定表

名称	配置要求	数量	接入带宽	说明备注

软件环境规定如表4-7所示。

表4-7 软件环境规定表

名称	说明
操作系统	
数据库	
应用服务器	
负载均衡	

8. 附件

附件需要说明用户需求用到的文件，例如产品规划书等。

9. 附录

可附上需求访谈记录表和调研报告等。

4.6 管理需求

管理需求是在明确了需求之后的管理，并且还需要不断收集、挖掘新的需求，进行持续的产品更新迭代。管理需求也是产品经理的日常工作之一。

4.6.1 需求管理的原因

需求管理的主要工作是建立需求基准，保持需求跟踪、变更控制以及配置管理。做好需求管理的原因主要有以下 5 点。

（1）**需求管理是个庞大且复杂的过程**

需求管理的过程包括了需求收集、需求分析、编写需求规格说明书、需求验证和需求变更这 5 个过程，每个过程都有各自的输入、输出工作，并且需求管理是贯穿整个产品生命周期的。需求的来源不仅仅是用户，还可能是客户，以及其他干系人，例如市场调研人、项目经理、产品经理和技术经理，他们都有权利提出需求或者变更，所以需求管理是个庞大且复杂的过程。

（2）**需求采集是个投入大而看不见的过程**

在市场调研阶段，往往需要大量的人力、物力来完成市场调查，并且采集需求的周期比较长，人力成本、资源成本和时间成本投入很大，并且最后所调查的需求及结果不一定能够运用于产品，这是一个投入很大并且看不见直接收益的过程。我们需要通过需求管理的过程，来筛掉不必要的市场投入调查，节省成本。

（3）**需求不可能完全被定性**

需求是随着市场环境变化的，刚定下一个需求，还在开发阶段的时候，就会存在不继续做该需求的可能性，产品也需要不断地更新迭代，所以说这个过程中，会产生很多不稳定的需求。

（4）需求管理需要多个角色参与协调

产品或者项目的干系人有很多，并且有着密不可分的关系，例如需求提出人、需求分析师、项目经理、产品经理和产品开发小组等，都需要参与需求的评审工作，有可能会因为某一个需求，而出现不和谐的现象，推卸责任，相互埋怨。所以需要通过需求管理，建立一套合理的工作流程，协调好各角色的协作关系。

（5）需求变更会影响原有需求

在更新迭代阶段，客户提出的或者根据市场调查的需求变更，会影响到其他原有的需求，需要通过管理需求，来确保赋予需求一个有弹性的结构，使产品能够适用变更，并且可追踪性链接可以表达需求与开发生命周期的其他工作之间的依赖关系。

4.6.2 需求管理的角色

需求管理的角色一般包括需求提出人（可能是虚拟用户，也可能是客户）、项目经理、产品经理、需求分析师、产品开发小组（交互设计师、用户体验设计师、开发工程师、测试工程师）和 SQA。

1. 需求提出人

需求提出人可能是虚拟用户，也可能是客户。如果是客户，主要职责如下。

1）提出需求。

2）提交变更需求申请。

3）参与需求文档的非正式评审和正式评审，并做书面承诺。

2. 产品经理

产品经理作为产品团队的核心人物，统筹产品管理工作，主要职责如下。

1）进行市场调查，掌握用户的需求，评估产品机会。

2）定义产品，确定开发何种产品，选择何种技术或商业模式等。

3）推动产品的开发组织的组建。

4）根据产品的生命周期，协调开发、测试、设计、营销、运营和运维等人员。

5）确定和组织实施相应的产品策略，以及一系列相关的产品管理活动等。

6）提交变更需求申请。

7）参与需求文档的非正式评审和正式评审，并做出书面承诺。

3．项目经理

产品经理定义好产品后，开发团队开始进行产品研发工作，可由项目管理人员（按照各公司不同，可为产品设置专职项目经理，也可由开发经理或产品经理兼任）进行项目管理工作，项目经理的主要职责如下。

1）制定开发计划。
2）跟踪开发进度。
3）保证开发质量。
4）评估开发过程中的各项风险，并采取相应的措施规避风险。
5）负责开发过程中的协调工作。
6）提交变更需求申请。
7）参与需求文档的非正式评审和正式评审，并做出书面承诺。
8）解决技术难题，或者调用其他资源解决技术难题等。
9）项目管理十大领域：项目整合管理、项目范围管理、项目时间管理、项目成本管理、项目质量管理、项目人力资源管理、项目沟通管理、项目风险管理、项目采购管理及项目干系人管理都需要根据情况参与其中。

4．需求分析师

需求分析师也是按照各公司不同，可为产品设置专职需求分析师，也可由产品经理兼任，需求分析师的主要职责如下。

1）参与需求调研。
2）参与需求分析。
3）制定需求规格说明书。
4）制定需求跟踪矩阵。

5．交互设计师

交互设计师的主要职责如下。

1）梳理信息导航结构和页面操作流程。
2）设计详细的交互原型。
3）进行原型演示，收集原型反馈的问题，负责问题的跟进，进行原型和文档的修订工作。

6．用户体验设计师

用户体验设计可以包括各种设计，如 UI（用户界面）、交互、视觉、听觉，甚至工业设计等，所以通常 UI、交互设计师也称为广义上的用户体验设计师，但在技能上，用户体验设计师又高于 UI、交互设计师的标准。

用户体验设计师的主要职责如下。

1）负责完成产品的概念原型设计及细化的交互设计，配合进行用户测试及分析。

2）绘制原型，参与产品整个的周期。

3）从产品的可用性和易用性角度出发，在整个产品生命周期提供可持续的用户体验设计并跟踪执行。

7. 开发工程师

按照具体的需求和设计文档，遵循项目管理人员制定的开发计划开发产品，并完成产品的迭代工作。

开发工程师分为前端和后端开发工程师，同时有多种的实现语言。当产品经理把产品需求和交互设计明确后，开发工程师就可以根据需求把项目最终实现成为一个人们在 PC、移动端、其他智能终端设备等使用的产品。

8. 测试工程师

测试工程师的主要职责如下。

1）根据需求文档，制定测试计划和测试方案，编写测试用例。

2）执行测试工作，进行产品的功能测试和压力测试等。

3）当测试过程中发现产品问题时，将缺陷单交给开发工程师或产品经理，在修改后进行回归测试，直到问题被解决。

4）提交测试报告。

9. SQA

SQA 是软件质量保证小组，是评审需求管理及开发过程中的各项活动，主要职责如下。

1）验证软件项目产品和工作是否遵循恰当的标准、步骤和需求。

2）对团队的日常工作进行跟踪，确保每一项任务都能被正确执行。

3）以项目周计划为依据，通过对产出物的确认来获取各任务的进度及质量数据。

4）对缺陷跟踪系统、版本管理系统和测试数据等进行分析，获取产品开发状态。

5）对员工的产出物进行统计分析，得出员工绩效的原始数据及横向/纵向对比数据。

6）对项目的文档、源码和测试报告等进行规范性审查。

7）参与公司质量体系建设、持续改进。

4.6.3 需求管理的方法

需求管理的方法主要有 5W2H 分析法、KANO 模型分析法、SMART 原则、时间管理四象限法和 ICE 排序法等。

1. 5W2H 分析法

5W2H 分析法又叫七问分析法，是二战中美国陆军兵器修理部首创的，简单、方便，易于理解。5W2H 是以 5 个 W 开头的英语单词和两个 H 开头的英语单词进行设问，来发现解决问题的线索，寻找发明思路，进行设计构思，从而找到新的发明项目或者方案。

1）What：是什么？目的是什么？做什么工作？
2）Why：为什么要做？可不可以不做？有没有替代方案？
3）Who：谁？由谁来做？
4）When：什么时候？什么时机最适宜？
5）Where：何处？在哪里做？
6）How：怎么做？如何提高效率？如何实施？方法是什么？
7）How much：多少？做到什么程度？数量如何？质量水平如何？费用产出如何？

该方法运用于需求管理的时候，我们拿到了一个需求，在思路不清晰或者抓不住重点的时候，可以设立上面 7 个问题，例如具体内容如下。

1）What：该需求是什么？该需求想要的目的是什么？
2）Why：为什么要做这个需求？这个需求之前有没有实现？能够产生什么价值？
3）Who：该需求是谁提出的？谁来使用该功能？
4）When：什么时候使用该功能？
5）Where：什么场景下使用该功能？
6）How：使用者使用什么方式来进行该功能？
7）How much：该需求实现的成本是多少？相关干系人受影响的成本是多少？

2. KANO 模型分析法

KANO 模型是东京理工大学教授狩野纪昭（Noriaki Kano）发明的对用户需求分类和优先排序的有用工具，以用户需求为中心，分析用户对产品功能的满意程度、对新功能的接受度，帮助产品经理了解不同层次的用户需求，找出用户和产品的接触点，挖掘出让用户满意的重要因素。

根据 KANO 模型分析法，可以将需求分为以下 5 个层次。

1）基础需求：是产品必须有的功能，用户的核心痛点。就是说，如果产品没有该功能，用户就会极度不满意；但是有了该功能，也不会提升用户的满意度。

2）期望需求：该类需求是用户的痒点，就是产品最好能有该功能。它也会直接影响用户的满意度，拥有该功能，用户的满意度会明显上升；没有该功能，用户的满意度会明显下降。

3）兴奋需求：该类需求是用户都想不到的需求。拥有该类功能，即便做得不是很完美，用户的满意度也会明显提升；如果没有该类功能，用户对产品的满意度也不会有所影响。

4）无差异需求：该类需求是不痛不痒的需求，可有可无。有没有该功能，都不会影响用户对产品的满意度，用户对该类功能是无所谓的态度。

5）反向需求：该类需求是用户不想要的功能，一定不能做，否则会直接降低用户的满意度。

在需求分析中，KANO 模型经常被用到，通过对需求进行以上的分类，就可以定义出需求的优先级。也经常用于调查问卷中，上述 5 类分别对应着"必须存在""最好有""特别喜欢""无所谓""很不喜欢"这 5 个选项供用户选择。

3. SMART 原则

SMART 原则常常用于目标管理的工作中，为了提高员工的工作效率，也为未来的绩效考核指定了目标和考核标准，使考核更加科学化、规范化，保证了考核的公正、公开与公平。

1）S（Specific）：目标必须是具体的。

2）M（Measurable）：目标必须是可以衡量的。

3）A（Attainable）：目标必须是可以达到的。

4）R（Relevant）：本目标要与其他目标具有一定的相关性。

5）T（Time-bound）：目标必须具有明确的截止期限。

SMART 原则也可以运用于需求管理中，需求必须是具体的、可以衡量的、可以达到的、与产品和其他需求有关的和有明确的实现截止期限。

4. 时间管理四象限法

四象限法是时间管理理论的一个重要观念，是用主要的精力和时间集中处理那些重要但不紧急的工作，这样可以做到未雨绸缪，防患未然，如图 4-1 所示。

第 4 章 分析、评估和管理需求

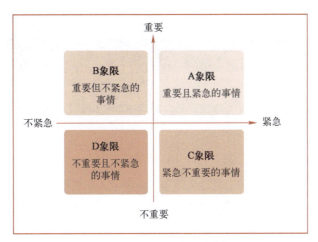

图 4-1 时间管理四象限法坐标图

1）A 象限：重要且紧急的事情，这一类的事情具有时间的紧迫性和影响的重要性，无法回避也不能拖延，必须首先处理。

2）B 象限：重要但不紧急的事情，这一类的事情没有时间上的紧迫性，但有很重要的影响，需要尽快安排处理。

3）C 象限：紧急但不重要的事情，这一类的事情有时间上的紧迫性，但没有什么影响，需要优先处理。

4）D 象限：不紧急也不重要的事情，可以排在最后再处理。

在需求管理中，可以利用该方法，快速评估需求的优先级，从紧急和重要两个维度来分析归类，帮助我们有条理地安排需求实施。

5. ICE 排序法

ICE 排序法也是一种需求排序方法，它是通过如下 3 个维度来给需求排序。

1）I（Impact）：影响范围，该需求上线之后，对各个因素和产品产生多大的影响。

2）C（Confidence）：自信程度，该需求上线后的把握程度。

3）E（Ease）：实现难易，开发的难易程度。

可以给每个维度打分，分数范围 1～5 分，根据总得分来排序，如表 4-8 所示。

表 4-8 ICE 排序法

需求	影响范围	自信程度	实现难易	综合分	排序

4.7 管理需求案例

我们以一款简单的记账 App 为案例分析，利用 KANO 模型分析法和 ICE 排序法进行需求优先级排序。

1. 用户需求

用户的总体核心需求是能够记录每天分类的各种收入和支出，并且能够与其他人一起记账，需要统计每天、每周、每月、每年的收入和支出比例以及趋势，每个月相比上个月少了哪部分或者多了哪部分，并且可以提出相对应的建议。

2. 需求解构

对用户的总体需求进行细分。核心功能分为三大模块：账本模块、账户模块和统计分析模块，以及重要功能有反馈入口，和用户未想到的部分功能。

1）账本模块：账本模块包括账户分类管理和账户管理子功能模块。
2）账户模块：账户模块包括支出分类管理、收入分类管理和支出管理等子功能模块。
3）统计分析模块：统计分析模块包括分类统计和时间统计。
4）旅行花销记录：可单独记录旅行花销，并能以地图显示。
5）存钱计划：设置多种存钱计划，例如买房、买车和旅游基金等。
6）反馈入口：用户可反馈遇到的 bug，或者描述自己对产品的期望。
7）加入广告 Banner：在产品的首页有广告模块，可与广告商合作。
8）友情链接：可添加其他 App 的友情链接。
9）界面个性化设置：用户可以根据自己的喜好设置界面颜色。

4.7.1 KANO 模型分析法

利用 KANO 模型分析法，对需求进行分析。

1）基础需求：关于账本模块、账户模块是必须有的功能。
2）期望需求：统计分析和反馈入口对用户来说最好是有，没有会影响用户的满意度。
3）兴奋需求：旅游花销记录和存钱计划，对用户来说是没有想到的功能，会提升用户的满意度。

4）无差异需求：友情链接和界面个性设置，对于用户来说无所谓，这两个需求可安排在最后实施。

5）反向需求：广告 Banner 对某些用户来说，会反感，降低用户的满意度。

根据 KANO 模型的分析，我们根据基础需求、期望需求、兴奋需求、无差异需求和反向需求，定义需求的优先级，如表 4-9 所示。

表 4-9　功能模块优先级表

功能模块	里程碑	优先级
账本模块	I	高
账户模块	I	高
统计分析	I	高
反馈入口	I	中
旅行花销记录	II	中
存钱计划	II	中
界面个性设置	III	低
友情链接	III	低
广告 Banner	—	低

4.7.2　ICE 排序法

利用 ICE 排序法，对需求进行排序。我们根据需求的影响范围、自信程度、实现难易这 3 个维度打分，来决定需求的优先级。

1）账本模块：是产品的核心功能，会影响整个产品的体验，所包括的子功能比较多，开发周期较其他模块长。

2）账户模块：是产品的核心功能，会影响整个产品的体验，所包括的子功能比较多，开发周期较其他模块长。

3）统计分析模块：是产品的核心功能，会影响整个产品的体验。

4）旅行花销记录：不影响产品的整体，但是会提升用户对产品的满意度。

5）存钱计划：不影响产品的整体，但是会提升用户对产品的满意度。

6）反馈入口：对于用户来说，没有该功能，会影响用户的满意度。

7）加入广告 Banner：部分用户对此比较反感，相对来说，自信程度很弱，实现程度也不难。

8）友情链接：不影响产品的整体，实现难度也不高。

9）界面个性化设置：不影响产品的整体，实现难度也不高。

功能模块优先级排序，如表 4-10 所示。

表 4-10 功能模块优先级排序表

功能模块	影响范围	自信程度	实现难易	综合分	排序
账本模块	5	5	4	14	1
账户模块	5	5	4	14	2
统计分析模块	5	5	3	13	3
反馈入口	4	5	1	10	4
旅行花销记录	3	3	3	9	5
存钱计划	3	3	3	9	6
界面个性设置	1	3	2	6	7
友情链接	1	3	1	5	8
广告 Banner	1	2	1	4	9

本章小结

本章主要是产品经理的日常工作之一，分析、评估和管理需求的剖析，包括需求分析方法流程、分析和评估需求的影响，以及需求分析的定性需求分析和定量需求分析。定性需求分析介绍了"用户调查"和"可用性测试"，定量需求分析介绍了"调查问卷"和"数据分析"，在需求分析和评估完成之后，输出了《产品需求规格说明书》。

管理需求分为需求管理的原因、需求管理的角色和需求管理的方法 3 个方面。需要需求管理的原因有 5 个：需求管理是个庞大且复杂的过程；需求采集是个投入大而看不见的过程；需求不可能完全被定性；需求管理需要多个角色参与协调和需求变更会影响原有需求；需求管理过程中的角色包括了需求提出人（可能是虚拟用户，也可能是客户）、项目经理、产品经理、需求分析师、产品开发小组（交互设计师、用户体验设计师、开发工程师、测试工程师）、SQA，最后介绍了需求管理的 5 个方法：5W2H 分析法、KANO 模型分析法、SMART 原则、时间管理四象限法和 ICE 排序法。

第二篇　产品思维的核心——价值为王

"价值为王"被称为产品经理必备的互联网思维之一。

打造高质量的产品，需要挖掘用户价值、塑造产品价值、注重用户体验，首先要给产品一个清晰明确的产品定位，作为"定海神针"。

本篇内容讲解产品的核心，围绕"价值为王"展开，共分为 4 章，涵盖产品定位、用户价值、产品价值和用户体验 4 个方面的内容。

1）产品定位一定要清晰：这是一个定位至上的年代，产品一定要清晰认识到"我是谁"，清晰且准确地认识到"产品定位"。本章重点讲解什么是产品定位，为什么要进行定位，产品定位对产品构建有哪些影响，产品定位五部曲，以及有哪些好的思考模式，并通过多款知名互联网产品的定位案例讲解如何进行产品定位。

2）产品要实现用户价值最大化：产品只有为用户创造了价值，用户才会使用这个产品，产品是承载用户价值的最佳容器。在思考用户价值时，需要用到底层思维，主要包括用户思维、极简思维和极致思维。产品经理需要想方设法让产品创造价值，并对用户价值加以量化，并且需要在思考时充分考虑到创新策略。

3）明确产品价值，成就好产品：产品价值和用户价值、商业价值两者都有关系，先有用户价值，再有商业价值，这两者结合商业模式，构成了一个产品的整体价值。本章重点讲解产品价值、商业价值、商业模式和盈利模式的相关概念，结合案例讲解产品经理如何分析产品价值，以及如何实现短期价值和长期价值的权衡。

4）用户体验——细节决定成败：同类型产品拼的往往不是功能，而是细节，细节决定成败。用户体验，是用户在使用一个产品系统之前、使用期间和使用之后的全部感受。本章主要讲解用户体验的定义、分类、设计原则和用户体验的五要素等内容。

第 5 章
产品定位一定要清晰

在面对相同的需求场景时,产品经理一定要清晰认识到"我是谁",清晰且准确地认识到"产品定位",这样才能让我们在无数"相同"之中,找到"不同"。才能找到真正适合我们自己的做法,而不是盲目地模仿。

5.1 认清产品定位

这是一个定位至上的年代,产品需要定位,品牌需要定位,企业需要定位,外形需要定位,人有人的定位,商品有商品的定位,动物有动物的定位,在设计互联网产品时,产品定位是在前期时,产品团队,尤其是产品经理需要慎重考虑的事情。

5.1.1 什么是"定位"

"定位"是经典著作《定位:有史以来对美国营销影响最大的观念》中提出的一个营销概念。该书提出:"定位从产品开始,可以是一件商品、一项服务、一家公司、一个机构,甚至是一个人,或许就是你自己。但是定位不是围绕产品进行的,而是围绕潜在顾客的心智进行的,也就是说,将产品定位于潜在顾客的心智中。因此,将其称为'产品定位'是不正确的,这样说好像定位对产品本身进行改变。并不是说定位不涉及改变,实际是涉及的。但是对名字、价格和包装的改变并非是对产品本身的改变。"在书中,对"定位"的定义是:"如何让你在潜在客户的心智中与众不同。"

例如我们提到百度会马上联想到搜索，提到海飞丝会想到去屑洗发水，提到蓝翔会想到挖掘机，提到脑白金会想到送礼，提到微信会想到熟人圈交友，提到淘宝会想到便宜购物，提到京东和天猫会想到品质购物，这就是这些产品在我们头脑中的定位。

5.1.2　为什么要定位

在这个产品、媒体与广告三重爆炸的时代，用户的心智有限，已经被数不胜数的信息压得不堪重负。产品处在海量应用中，如果不能具有自己的独立特征，成为某个行业的第一，或者成为某个细分特定领域的第一，便面临着被用户遗忘的极大危险。而定位的作用主要如下。

1. 占领用户心智，吸引目标用户

例如同样属于电子商务平台，淘宝已经占领了很多的客户，但是，其后推出的天猫商城依然占有了用户心智，淘宝主打便宜购物，而天猫商城主打品质购物。而云集是主打社交驱动的会员电商平台，占领的是不同的用户心智。

2. 为产品规划指明方向

需要明了自己的产品满足哪些用户在哪些方面的需求，平台有所为有所不为，有舍才有得。例如微信主打的是熟人圈社交，而新浪微博、QQ 的定位都有所不同，所以，在进行产品规划时，微信也不应该仅仅考虑社交，而要考虑熟人圈这个特定的限定条件。

5.2　产品定位对产品构建的影响

每款互联网产品都不可能满足所有用户的需求，一般针对和辐射某一类或几类目标用户人群，这是和产品定位有关的事情。接下来，我们可以来探讨一下，产品定位对产品构建会产生什么影响。

5.2.1　定位解决什么问题

产品定位主要解决以下 5 个核心问题。

1）满足谁的需要：覆盖哪些目标用户群体。

2）满足什么需要：满足目标用户的哪些需求。
3）提供的内容是否满足需要：确定我们的产品能否解决用户痛点。
4）产品需要与哪些独特点相结合：例如怎么和互联网相结合。
5）如何有效实现：产品的具体实现方案。

例如微信是一款熟人社交的即时通信软件，熟人社交是它的核心。它可以满足所有需要进行熟人沟通的人的需要，所以，其用户数量庞大，满足的是即时通信的需要。而腾讯公司在即时通信方面有很深厚的积累，在前期添加文字发送功能，后续陆续加入语音和微信电话等功能，考虑到熟人社交的场景后能满足要求，加入朋友圈、红包等功能，采用手机 App 的方式，用户与手机号绑定，初期好友通过读取手机通讯录导入好友，因此迅速得到推广。

5.2.2　产品定位对产品构建影响案例

我们以钱包为例，代入线下钱包情景，实体钱包具有的核心功能如下。
1）买东西时付钱。
2）找零钱。
3）存放银行卡。
4）存放身份证等证件。
5）存放会员卡等各类卡片。

实体钱包的非核心功能如下。
1）彰显使用者的品位。
2）存放各类票据，例如餐饮发票、出租车发票等。
3）存放照片，例如男女朋友照片、合影照片、小孩照片等。

支付宝和微信都是便捷电子钱包的产品定位，下面来看一下支付宝与微信钱包的首页布局，如图 5-1 所示。

在两个产品首页的核心功能位置分别设置如下核心功能。
1）支付宝：扫一扫、付钱、收钱和卡包。
2）微信钱包：收付款、零钱和银行卡。

我们之前通过筛选得到的实体钱包的核心功能，与两个支付产品首页的核心功能的对应关系，如图 5-2 所示。

第 5 章　产品定位一定要清晰

图 5-1　支付宝和微信钱包界面

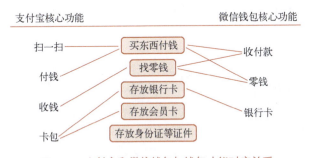

图 5-2　支付宝和微信钱包与钱包功能对应关系

两款产品都将页面最显著的位置留给了核心功能，微信的"扫一扫"和"会员卡"功能在上一级页面就已经得到体现。而支付宝目前也已经在逐步开放公民身份证和驾照等信息的线上录入。支付宝和微信支付正在逐渐代替我们的实体钱包，现在很多城市都做到了不带钱包出

69

门，带个手机出门就可以解决所有的支付问题，笔者就经常出现带了钱包出门，放 100 元都一直不会花掉的情况，所在城市武汉基本都可以通过微信和支付宝进行快捷支付，电子钱包就是这两款产品的定位。

5.3　产品定位五部曲

可通过五部曲确定产品定位：分析所处行业→分析市场的竞争局面→定位市场的竞争局面→寻找切入点→从切入点找到产品定位。

5.3.1　分析所处行业

可通过专业媒体报告了解行业的上游、中游和下游企业情况，通过比较的方法预测该行业的行业趋势。所有产品从本质上说都是为了解决某个或多个问题，都处于行业链条的某个节点上，了解上游、中游和下游企业情况有利于我们进行宏观的把控，避免处于危险的孤立境地中。

1. 时光网与豆瓣

豆瓣网在初期作为 Web 2.0 时代的代表性的产品，通过主打电影评分和社区影评分享，赢得了好口碑和大量用户。而在豆瓣网之前，有一个主打电影评分的"时光网"，它的电影资料库非常全面，但是没有考虑结合社区，棋差一招，接下来落后很远。

2. 豆瓣与猫眼、微票儿等

在 2010 年前后，进入移动互联网时代，此时智能手机已经非常普及，用户不但习惯从网上看电影评论，还希望能有更多的互动操作，例如利用手机提前选座，节省去电影院排队选座的时间，因此刚性需求而活跃起来一批 App，如猫眼、微票儿、格瓦拉 App，迅速获取了大量用户。而这个发展趋势豆瓣网没有把握住，错失良机。大部分用户只是利用豆瓣网进行电影、电视剧评分，较少用户通过它选座，因此并没有和下游的电影院密切结合起来。然而，那些电影导购（买票、退票和选座等）的应用，也可以去做电影评分和电影社区，来打通产业链上下游。

分析产品所处行业的总体情况时，可以通过查看各知名网站的行业报告等方式快速进行了解，例如艾瑞咨询等。

5.3.2　分析市场的竞争局面

通过竞品分析，可以分析出市场中的现有产品所具备的独特竞争优势和劣势、目标用户群体、市场战略地图等内容，找到可以寻求突破的点，例如暂时空缺的细分区域，以及暂时没有被攻下的目标群体等。例如社交平台很多，但是年轻人的社交平台又更加注重创新性，可以作为一个突破点。

需要确定产品的受众群体，可以通过多种渠道对用户特性进行分析。例如饿了么的主要受众群体是高校学生群体和都市白领，而美团外卖的主要受众群体是白领群体，所以，前者在产品设计时，需要更多地考虑高校学生群体的实际需求。

例如快手 2011 年 3 月已经上市，而抖音 2016 年 9 月才上线，都慢慢成长为"全领域短视频+直播"平台，在垂直领域覆盖面上存在趋同的方面。但是，为什么作为后起之秀的抖音 App 反而会受到用户和资本市场的追捧呢？

快手的主要用户群是二线城市以下、学历不高的群体，而根据极光大数据统计分析结果，抖音短视频的用户以女性为主，且占比高达 78.8%，60% 拥有本科学历。如果把快手类比广场视频，而抖音则是剧场视频。广场只是一个平台，任何人都可以进来，任何节目都可以上演；而剧场有门槛，对节目的品质有更加严格的把关，有一套筛选的标准，因此，抖音短视频相对具有更高的质量。

5.3.3　定位产品竞争对手

"知己知彼，百战不殆"，进行竞品分析时，需要对产品的核心竞争对手进行定位，了解产品的优劣势，以及所归属的公司的优劣势。在千团之战中，团购网站美团登顶，美团为何能打赢这场千团大战的商战呢？

主要是因为美团抓住了大众市场，进行错位竞争，在低端进行颠覆。在这场团购大战中，美团真正的长期竞争对手是大众点评网。于 2003 年成立的大众点评网，其实在早期比美团融资更多，经过几年的发展，在流量上与美团相比占据很大优势，特别在一线城市，市场份额一直占据第一的位置。

如果把全国 300 多个地级市分为 S、A、B、C、D 5 个等级，S 是北上广深一线城市，A、B 是省会城市，加上宁波、苏州这样的副省会城市，C、D 是三四五线城市，美团在千团大战中，采取的策略是避开和大众点评网正面竞争，将重点投向 A 和 B 级城市。因为这个定位，也需要在产品上加以改变，适应 A、B 级城市发展。

与此类似的是，抖音大受欢迎的原因，在于对竞争对手快手等的精确定位，快手低学历用户比较多，而抖音主打高学历人群，将定位确定为高质量剧场视频，视频推荐算法也对应做出调整。

5.3.4 寻找切入点

寻找切入点时，需要运用用户洞察的方法，深入了解用户的核心诉求，提取用户标签，绘制用户画像，结合业务场景，生成具有代表性且真实生动的形象。

在寻找切入点时，需要结合自己公司的优势，也需要寻找细分用户群体、细分领域，以优酷、爱奇艺和腾讯视频三者为例。

1）优酷：于 2006 年 6 月创立的一个视频网站，现为阿里巴巴文化娱乐集团大优酷事业群下的视频平台；在内容方面，具有剧集、综艺、电影、动漫四大头部内容矩阵，还包括资讯、纪实、文化财经、时尚生活、音乐、体育、游戏、自频道八大垂直内容群，因为在头部视频网站中成立时间最长，内容资源非常多，拥有国内最大内容库。

2）爱奇艺：于 2010 年 4 月创立的视频网站，2013 年 5 月与百度合并。爱奇艺是一款集视频、商城、购票、阅读、直播和泡泡粉丝社区等多种服务于一体的移动软件。

3）腾讯视频：于 2011 年 4 月正式上线运营，是一款由腾讯开发的在线综合视频内容平台。将热播影视、综艺娱乐、体育赛事和新闻资讯等聚合为一体。

三者身后背靠互联网三大巨头，优酷背靠阿里巴巴，爱奇艺背靠百度，腾讯视频背靠腾讯，但是，在产品定位上各有侧重点，也因其不同，三者三分天下，都获得了非常好的发展，拥有可观的流量。例如笔者就同时是三者的会员，因为优酷上电影和电视剧视频资源库最全，腾讯视频制作了很多优质网剧，爱奇艺在用户体验、产品创新性方面表现最好。

5.3.5 从切入点找到产品定位

找准切入点后，可以使我们的产品定位更精准，产品更容易出彩。按照定位理论，不能建立起自己的独立特征，成为该特定领域的第一，便只能昙花一现，很快被用户遗忘。因此，如果不能做整个领域的第一，至少要成为细分市场的第一。后来者居上的案例也屡见不鲜，例如爱奇艺比优酷晚上线 4 年，但是，也时不时会坐上排名第一的宝座。类似的是，抖音的日活跃用户量也经常超过快手的日活跃用户量。

还是以视频网站为例，看一下优酷、爱奇艺和腾讯视频 3 个产品的产品定位。

1）优酷：本着"世界都在看"的目标以及"快者为王"的产品理念，打造出最全、最快、最好的视频数据库，凝聚超人气视频榜打造海量精品库。

2）爱奇艺：坚持"悦享品质"的理念，以"用户体验"为生命，通过持续不断地在技术方面投入大量资金，坚持在产品上进行创新，为用户提供视频清晰、操作流畅、界面友好的观影体验。

3）腾讯视频：提出"不负好时光"的全新的品牌理念，秉承"内容为王，用户为本"的价值观，品牌文化更加趋向于年轻化，更能引起用户情感产生共鸣。

5.4 好的思考模式——让产品更出彩

在本小节中，介绍 5 种很好的思考方式，这些思考方式有助于让产品更加出彩，分别是往本质思考、往上层思考、往核心思考、往不同思考和往创新思考。

5.4.1 往本质思考——让产品更有深度

本质思考又被描述为"思考事情最重要的目的或目标"或者"思考某件事情最为基础的因果关系或架构"。往本质思考，旨在培养产品经理具备分析，并且清楚地呈现问题的结构或因果关系的能力，能让产品经理更迅速地识别出多个事物之间的相似性，并能从其他领域借用想法为我们所用。互联网产品有两个本质，是产品经理一定要认识到的。

1. 信息系统的本质是输入和输出

信息系统的本质是输入和输出；而移动互联网的本质，就是让效率得到提高。

1）在互联网时代来临前，我们获取信息的渠道一般是亲人和朋友之间的口口相传，或者通过纸质媒体，如报纸、书籍等进行相对广泛的传播，在这样的时代，信息输入和输出方式单一，而且极为复杂。

2）互联网时代来临后，信息获取通过 Yahoo、新浪、搜狐和网易这些门户网站，可以实现足不出户就能获取全世界的信息。同时，Google 和百度带来的搜索功能，让人们只要输入关键词就能得到想要了解的内容。这是一个快速获取信息的时代。

3）移动互联网时代来临后，用户可以借助智能手机等移动终端，"随时随地"地获取信息，而不需要依赖于报纸和书籍等媒体，进一步提高了信息传递的效率。

互联网产品，归根到底还是一个信息系统，而信息系统本质是输入和输出，用户阅读或观看平台或自媒体发布的文章、图片、文件或视频等，这对于用户来说是一种输入，而用户自行发表此类内容，对于用户来说是一种输出。而在移动互联网时代，让我们输入、输出的效率更高，更便捷。

2. 始于工具，终于社交

现在市面上绝大多数流行的 App，从本质来说都始于工具。例如支付宝 App 是我们的电子钱包，滴滴出行 App 是我们的私人司机，微信 App 是我们便捷的通信工具，微博是我们的新闻发布工具，美图秀秀、激萌、美颜相机和轻颜等是我们的照片变美工具，百度导航是我们的导航工具，全民 K 歌是我们的 K 歌工具，网易云音乐、QQ 音乐是我们听音乐的工具。

但是，工具毕竟是工具，用户量上来被广泛关注后，大部分人开始发现它们的价值，很容易被模仿和超越。在互联网时代，引流新客户、留住老客户，都是需要关注的内容，而工具冷冰冰，更新迭代很容易让用户转移注意力。工具容易转移，但是用户的情感和联系却不容易转移，所以，任何现象级的产品，都不再仅仅是一款工具，还在用户之间建立了情感关系链。

微信通过亲密朋友间的熟人关系链，微博通过明星与粉丝间的互动建立了关注关系链，全民 K 歌有关注的歌友和 K 歌达人。当然，部分纯工具类的产品通过大规模的商业垄断也能达成目的，但是过程却异常艰辛。如"滴滴出行"和"快的"之争，ofo 和摩拜之战，上千团购网站生死之战等，这些产品没有形成稳定的内在关系链就注定面临着激烈的竞争，需要在市场拼个你死我活才能站稳脚跟。

所以说，成功的互联网产品一定是始于工具，终于社交。当一个产品在用户之间建立了牢固的情感关系链之后，才会让用户越来越依赖它，这个产品的生命周期才会得以延长。

5.4.2　往上层思考——让产品更有高度

登高望远，才能对产品全貌更有大局观，产品经理懂得往上层思考，才能把握全局，更能贯穿公司的战略方针，更能把握住产品定位，实现产品价值。在产品设计中，往上层思考，让产品更有高度，而不是仅仅纠结在一个个产品功能中。有时候往上一层思考，会让我们有"拨开云雾见天日"之感。

例如以微信红包为例，可以从战略高度而不是功能角度分析一下为何微信要加入红包功能。

很多地方都有春节发纸质红包的习俗，特别是广东，广东地区有"开工利是"的传统。在 App 中加入红包功能将使平台更有人情味，切合了发送红包和接收红包的两大场景。

另外，如果腾讯需要将金融相关功能加入到微信中，需要做的第一步是让大家绑定银行卡。几年前很多人对于在 App 上绑定银行卡因为担心安全问题所以非常谨慎，如果通过红包功能切入，约定在进行零钱提现时，需要绑定银行卡，就会让很多用户主动开启绑卡功能。

往上层思考后，发现其一是切合熟人社交的红包场景，其二是提供微信绑定银行卡功能使用率。所以在考虑下层的红包功能的设计时就能更加契合目标。例如既然是红包娱乐性质，红包金额就不应该太大，不让接收者有太重的心理负担，设置 200 元是比较合适的金额。另外，提供随机红包开抢等娱乐功能。同时，需要能很方便地找到绑定卡和设置支付密码等功能。

5.4.3　往核心思考——让产品更有重点

往核心思考，能让产品经理更聚焦，更专注，更能抓住重点，也让产品更突出核心价值。产品经理面对的事情繁多，面对的产品功能错综复杂，如果找不到核心，抓不住重点，将时间浪费到细枝末节上，将是一场大灾难。分析已经成熟的电商平台（淘宝等）、社交平台（微信、QQ 等）、搜索平台（百度、谷歌等）等，会发现功能之间相互关系，仅弄清楚就已经特别伤脑筋，而且可能还和外围系统存在着错综复杂的关系。

具有往核心思考的能力，让产品经理聚焦重点，确保完成每一个迭代版本最核心的功能。主要做到如下几点。

1. 确定关键目标

每一次版本的升级，都需要确定版本迭代的 1～5 个关键目标，例如某电商平台本次迭代升级的关键目标内容如下。

1）直播功能。

2）直播卖货功能。

3）视频弹幕功能。

2. 确定关键行动

确定关键目标后，需要确定关键目标达成的关键行动路径。例如哪些页面需要做出对应改变，涉及该功能的模块包括哪些，要杜绝哪些连锁反应，例如直播功能会影响到商品详情页、首页和推荐页等。

3. 确定关键依赖

大部分功能都不是孤立的，有些功能甚至会牵一发而动全身，因此需要确定关键依赖，例如依赖的功能模块、页面、技术框架、开发工程师、页面设计人员和测试工程师等。

5.4.4 往不同思考——让产品更有特点

产品经理往不同思考，能让产品更加具有亮点和特点，不至于被淹没在同类竞品海洋中。让人眼前一亮的那些功能，往往是那些与竞品不同，但是用户体验又很好的功能。在设计产品时，并不可能有那么多的大创新，比较支付宝和微信钱包，大家会发现功能大同小异，包括收款、付款、扫一扫和零钱等。电商平台也是如此，京东、天猫和淘宝等都包括商品搜索、查看商品、购物车、商品购买、我的订单、商品评论、退货退款、商品投诉、会员级别、积分体系、商品关注、店铺关注和客户服务等主要功能，但是聚焦在细节上，却发现这些类似产品之间，其实存在很多微创新。

我们在设计产品时，对同类竞品进行分析后，也需要在某些功能上往不同思考，让产品变得更有特点，给人耳目一新的感觉。例如在社交平台第一个加入摇一摇功能，在视频网站第一个加入弹幕功能，在电商平台第一个加入直播卖货功能。虽然技术壁垒不断减弱，很多功能很容易被后来者模仿，但是，也会因为时间原因，收获一批先入为主的粉丝。

5.4.5 往创新思考——让产品更有前瞻性和生命力

产品经理往创新思考，能让产品更加具有前瞻性和生命力，创新可以是技术创新和服务创新等，持续创新的产品与服务，永远是产品竞争最重要的武器之一。创新又分为颠覆性创新和微创新，颠覆性创新需要天时地利，而微创新却可以时时有之，哪怕你只是实现一点点改进，也可以称之为"微创新"，例如听音识曲、直播卖货、弹幕和红包等都可以称为"微创新"。又如亚朵酒店的"场景电商"也是微创新的绝佳案例。

客户在亚朵酒店体验的东西，例如枕头、床垫和洗发水都可以购买。亚朵酒店通过场景营销销售了3万张床垫，即使对于一个天猫店来说，这都是一个不小的销售量。

颠覆性创新相对少见，例如最大的互联网颠覆性创新是免费，在360杀毒软件之前，金山和瑞星的杀毒软件都是付费杀毒，而360杀毒软件上市后，直接宣布免费，打得其他付费杀毒软件措手不及。另外，世界上还有不少颠覆性创新案例：计算机把算盘干掉，汽车把马车干掉，手机把BP机干掉，电灯把煤油灯干掉，打火机把火柴干掉，电灯把蜡烛干掉等。类似这种颠覆性创新，往往会让该行业旧有企业洗牌升级，或者甚至很快这个行业都不复存在，跟不上颠覆性创新发展的企业将举步维艰，而走在前沿的企业将迅速获取用户，抢占市场。

2019年4月，花旗银行发布的《值得思考的十大颠覆性创新》报告，审视了十大领域的前沿概念和技术方向，提出了未来可能对市场造成颠覆性影响的十项技术和应用。

第 5 章　产品定位一定要清晰

1）全固态电池。
2）抗衰老药物。
3）自动驾驶网络。
4）大数据和医疗保健。
5）动态频谱接入。
6）电子竞技。
7）5G 技术。
8）浮动海上风电场。
9）房地产市场新交易模式。
10）智能语音助手。

产品经理需要对颠覆性创新保持敏感度，评估这些颠覆性创新可能对我们的产品产生怎么样的影响，存在哪些我们可以加以利用的机会，例如结合自动驾驶网络技术可以设计一款无人驾驶汽车的辅助产品，例如利用 5G 技术可以对视频 App 产品加以优化升级，例如结合房地产市场新交易模式，可以开发一款符合新交易模式，简化房地产购买或租赁流程的房地产交易 App 产品等。

5.5　产品定位案例分析

接下来以几个案例讲解典型的互联网产品的定位。

5.5.1　"抖音"的产品定位

抖音，是一个专注年轻人的音乐短视频社区平台，是一款可以拍摄短视频的音乐创意短视频社交软件。该软件由今日头条孵化，于 2016 年 9 月上线。用户可以通过软件选择歌曲，拍摄音乐短视频，形成自己的作品。

抖音的产品口号是"记录美好生活"，用户可以通过"视频内容+配音=短视频"的方式分享自己的生活，同时通过推荐功能，满足消遣娱乐内容等需求。

抖音首页的界面如图 5-3 所示。

抖音一句话定位：年轻人的音乐短视频社区。

更清晰的产品定位。

图 5-3　"抖音"首页

1）多边关系的 UGC 内容型产品：通过用户使用的过程中不断生产内容，大部分的抖音使用场景中，产品对应的是双边用户关系。从微观角度来看，每个用户都能产生和浏览内容。

2）工具属性延伸出的弱社交化产品：相对于微信、微博和 QQ 等强社交化的产品，抖音更多表现出的是强运营策略下（推荐页面下通过智能算法呈现内容，而不仅仅是基于关注好友情况推进）的弱社交化的表现，用户社交互动更多停留在评论层面，更多展示出的是工具属性。

5.5.2 "多闪"的产品定位

多闪是字节跳动旗下针对年轻人推出的一款好友小视频社交 App。多闪产品主要分为 3 个模块：消息列表、随拍、世界，旨在帮助用户没有压力地记录生活中的点点滴滴。2019 年 1 月 15 日，多闪在北京正式发布。多闪切入的市场为 90 后社交市场，对标微信，主打无压力的熟人亲密社交。

多闪首页如图 5-4 所示。

多闪一句话定位：年轻人的好友小视频社区。

多闪的产品定位是基于短视频的社交产品，可以理解为：短视频+社交=多闪。其主要功能为"随拍"，用户拍下的短视频在 72 小时内可以被别人观看，而 72 小时后则转换为用户的个人相册。随拍内容以人为聚合，并且能够知道谁在关注自己，看自己所发的视频。此外，这款产品还有视频红包和斗图等功能。

图 5-4 "多闪"首页

5.5.3 "下厨房"的产品定位

下厨房是北京瑞荻互动科技有限公司旗下网站和 App，是一款适合年轻人的美食食谱软件，倡导在家烹饪、健康的生活方式，提供有版权的实用菜谱与饮食知识，提供厨师和美食爱好者一个记录、分享的平台。主要功能是提供各种美食做法以及烹饪技巧。2011 年 3 月，下厨房网站上线运营。2011 年 7 月，下厨房 App 发布。2016 年，下厨房成为家庭美食第一入口。

下厨房首页如图 5-5 所示。

下厨房一句话定位：年轻人美食食谱软件。

下厨房产品定位：工具类美食社区，起先主要作为用户查询菜谱和美食知识的便捷工具，之后开始向美食社区过渡，目的是：增强用户黏性、吸引更多优质 UGC、打造美食类内容平台。用户在下厨房的社区里参与讨论、分享作品，以及关注自己喜欢的"美食达人"的动态；还有一群人会自发地形成圈子，每日通过 App 分享生活点滴、互相传授经验窍门，对这部分人来说，App 已经成为他们日常社交的一部分，在社区里建立的关系难以割舍。

5.5.4 "美丽说"和"蘑菇街"产品定位比较

美丽说的产品定位：城市高薪白领阶层，这些女性对时尚敏感度很高而且有很高的消费能力，因此，美丽说的战略发展定位是组织优质时尚内容做新一代时尚社区媒体。美丽说 App 的"发现"页面如图 5-6 所示。

图 5-5 "下厨房"首页

蘑菇街的产品定位：蘑菇街用户定位是那些对时尚敏感度不高，但对美丽需求旺盛的二、三线城市的 90 后小姑娘，因此，它的发展战略是要融合时尚社区和电子商务，做女性的时尚导购平台。蘑菇街 App 的"发现"界面如图 5-7 所示。

图 5-6 美丽说"发现"界面

图 5-7 蘑菇街"发现"界面

5.5.5 "知乎"和"百度知道"产品定位比较

知乎的产品定位：网络问答社区，连接各行各业的用户，以人为核心和以内容为核心的战略定位。

知乎平台通过增强优质用户的活跃度来提升答案的整体水平，树立产品可以提供优质答案的形象，吸引更多新用户来提出问题，熟悉一段时间后，再将提问用户转化为答题用户，这样就形成了一个生态圈，并形成了平台的良性循环。知乎 App 的首页如图 5-8 所示。

百度知道的产品定位：一个基于搜索的互动式知识问答分享平台。

百度知道基于已经存在的海量用户生成海量的问题和对应的答案，为提问者提供快速高效的回答，而与知乎相比，答案的质量有待提高，因此，百度知道的目标用户是那些需要尽快搜索到答案又不需要深度了解的人，用户依赖性和活跃度都相对较低，而百度本身具有海量用户的大优势。百度知道 App 的首页如图 5-9 所示。

图 5-8 "知乎" App 首页

图 5-9 "百度知道" App 首页

第 5 章　产品定位一定要清晰

一些新兴、热门或即将成为热门领域的产品应该如何定位？例如无人机、无人驾驶汽车、人工智能、虚拟现实、机器人、新能源和生物识别软件等行业的产品，大家可以选择其中一两个行业，使用本章讲到的"产品定位五部曲"法，来尝试一下如何进行这些领域产品的定位。

本章小结

本章详细讲解了如何清晰地进行产品定位，首先要认清产品定位，定位最新的定义是：如何让你在潜在客户的心智中与众不同。之所以要进行产品定位，主要是为了占领用户心智，吸引目标用户，以及为产品规划指明方向。接下来以实例讲解产品定位对产品构建的影响。为了确定产品定位，可以遵循五部曲：分析所处行业→分析市场的竞争局面→定位市场的竞争局面→寻找切入点→从切入点找到产品定位。本章推荐了 5 种好的思考模式，让产品更出彩，包括往本质思考、往上层思考、往核心思考、往不同思考和往创新思考。最后以抖音、多闪、下厨房、美丽说、知乎和百度知道等案例，讲解知名互联网 App 的产品定位。

第 6 章
产品要实现用户价值最大化

产品只有为用户创造了价值，用户才会使用这个产品，产品才能基于广大的用户群体，获得更进一步发展壮大，做大做强。随着互联网商业模式的不断发展，不断创新，可以发现有些商业模式是基于用户本身的价值展开。

6.1 产品是承载用户价值的最佳容器

　　用户是互联网的立业之本，这个行业的特质决定了用户是最终和最挑剔的裁判员，互联网产品能否获得发展的决定权，牢牢地掌握在用户手上。

　　在用户的选择面前，全部的商业法则、产品战略、商业模式或产品壁垒都会变得次要。不管大、中、小互联网公司，都有平等的机会在用户面前展示自己的产品，如果产品能获得用户的支持，就可以快速发展。与此相反，只要用户对产品有一丁点不满，如果有更好的选择，他们也会弃之而去。

　　在互联网行业，产品的竞争和博弈，到最后拼的是哪些产品能让用户用得舒心，解决核心诉求，创造更多的用户价值。正因如此，互联网市场抢占用户市场的竞争从未停止，趋于白热化。无论哪一个互联网企业，无论有多少得天独厚的优势，只要稍有松懈，就可能被用户抛弃，被对手超越。

　　"一切以用户价值为依归"，这是腾讯公司贯彻的信条，也是在互联网世界观中被反复提及的理念。当大家谈到产品商业模式时，也习惯以"创造价值→传递价值"为出发点，这里的"创造价值"与"传递价值"，即用户价值，不论是提供了何种产品或服务，其本质是能满足用

第 6 章 产品要实现用户价值最大化

户在某些方面的需求。

而互联网产品是承载用户价值的最佳容器，耳熟能详的优秀互联网产品，都承载着用户的价值，例如：

1）微信 App：承载着用户异步通信的社交需求，以及人际关系管理需求。

2）得到 App：和喜马拉雅等为用户提供碎片化服务，以及最省时间的高效知识服务。

3）百度导航 App：为用户提供包括智能路线规划、智能精准导航（驾车、步行和骑行等）、实时路况等出行服务。

4）航旅纵横 App：能够为旅客提供从出行准备到抵达目的的全流程的完整信息服务，通过手机即可便捷地解决民航出行的一切问题。

哪怕再简单的互联网产品，都会实现用户在某方面或多方面的需求，为用户提供价值，而用户价值的感受其实是一种主观感受，不同的用户、不同的时空，也会让人产生可能截然不同的价值感。

例如曾经火爆学校的实名制社交网络平台人人网，2005 年 12 月创办，曾经用户量过亿，在巅峰时期，仅次于腾讯、百度和新浪，位列中国互联网公司第 4 位。当时人人网登录用户每天平均停留时间高达 7.7 小时。但很快，人人网就进入了快速下滑通道，在 2018 年以 2000 万美元价格被贱卖。人人网产品价值依然存在，但是，在用户心中的主观价值已经越来越低，用户已经被其他平台如新浪微博、微信和抖音等瓜分完毕。

例如我们在得到 App、腾讯课堂、知乎大学和喜马拉雅等知识付费平台，看到排名靠前的热门课程，其实很大可能性这些课程并不是该平台在该领域质量最好的课程，这些热门老师只是这个领域很优秀的内容输出者。用户对这个课程价值的认可，和用户对课程的接受度有很大关系，所以，那些将复杂的问题简单化、形象化的课程会受到用户的欢迎，因为这些课程能让用户在轻松、愉悦的心情下，获得知识和经验。

在产品中承载用户价值，让用户深刻体验，并得到认可，才是占领用户心智的必经之路。产品经理要将实现用户价值放在首位，将用户价值贯穿于产品中，只有用户真正喜爱产品，才会更长久地使用产品，公司才可能通过该产品实现产品的商业价值。

6.2　用底层思维思考用户价值

"万丈高楼平地起"，首先地基要打稳，产品经理需要具备底层思维，并以底层思维思考用户价值，这样才能看待问题更透彻，同时，更容易创造出产品的用户价值。

6.2.1 什么是底层思维

底层思维是构建我们思维能力的根基,它将决定着我们会如何思维。产品经理具备底层思维后,能深刻理解问题的实质,然后,用能够解决这些问题的规律去解决问题。

在互联网世界,有三个重要的底层思维需要产品经理学习掌握,并贯彻到产品规划和设计过程中。

1. 用户思维

用户思维需要站在用户的角度思考问题,要想具备这种思维,就要多站在对方的角度,进行换位思考。产品经理需要随时清空自己,将大脑从"专家模式"切换为"用户模式",因为用户并不具备我们所包括的行业基础和产品知识,也并不是产品的娴熟使用者。

用户思维需要我们思考三个角度的问题,这三者也是营销最基础的底层理论。

1)WHO:我们是谁?

2)WHAT:我们能为用户提供什么?

3)HOW:我们通过怎样的方式为用户提供这些内容?

例如要开发一款新闻产品,首先要思考"我们是谁"这个问题,做这款产品我们公司和竞品公司相比有哪些优劣势?其次需要思考"我们能为用户提供什么"这个问题,主要包括哪些新闻内容?偏向于财经类?游戏类、体育类、娱乐类、NBA 类、汽车类、科技类、军事类、时尚类、数码类的某个类别?还是一个综合型的新闻产品?最后思考"我们通过怎样的方式为用户提供这些内容"这个问题,是通过 App、网站,还是公众号或兼而有之?是提供图文类还是包括图文和短视频新闻?

2. 极简思维

极简思维所信奉的信条:少即是多。在极简思维下,需要单点突破,砍掉细枝末节,将精力和资源聚焦在核心业务板块。

这种思维模式与营销思维保持一致,可将它与消费者五大思考模型相结合。

1)用户只能接收有限的信息。也就是说太多的信息用户不但接受不了,而且还会给用户带来干扰和困扰。

2)用户喜欢简单,讨厌复杂。这意味着太复杂的东西会让学习成本和难度增加,会造成部分用户直接放弃使用,例如手机触摸屏与传统的手机按键相比,明显简单很多,可以看到近年来老年人用智能手机上网也用得特别熟练。

3）太多内容和选择容易失去焦点。所以将琳琅满目的内容堆积在页面中，并不能让用户看到自己想要的内容，产品更应该将用户感兴趣或需要关注的内容放在明显的位置。

4）太多内容和选择会让用户缺乏安全感。那么设计产品时一定要尽量简单，能让用户不做选择的尽量不要让用户选择，有时候可以设置默认选择。

5）对品牌的印象不容易被改变。品牌印象需要始终如一，不要相互冲突。

具有很好的极简思维的案例就是乔布斯，他非常遵循极简思维，用极简风格成就了很多经典产品，这个追求简单的人，改变了世界！他的团队曾提出38个理由，验证手机不可能仅有一个按键，他还是坚持自己的极简想法，坚持苹果手机只能有一个按键，让苹果手机这款优质、操作便捷的产品得以面世。

3. 极致思维

极致思维是指把产品、服务和用户体验做到极致，超越用户预期，让内容处于不断的优化状态，将产品与服务做到最好。极致就是要做到让用户"尖叫"或"惊叹"，不走寻常路，走专业、专注的竞争路子。

典型案例是罗振宇的"罗辑思维"。"罗辑思维"是互联网上最受大家喜欢的知识性脱口秀，口号"有种、有料、有趣。在知识中寻找见识。"它将产品、服务和用户体验都做到了极致，所以，作品获得了超高播放量，多一点死磕精神，多一点完美主义。从罗辑思维每天准时早晨不差一秒（60秒）的语音，到每年的"时间的朋友"跨年演讲会，坚持了很多年。罗辑思维的极致，体现在"坚持"上面，坚持着多年如一日的准点语音和跨年演讲。

还有一个典型案例是雷军的小米手机，这是一个将用户参与感做到极致的案例。小米将用户的参与感看成小米最核心的理念，通过参与感来完成小米的产品研发，来完成产品营销和推广，来完成用户服务，把小米打造成一个很酷的品牌，一个年轻人愿意聚在一起的品牌，把做产品、做服务、做品牌、做销售的过程开放，让粉丝能全程参与。

打破传统，坚持将产品、服务和用户体验做到让用户想不到的产品，就是贯彻了极致思维的好产品。

6.2.2 创造用户价值

麦肯锡第一销售定律提到："人不会购买他觉得没有用的东西"，其实强调的就是用户价值的作用。在以用户为中心的时代，可以说：企业的根本价值在于创造用户价值。换句话说，企业有没有价值，就看有没有为用户创造价值，而产品经理是企业创造用户价值的根本，是他们将用户价值通过产品来体现。

如何才能创造用户价值？

产品经理设计产品，通过产品覆盖用户需求，并具有良好的用户体验，解决用户的核心问题，产品运营通过对产品进行运营，让用户愿意用起来，才能产生用户价值。

而企业面临挑战体现在如下三点：

1）如何不断增加产品的用户数量？

2）如何不断提升用户对产品的关注度和体验感，形成良好口碑？

3）如何让用户自动自发分享产品，获得二次传播？

以滴滴出行为例，滴滴的核心用户价值是提升人们出行的确定性。在滴滴出行 App 出现之前，相信大家都有过在一二线城市上下班高峰期打车的经历，有时候甚至等待半小时都打不到一辆车。2012 年滴滴初创期，在大多数城市路边，人们大概有 50% 的概率在 3 分钟内等到一辆车。但是，打车软件出现以后，我们只需要待在家里 3 分钟以内约到一辆车的概率迅速提升到 70% 以上，这多出来的 20% 的出行确定性就是滴滴为出行客户创造的用户价值，由此滴滴开始有了首批用户，尽管它暂时还没有商业价值，但是，已经创造了用户价值。

后来，网约车出现，滴滴出行提供快车、拼车、出租车、礼橙专车、顺风车、豪华车和代驾等多种服务方式，并可实现多种方式的并行呼叫，出行确定性从 70% 提升到 90%。因为司机不能再挑单，AI 算法和引擎是基于经验和需求供应的情况做全局的最优算法，系统指派司机。其实这些优化都是在不断提升这种确定性的值，进一步提高用户体验。正是因为确定性的不断提升，线下打车开始往线上约车转移，滴滴出行 App 开始创造巨大的用户价值。

滴滴出行 App 的约车界面如图 6-1 所示。

滴滴出行对于用户价值的创造，除了 AI 算法和引擎的不断优化，以及多种出行服务方式的不断补充，让车辆资源得以扩充，当然，也离不开产品运营团队的服务，快速将乘客和司机引流到滴滴出行平台，或者在恶劣的天气环境、拥堵的地段提供相对确定的出行服务，其实都离不开滴滴运营团队制定的运营策略和运营方法等。

再以海底捞为例，餐饮企业遍地可见，而海底捞

图 6-1　滴滴出行 App 约车界面

却能做到在每个城市都爆满,是海底捞提供了最好吃的食物吗?是海底捞提供了最优惠的价格吗?海底捞并未提供比其他竞争对手更美味的食物,而海底捞也无法保证价格特别优惠,海底捞的快速成长靠的是服务,海底捞创始人很早就形成了核心逻辑,核心就是将服务做到最好。将用户体验做到极致,即使海底捞没有提供最好吃的食物,价格也不太实惠,但是它依然分店遍布中国,让食客们趋之若鹜,它满足的不只是温饱的需求,而是创造了极致的饮食体验。

海底捞除了提供这些服务:围裙、装手机的真空袋包装,服务员会主动给长头发的女顾客提供橡皮筋,甚至还会在等餐过程中提供美甲、擦鞋等服务。还有很多网友反馈类似如下这些"逆天之举"。

1)某客户在吃海底捞前因为喂流浪猫而被叮了好多包,结果服务员听闻后,二话不说就跑到附近药店买了风油精和止痒药膏送给她,令她感动不已。

2)海底捞竟然在某个客户的儿子睡觉时搬来了婴儿床。

6.2.3 量化用户价值

"百度贴吧之父",现任滴滴出行顾问的俞军提到:"产品经理是以创造用户价值为工具,打破旧的利益平衡,建立对己方有利的新利益链,建立新平衡的过程。"这有一个量化用户价值的公式:

用户价值 = (新体验 – 旧体验) – 替换成本

创造用户价值就是提供给用户的新体验减去所有可替代的旧用户价值及替换成本。例如正因为苹果的手机和我们手机的旧体验有很大差距,所以,用户才会排队购买。

按照公式,改变用户价值主要有以下两种办法。

1. 提高新体验

首先看用户体验,如果提供的新体验比以前产品的旧体验好太多,会收获大批用户。

以苹果手机为例,换手机需要导入通讯录、安装若干软件和转移照片等系统数据,其实是一件非常耗费时间的事情,但是,为什么这么多人会转投苹果手机的怀抱,并成为死忠粉?因为提供的"新体验"这个值太高:极致的速度、系统稳定、外观好看和安全性高等,带来极致的用户体验。2019 年华为高端机也受到了大家的追捧,因为有能拍出堪比单反的照片这个极致新体验。

2. 改变替换成本

大部分存量市场的竞争都只是针对产品体验的优化,但在存量市场竞争中,有以下两点至关重要。

  1）先入优势：一旦有人先入并迅速抢占市场，就会给后来者造成切换产品的壁垒。例如微信是熟人社交领域的先行者，如果要切换到别的社交 App，因为亲朋好友都在微信平台，这个切换壁垒就很高。

  2）竞品目前体量：若竞争者的用户量过大，广大用户已经形成品牌认知，市场也已经把用户"教育"好，那么这些体量大的竞争者只需要不断优化，就能占据更多市场份额。

  因此，创业者若想要在存量市场中从竞争对手手里抢夺流量，仅仅是用户体验上的创新和小的优化是远远不够的，还需要考虑用户的替换成本。一旦用户替换成本过高，即使再好的优化也不过是锦上添花，也不能撼动用户离开原产品。一些涉及用户关系链的社交软件如 QQ 和微信等，或者是有大量用户产出类型的 App 如微博、博客、QQ 空间、知乎和豆瓣等，用户替换 App 面临的是内容的丢失，粉丝的重建，高昂的替换成本让用户放弃了切换的念头。

  以微信为例，就满足用户需求和用户体验来说，微信可以说是无可挑剔，微信可以满足沟通联系的所有需求，朋友圈可以满足展示自己的需求，公众号可以满足获取知识、八卦以及打发无聊时间的需求，甚至提供了购物、打车、游戏和订餐等的入口，全面满足吃喝玩乐行的需求。但是，与其类似的基于熟人社交的 App 五花八门，大部分人并不会选择这些产品的原因就是替换成本太高，因为自己的好友都在微信 App 上，如果要替换成其他 App，依然避免不了需要在微信上联系大部分好友，给操作造成巨大麻烦。

  为了防止用户流失，我们也可以通过此法，可以考虑提高用户转移到竞争平台的成本，这个方法本质上是一种保留策略，目标是针对当前客户群，而不是潜在客户，主要包括从财务上和程序上进行控制两种常用方法。

  京东平台有 1000 积分兑换 10 元的规则，我们也无法将京东的会员体系和积分应用到其他电商平台。

  我们也无法轻松地通过微信 App 导出联系人到另一个社交 App 中。微信 App 具有吸引和保留用户的能力，它具有通过通信录导入好友的功能，但并没有提供导出功能，其实就是为了增加用户的替换成本，因此，用户的关系被永久锁定在微信中。

  我们也无法在 PC 上安装 Mac 专用程序，或在 Mac 上安装 PC 程序，这使得在两个系统之间切换变得困难。同样的现象也适用于 Android 智能手机与 iPhone。

  为了让用户转投入我们的怀抱，我们需要降低切换到我们产品的成本。主要包括三种方法。

（1）从财务上降低成本

  为了减少财务替换成本，可以考虑为我们的产品提供免费、前期免费或新用户提供大优惠的方式。如果同类产品是付费产品，采用免费的方式就是给对方的致命一击，360 杀毒软件迅速抢占市场的秘诀，就是因为当时杀毒软件如瑞星杀毒和金山毒霸等都是付费软件。滴滴出行一上市就风靡朋友圈，是因为朋友圈遍地都是滴滴优惠券，抱着能优惠的几块钱试一试的想法，用户慢慢形成了线上打车的习惯，滴滴由此占领了移动出行的用户心智。

降低财务替换成本的另一种方法是使我们的产品具有令人难以相信的时间效率。例如，大多数电子邮件客户端（Google 和 Outlook 等）都有.CSV 导入程序，可以导入所有联系人。无须花费大量时间输入所有联系人信息，只需拖放文件即可快速完成。微信提供的通信录导入功能，能让我们降低初期使用的时间成本，迅速搭建起自己的熟人圈。

（2）从程序上降低成本

为了降低程序成本，需要认真运用产品手册和引导程序。例如现在的 App 都有引导页面，告知如何使用该 App 的主要功能，引导页面出彩时，会让用户快速上手。例如抖音的入门指导教会用户如何快速入门，用户手册、论坛和电子邮件、提示和指南都是为产品快速入门提供产品外帮助的好方法。为 B2B 领域的产品提供培训团队或培训人员也非常有效。

同时，还可以通过 1 或 2 年内的免费服务和支持来提供产品外帮助，例如大疆无人机用户可以轻松找到维修及疑难问题支持人员，从而减轻了使用新产品时的使用困惑。

（3）从关系上降低成本

每当用户更换产品时，一般都需要付出一些心理或者身体上的代价。需要记住：无论决定建立哪个品牌，都要确保品牌与想要吸引的用户保持一致性。

6.2.4　用户价值创新策略

对于用户价值而言，如何进行创新？

传统企业经常用会员积分、特定级别用户定向促销、满就减、满就送等营销手段，尽可能地延长用户生命周期，以及提升用户消费总额。

我们通常理解的用户价值是客户愿意购买的由商家提供的产品和服务。一个是用户需求，一个是用户的付费行为，这二者构成用户价值的基本要素。在产品稀缺时代，这样理解是正确的。但是，在产品过剩时代，客户需求转化成客户付费行为的难度增大。客户吃饭是刚需，但是餐馆可选择性很多。

用户价值，在新经济时代，需要注重创新和加强重构。我们从三个维度进行讲解创新。

1. 交换价值

交换价值，是指用户需求和付费意愿都明确的情况，是商家与客户之间的价值交换。此种情况，商家的重点是找到有需求的客户，实现需求对接，把需求转化成支付行为。

在流量成本不高、转化率尚可的前提下，商家需要着重开发三类用户：流量型用户、渠道型用户和行业型用户。

1）流量型用户：商业店铺的关键就是选址，选址不同，会在很大程度上影响流量，犄角旮旯的店铺和步行街的旺铺，流量有天壤之别，不过后者的店铺成本也会高很多。但是，商家可以在成本和位置之间进行平衡，这方面的成本是可控的。因为位置合适而选择这家店铺的用户，就属于流量型用户。

2）渠道型用户：顾名思义，就是通过渠道获取的用户。商家自行开发流量成本很高，或者在流量有限的情况下，可寻找现有的成熟的经销商渠道、零售渠道进行销售，渠道商从中获取自己的销售利益，上家拓展产品销售量。

渠道的缺点也很明显：渠道用户并不属于商家，而是依赖于渠道商。离开了这个渠道，商家无法得知用户的基本情况，无法便捷地再次触达用户，因此，也不好进行多次或有针对性的营销操作。

3）行业型用户：用户根据行业属性进行主动搜索。例如输入搜索关键字"空调"，会出现格力和美的等一系列空调商家，这是行业型用户特征：有明确需求，会对品牌进行对比后，主动找上门。

2. 互动价值

用户购买的不仅是商家提供的产品与服务，还有其他用户带来的附加价值。下面重点介绍三种用户：关系型用户、双边型用户和平台用户。

1）关系型用户：此类用户和商家之间的关系相对稳定，不仅进行单次交易。对于此类用户，可以做到事前用户行为分析，事中决策引导，事后多次营销。

关系型用户会产生以下几种效应。

- **购物车完成消费转化**：用户看到某件商品，如果没有下最终决策，可能导致这个用户流失。但是在目前几乎所有电商平台，用户可以将没有下最终决策的商品放入购物车，一段时间之后，用户有可能因为该产品有更大优惠等原因进行二次决策，实现一定概率的消费转化。
- **二次销售**：对于曾经在商家店铺消费超过 500 元（商家可以根据实际情况确定具体金额）产品的用户，当店里又有相关产品有优惠活动时，商家可以通过短信、QQ、微信和社群等方式给用户发送促销信息，这部分用户就有可能进行二次消费。
- **广告销售**：对于需求不太明确的用户，可以通过分析用户的历史记录、兴趣，以及过往的购物行为，为其推送信息流广告，创造消费需求，部分用户也会产生销售行为。

2）双边型用户：有些商家可以对用户进行分级，让部分用户变成供给方，另外一部分用户变成需求方。商家升级成为为两部分用户服务的撮合交易的双边交易平台。58 同城就具有此类用户，扩大了商家的收入范围，优化了利润结构。

3）平台型用户：平台型用户更复杂，例如微博，微博大 V 并不是供给方，但他们拥有大批忠实粉丝，影响力很大。一些品牌愿意找大 V 用户发布广告，往往效果更好。在微博平台上，有大 V、广告代理机构、广告主和粉丝，共同构成了一个多元生态。知乎、抖音、快手等平台也有大 V，和微博平台类似。

3. 资产价值

有些生物体，有涌现现象。所谓涌现，就是用户结构化并形成系统后，系统整体会呈现出单个用户所不具备的功能。类似蚁群与蜂群。当用户集群化，由量变到质变之后，用户就变成了企业的资产，从而涌现出完全不同的资产价值。

此时，商家不仅对行业有巨大影响力，对消费者生活场景和用户心智等也会产生前所未有的巨大影响力。

产生资产价值的主要是如下三类用户。

1）场景型用户：传统商业中，商家关注的更多是市场份额，在互联网时代，商家更关注场景份额。场景份额是把销售产品变成销售生活方式，或把销售产品融入消费者的生活场景中去，占领用户针对某个生活场景的心智。例如出行的场景联想到滴滴出行 App，坐飞机的场景联想到航旅纵横 App 等。

2）认知型用户：传统商业中，商家们更在意销售额。其实，当用户量达到一定程度时，用户信息和数据是比销售额更重要的资产，也是互联网时代的商家更应该重点关注的内容。商家就可以通过对用户信息和数据加以分析，了解用户的消费行为、消费习惯和决策路径。可以通过管理用户认知，实施流量拦截和决策引导，这类用户被称为认知型用户。

3）品牌型用户：品牌型用户体现在如下几个方面。

> **品牌定价权**。品牌忠诚用户直接冲品牌而来，价格的调整不能决定客户的去留。而且，在同等价格情况之下，用户更愿意发生多次购买行为。

> **品类定价权**。在行业具有垄断地位或者取得某个品类权威地位的产品，拥有对整个品类的定价权，例如格力对于空调行业，美的对于冰箱行业等。它涨价时大家会跟涨；它降价时，大家也要跟降。

6.3 用户价值案例分析

接下来以 4 个知名互联网产品案例讲解用户价值。

6.3.1 "知乎"的用户价值

知乎是网络问答社区,连接着各行各业的用户。用户在知乎分享着知识、经验和见解,为中文互联网源源不断地提供多种多样的信息。知乎更像一个论坛,用户围绕着某一个感兴趣的话题展开讨论,同时可以关注具有一致兴趣的人。与网络百科不同的是,网络百科覆盖的是概念性的解释,而知乎是对于发散思维的整合,这同时也是知乎的一大特色。

知乎平台包含了互联网、科技、金融、创业、电影、音乐和生活等方面大量的热点话题、细分话题和长尾话题,另外,核能、宇宙学和流体力学等高专业度话题也在不断迅速增长。

"越是信息泛滥的时代,高价值的优质内容越是稀缺",这正是知乎的独特价值所在。而优质的内容输出不可能只是依赖于主流媒体,离不开各领域高价值的专业人群。知乎本科及以上学历用户占比为 73.93%,高收入和高消费人群比例也比互联网平均值高出数倍,而且,机构用户也在知乎的生态体系中发挥着重要作用。

知乎 App 首页默认显示的是用户关注的问答,如图 6-2 所示。

图 6-2 "知乎" App 首页

6.3.2 "支付宝刷脸支付"的用户价值

刷脸支付是 2019 年的大风口,是继二维码支付后的新一代支付形式,它并不能与人脸识别等同,刷脸支付更加复杂,也是新零售背后的入口和基础设施。

第 6 章　产品要实现用户价值最大化

刷脸支付对于商家用户的价值体现在如下几个方面。

1）提升效率：刷脸操作最快只需 1 秒即可完成支付，同时支持商品扫码及二维码付款，能极大提升门店的收银效率。

2）二次营销：微信和支付宝平台的刷脸支付功能均支持针对会员的营销工具，接入商户后台及小程序的会员体系后，可实现用户的精准营销、发布促销信息等。

3）优化营收：一台刷脸支付机器平均可替代 2、3 名收银员，同时借助其营销能力，有助于提升门店营业额，降低店铺成本。

对于个人用户而言的价值体现在如下几个方面。

1）不再依赖手机：二维码支付需携带手机，而人脸支付只需进行人脸支付。

2）高效便捷：刷脸支付技术经过十来年的发展，解决了重重技术难题，集人工智能、生物识别、3D 传感和大数据分析技术于一体，人脸识别精准度高达 99%，处于全球领先的标准，最快 1 秒内即可完成支付。

6.3.3 "得到"的用户价值

得到 App，由罗辑思维团队出品。可定制"李翔知识内参""罗辑思维"，还有"大师课"和"精品课"，汇聚万维钢、薛兆丰、吴伯凡和吴军等多位名人入驻，提供付费课程。

得到 App 的用户价值：为用户提供"省时间的高效知识服务"。得到 App 的口号是"一起建设一所终身大学"，未来得到 App 的发展方向不会局限于线上，在最新的技术支持下，将实现真正的自主教育、跨界认知和终身学习。因此，在 2018 年 9 月得到推出了可以线上线下连动式学习的"得到大学"招生，最终录取者名单基本都以工作已取得一定成绩的职场精英为主。

得到 App 首页如图 6-3 所示。

图 6-3　"得到" App 首页

6.3.4 "抖音"的用户价值

抖音是一款可以拍摄短视频的音乐创意短视频社交软件,由今日头条孵化,该软件于 2016 年 9 月上线,是一个专注年轻人音乐短视频社区平台。

抖音对普通用户的价值体现在以下几个方面。

1)给公众枯燥乏味的生活带来了新鲜体验,为生活加点料。

2)用户可以自娱自乐,通过拍摄视频记录生活,为用户提供了自我表达、自我记录、记录美好生活的渠道。

3)降低了公众视频制作和传播的门槛。

抖音对广告商用户的价值体现在如下方面。抖音目前作为流量很大的短视频平台,自然吸引很多商家在平台投放广告。这些广告商可以选择和品牌调性更符合的大 V 型抖音账号,确保投送到更精准的人群,获得更高的点击率或销售额等,让广告费花得值得。

抖音对平台大 V 型用户的价值体现在如下方面。这类用户可以通过抖音积攒粉丝,完成流量变现,发挥账号的商业价值。这类用户包括重金或因平台名气吸引而来的一批意见领袖,他们往往自带流量,有的甚至超过千万粉丝,因其自身能力强,甚至组建有团队,团队有人负责剧本、拍摄和后期制作,能产出高人气、高质量的短视频作品,已具备流量变现的能力。他们往往不依赖抖音作为视频编辑工具,在多平台例如视频号、快手和公众号等也发布同样内容。这类用户也会花不少时间在维护粉丝或提高粉丝活跃度上面,更好地促进流量变现。

抖音 App 首页显示的是根据推荐算法推荐的短视频信息,可通过向上拖动查看更多短视频,如图 6-4 所示。

图 6-4 "抖音" App 首页

本章小结

本章讲解的是用户价值相关的内容。用户是互联网的立业之本,这个行业的特质决定了用

第 6 章　产品要实现用户价值最大化

户是最终和最挑剔的裁判员，互联网产品能否获得发展的决定权，牢牢地掌握在用户手上。而产品是用户价值的最佳容器。在互联网时代，有三个重要的底层思维需要产品经理贯彻到产品规划和设计过程，分别为用户思维、极简思维和极致思维。根据量化用户价值的公式：用户价值 = (新体验 – 旧体验) – 替换成本，如果需要提高用户价值，要么提高产品的新体验，要么在替换成本上下功夫，降低用户转移到我们产品的替换成本，提高用户流失到竞品的成本。我们可以从三个维度九类用户对用户价值进行创新：交换价值（流量型用户、渠道型用户和行业型用户）、互动价值（关系型用户、双边型用户和平台型用户）和资产价值（场景型用户、认知型用户和品牌型用户）。最后以"知乎""支付宝刷脸支付""得到""抖音"4 个案例讲解知名互联网产品的用户价值。

第 7 章
明确产品价值，成就好产品

产品价值和用户价值、商业价值和商业模式三者都息息相关，产品价值有一个公式：*产品基础价值=用户价值+产品商业价值+商业模式*。第 6 章详细讲解了用户价值，这一章将重点讲解商业价值和商业模式（覆盖盈利模式）等内容，并将通过案例详细讲解如何分析产品价值，并在产品的短期价值和长期价值中获得平衡。

7.1 何谓产品价值

在谈论某个互联网产品时，我们经常会听到一个词——"产品价值"。作为产品经理或公司领导层，也经常会发出类似"这款产品价值不大"，"做这个功能对产品价值没有多少提升"的感慨。

那么什么是产品价值？要深入了解产品价值，首先要理解产品价值的定义，以及它的核心要素。

7.1.1 产品价值

简单来说，产品价值就是产品为企业创造的价值，而要让产品为企业创造价值，又与用户价值、产品商业价值和商业模式三者都息息相关。在移动互联网时代，大家经常会将互联网产品与 App 画等号。但是，如果仅仅从 App 角度理解产品价值，就容易将定义变得狭隘。因为，App 究其本质而言只是产品的一种，即由企业提供的软件类产品服务。

从广义来说，产品到底如何创造价值？

产品是通过为顾客创造价值从而为企业创造价值（也可以说利润）的商品或服务。为企业创造价值是根本目的，但是能为企业创造价值的前提是要为顾客创造价值。

有用户价值的产品不一定具有产品价值。如果一直无法提供商业价值，再优质的产品对于企业也是没用的。有的产品有用，但是，提供的用户体验根本无法让用户为之付费，或者产品本身没有到让用户愿意为之花钱的程度，因此，无法为企业带来利润。

不过商业价值建立在用户价值之上，很多互联网产品前期都是免费的，但是后续通过设计合理的商业模式，实现了盈利，创造了产品价值。例如 QQ、淘宝、360 杀毒软件和豆瓣等。

普遍认为，产品价值和用户价值、商业价值两者都有关系，先有用户价值，再有商业价值，这两者结合商业模式，构成了一个产品的整体价值。接下来就重点讲解商业价值、产品价值和商业模式。

7.1.2 商业价值

在讲商业价值之前，我们先看商业价值的公式：

$$商业价值 = 单用户价值 \times 潜在用户量$$

其中，$单用户价值 =（用户愿付价格 - 企业成本）\times 用户频次$

商业价值指事物在生产、消费、交易中的经济价值，通常以货币为单位来表示和测量。互联网产品的商业价值，代表的是产品的变现能力，与单用户的价值以及产品的潜在用户数息息相关。产品的商业价值，与单用户价值、潜在用户量都是正相关关系，两者越大，商业价值就越大。而单用户价值，又和用户愿付价格和用户频次正相关，而与企业成本负相关。

所以，提高商业价值的方法有如下几个方面。

1）提高单用户愿付价格。

2）提高用户付费频次。

3）提高潜在用户量。

4）降低为单用户付出的平均企业成本。

所以，很多互联网产品前期是在圈用户，快速占领市场，这样预估的潜在用户量才能足够大，即使每个用户仅在产品上每年花费 20 元，但是在潜在用户量巨大例如 1 亿人的情况下，也会产生巨大的商业价值，高达 20 亿元。同时，提高用户付费价格和付费频次，也通过使用了很多的盈利模式来体现，例如视频 App 的包月、包季和包年的价格设置，或热门电视剧超前点播额外付费等。产品经理在设计产品时,需要提前设置能加速产品传播、提高用户量的点,也要提前考虑如何提高单用户价值。

7.1.3 商业模式和盈利模式

讲到商业价值,就不可避免地会讲到产品的商业模式和盈利模式。

商业模式是指企业与企业之间、企业的部门之间、企业与顾客之间、企业与渠道之间,存在的各种各样的交易关系和连接方式。商业模式包括企业的商业逻辑,主要包括盈利模式、产品价格、产品定位和相关核心资源等。

盈利模式是对企业经营要素进行价值识别和管理,在经营要素中找到盈利机会,即探求企业利润来源、生产过程以及产出方式的系统方法。另有观点认为盈利模式是企业通过自身以及相关利益者资源,整合形成的一种实现价值创造、价值获取和利益分配的组织机制及商业架构。

商业模式设计的最终目的就是盈利模式,因此,盈利模式是商业模式设计的关键一环。盈利模式提供了企业获取利润的方法和途径,解决"产品如何赚钱"的核心问题。商业模式和盈利模式两者的关系如下。

1)商业模式包括盈利模式。

2)盈利模式只是商业模式的一部分。

我们常用的互联网产品,在哪些方面进行过付费操作?就 QQ 而言,大家可以选择成为绿钻或黄钻等会员级别,另外,还可以购买 QQ 秀等。我们使用的视频 App 如优酷、腾讯视频和爱奇艺等大部分采用的是会员模式,另外,还提供诸如超前点播等增值服务。还有一些产品,会首先提供免费版本获取用户,再推荐其收费商品,例如 WPS 提供免费的版本给用户下载,但是,如果用到付费功能就需要收费,例如,稻壳商城、PDF 转 Word、可编辑的 PDF 和论文查重服务等。还有一些产品,不会让用户付费,而是通过广告等方式获得收入。例如百度的竞价排名,视频网站或 App 的片头广告或贴片广告等。

产品的盈利模式五花八门,总结而言,可分为以下三种模式。

1. 电商模式

这是最常见的一种产品盈利模式,就是将传统的线下卖东西的方式搬到线上。这种方式与传统的线下方式相比,更利于商品的快速推广,同时,也没有实体店开店的各种显性和隐性成本,支撑的用户量也要大得多,另外,通过利用物流,使商品销售不再受限于地域,可以很便利地销往全国。

这种模式可以卖真实的商品，称为电子商务，例如服饰、配饰、玩具、手机和计算机等。也可以卖理财产品，例如货币基金、混合型基金和股票等，称为互联网金融，还可以线上线下结合卖餐厅的打折券、SPA和虚拟服务等，称为O2O。

淘宝、天猫、京东商城、苏宁易购、唯品会和一号店等平台都属于典型的电商模式，平台收入主要来自销售佣金和商品利润等。

2. 广告模式

互联网产品是广告业的新宠儿，互联网相对传统广播媒体、电视媒体而言，一是覆盖面更为广泛；二是能承载的广告形式更为丰富；三是广告可以精准定向投放，因更有针对性，所以，投放效益更高，因此，几乎所有的互联网产品都具有或可以使用广告这种盈利模式。

常用广告模式不针对特定人群，仅仅是在某互联网产品或平台上放置广告，广告受众被动接受。例如，当普通用户使用优酷等视频平台观看影片前，需要观看一段几十秒的广告，广告收入是优酷平台的主要收入来源，以此支撑它购买各种影片播放版权的费用，并实现盈利。当然，优酷付费会员可以免除广告，会员收入也是优酷的收入来源。常用的广告模式具有盲目性，投放精准度不高，广告效益也十分有限。

搜索广告根据消费者的相关行为（主动搜索关键词或浏览专业性网站）来进行精确推广和投放，广告效益更好。例如用户在使用百度时，搜索某个关键字，例如"药店"，在最前面会有几个竞价排名的广告位，排名越靠前，需要支付给百度平台的广告费用越多。

3. 增值服务模式

增值服务模式是指根据客户需要，为客户提供超出常规服务范围的服务，简单来说，可理解为用户提供特权服务。

互联网增值服务模式也很常见，腾讯平台更是将这种方式用得炉火纯青，例如使用QQ和QQ空间是免费的，但是如果想使用QQ秀、漂亮的QQ背景等增值服务，就需要升级为黄钻会员、绿钻会员用户。另外一个常见的案例是网游，使用网游的基本功能是免费的，但是，如果想使用某些游戏道具的附加服务，需要付费购买。

7.1.4 用户价值和商业价值

用户价值和商业价值是产品价值的两部分，"一切以用户价值为依归"是腾讯的信条，大部分产品，基本都在满足用户的需求，需要在用户价值和商业价值中维持平衡，因为在某些情况下两者会发生冲突的。

例如在优酷等视频网站观看电视剧时，对于用户而言，肯定更愿意：即使不是会员用户，也可以选择关闭广告，或者不播放广告。还有，爱奇艺颇受争议的超前付费点播最新集数增值服务功能，即使已经是会员用户，还需要对最新剧集额外付费，有些热门电视剧通过此法甚至获得了 7000 万元以上超前点播费用。但是，这个功能肯定有损用户体验，也造成了会员用户的争议。

对于百度的用户来说，肯定更愿意看到：搜索后出现的都是按照智能推荐算法计算出来的搜索结果，而不是在前面会有一些竞价排名的广告。沸沸扬扬的魏则西莆田系医院事件，也让百度广告受到很多用户的负面评论。

商业价值和用户价值之间的矛盾，会在产品体验上集中爆发。主要体现在：广告频发、主次颠倒和混乱的页面等，产品经理需要在用户体验上下功夫，在实现商业价值的基础上兼顾用户体验，让广告和内容契合得不像广告。例如，尽量将广告变得有趣，或者广告推荐的内容刚好是用户喜欢的产品等。例如，抖音短视频作品中可以通过小黄车挂商品链接，总有很多对热门 IP 的服饰、配饰等感兴趣的用户，一个个在评论区通过回复讲解如何购买操作很烦琐，通过小黄车挂的商品链接，用户可以实现快速购买，也可以方便地提供售后服务，而对商品不感兴趣的用户可以无视小黄车链接，也不会对使用流程造成困扰。

7.2 四个角度分析产品价值

可以从如下四个角度分析产品是否有价值。

1. 是否为高频需求？

产品经理在规划互联网产品时，需要考虑产品的受众人群、目标人群数量和用户使用频次等。在一个行业里面，高频的应用往往能给低频应用造成致命打击，甚至打败低频应用。

以滴滴出行为例。2012 年滴滴公司成立时，刚开始只是从事出租车线上业务。此时，滴滴有一个明显缺点，用户在非早晚高峰期时，即使不采用 App 叫车也能很快打到出租车，而在早晚高峰期时，即使用滴滴出行 App 也很难叫到车，或者需要加价才能叫到车，另外，因为此时的核心问题是车辆不够用，即使每个人都加钱，也会造成很多人打不到车的结果。

为什么滴滴出行 App 最后还是成为胜出者？

因为城市打车是用户的一个高频需求，它很好地教育了市场，占领了用户出行的心智。

反观 2010 年就成立的易到用车，它比滴滴早两年接入出行市场，但是，最早做的是专车

第 7 章　明确产品价值，成就好产品

业务，最后的独角兽却不是它。易到用车选择的切入点是专车业务，而专车在当时属于低频市场，使用专车的受众人群不大，因此，教育市场的难度很大。易到用车当时要教育好市场，就要教育好两类用户：让司机开专车，让乘客坐专车。而滴滴从出租车入手，出租车司机本来就有很多，只需要多花精力教育乘客接受出行选择线上方式即可。

滴滴出行从一个高频的出租车入口出发，作为后来者居上，慢慢迭代出快车、礼橙专车、拼车、顺风车、代驾、公交和豪华车等业务，迅速占领了市场。

再例如陌陌与世纪佳缘平台，陌陌是用来聊天和谈恋爱的，而世纪佳缘是奔着相亲、结婚而去，肯定前者相比后者更高频。

对于互联网人员来说，使用频次意味深长。所以说，在一个行业内，往往是高频打败低频应用，用户常常只会打开行业内最常用的一款应用，忽略其他同类应用，不信大家可以查查自己的电量消耗，在社交方面是被微信消耗，在短视频方面，大部分被抖音和快手抢占。

2. 是否抢占了某个行业的入口？

产品经理需要思考一个问题：我们的产品是一个入口类型的产品，还是别人入口类型产品的子集？这是在产品规划期就需要思考的问题，不然在后期转身难上加难。

例如携程，最早的核心功能是进行机票预定，当用户量积累到一定数量级后，开始满足用户的酒店预订刚需，并进而延伸到用户商旅出行的各个环节，最终，携程覆盖了出行和旅游的方方面面，而艺龙、去哪儿等原本同类的企业，却成为携程业务的子集，并在 2015 年前后被携程网收购。

例如代驾是出行业务的一个环节，而滴滴出行提供一站式出行服务，涵盖了快车、礼橙专车、拼车、顺风车、代驾、公交和豪华车等多项业务，所以 e 代驾只能是滴滴出行的一个子集，滴滴出行给它带来巨大冲击。

再例如微信是我们社交通信的入口，刚上线时，只有和好友发文字或语音的功能，后来不断增加了很多新功能，而且提供了很多第三方服务：火车票机票、滴滴出行、京东购物、美团外卖、电影演出赛事、吃喝玩乐、蘑菇街女装、唯品会特卖、转转二手和贝壳找房等。因为社交可以成为吃穿住用行所有一切业务的入口，同时，还可以通过提供小程序，提供各行各业的服务。微信是用户使用频次非常高的 App，这也是阿里巴巴等在社交方面屡战屡败后依然没放弃下功夫的原因。如果我们的产品只是行业轴内的一个子集，那么用合适的价格卖掉它，也许不失为一个好办法。

3. 是否打通了产业链上下游？

为了抢占市场，人们往往需要抢占入口，争夺高频需求，但是往往靠这些难以盈利。许多

抢占了入口的企业，通过切入用户的高频需求锁定人群，而后开始向产业链上下游延伸，用低频需求来实现变现。有一句话叫"高频锁用户，低频来变现"，这已经成为常用打法。

例如淘宝，初期开店店家全部免费，但它通过产业链中的直通车广告来进行变现。如果读者是淘宝店主，想让店铺在好的展示位展示，以此带来更多流量，就要花钱做广告。另一方面，淘宝借助庞大的用户量，也可以通过开展旅游、教育等业务来进行变现。

又例如腾讯，它属于社交通信行业，但是，它采用的盈利方式却是借助游戏。游戏虽然只是 QQ 和微信里的少量用户，但因其用户体量非常大，达到数亿，即使只是少部分，游戏用户可能也有几百万级别，贡献了腾讯 50% 的收入，是腾讯公司的关键盈利模式。

很少有互联网公司依靠带来巨大流量的高频次业务赚钱，如果只依靠本业赚钱，很可能被跨界的杀过来。大家想一想，百度搜索、腾讯 QQ、微信和 360 杀毒软件等都是免费的就可以明白。

4．是否助力产业升级？

在滴滴没有出现前，笔者出差需要预约的士时，会通过拨打呼叫中心叫车。打了这个电话，车就在指定时间派过来，如果滴滴出行也只是下单叫一辆车，那么它和呼叫中心相比也没有多大优势。滴滴出行的关键点在于，它通过手机 App 的 GPS 定位和路径规划，大大提升了叫车的效率，减少了出行等待时间，提升了叫车的确定性，并让司机的空驶率降低，这其实带来的是整个产业的升级。

再例如美团外卖，美团外卖对传统饭店自营的送餐服务进行升级，在多家饭店和外送公司之间建立了合作通道，提高了配送人员的配送效率。

7.3　短期价值和长期价值的权衡

笔者在这里所说的短期价值，是指产品在 0～2 年产生的价值，而长期价值，是指 3 年甚至 5 年以上的价值。有时短期价值的实现，会有损长期价值，例如短期带来了年度的收益提升，但是，因为有损用户体验，不利于用户量增长，长期来说反而会带来更大的收益损失。

在美国互联网的早期，亚马逊没有遇到任何对手，在网上销售图书，图书本身的利润率非常之低，仅 5% 左右，还要为此搭建仓库，因此，前几年都不赚钱，但公司依然坚持着，很多互联网公司的初期积累阶段，基本都属于资本烧钱阶段，滴滴出行也是如此。

Google 看到了新的广告商业模式时，Overture 找到 Google，说："只要你把你的搜索流量给我，保证你一年 4 亿美金的收入。"Google 创始人毫不动摇地说："对不起，我们自己做，我们可以做得很好,也可以做得更久。"

再以 QQ 为例,腾讯公司于 1999 年成立,在成立不久后,腾讯用户推出 QICQ 软件,这款软件一面世就受到了广大用户的追捧,并且在很短的时间内抢占了 ICQ 的大部分用户。不久后,QQ 诞生,最开始 QQ 只是作为 QICQ 的副产品走入大众视野,此时,就连创始人马化腾都没觉得 QQ 会有多好的发展前景。

在不久后,互联网危机席卷了整个 IT 界,马化腾自然也受到了影响,在面临官司缠身和困难重重的时候,马化腾甚至滋生出售 QICQ 的想法,标价 60 万元,但是,当时的买家觉得价格太高,作为卖家的马化腾却也坚持不降价,最终双方不欢而散,出售计划也就此告破。既然卖不出去,那就找一个合适的机遇硬着头皮发展;马化腾拿着几十页的计划书开始向国外寻找风投,最终 IOC 和盈科数码给了腾讯 220 万美元,而这笔钱也使马化腾走出了困境。

一个创业团队要对产品"长期"保持信心,这样才不会被短期的利益所动,过往的经验教训值得每一个考虑创业的人去关注。很多知名互联网公司,刚开始都是靠融资坚持下去,例如淘宝在亏本的情况下,还是坚持对商家免收费用,因此吸引很多商家入驻,让产品品类覆盖更加全面,从而也吸引更多的用户进入淘宝。

7.4 产品价值案例分析

在上面的内容中,对产品价值进行了深入讲解,接下来分析 5 款产品的产品价值。因为用户价值在第 6 章中专门进行了详细讲解,所以本章案例重点讲解盈利模式,读者可以对产品价值有更深刻的理解。

7.4.1 "知乎"的产品价值

知乎平台的盈利模式共有四种:广告、知识付费、出版和增值服务。

1)广告。知乎的广告包括网站左侧菜单栏的广告,还有信息流广告等。知乎 App 的信息流广告如图 7-1 所示。

2)知识付费。知乎的知识付费包括知乎 Live、知乎圆桌、大咖私家课、知乎读书会和付费咨询等,平台和内容输出者合作分成。例如使用比较多的知识付费方式知乎 Live 讲座首页、知乎 Live 讲座详情页如图 7-2 和图 7-3 所示。

产品经理实用手册——产品思维方法与实践

图 7-1 知乎信息流广告

图 7-2 知乎 Live 讲座首页

图 7-3 知乎 Live 讲座详情页

第 7 章　明确产品价值，成就好产品

3）出版。知乎优质内容聚合出版。例如《创业时，我们在知乎聊什么？》就是由 500 万知友亲手甄选内容，知乎三年创业问答精华大集结，如图 7-4 所示。

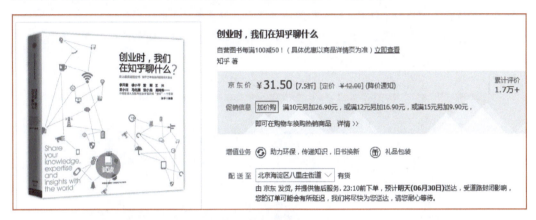

图 7-4　知乎优质内容出版《创业时，我们在知乎聊什么？》

另外，还由中信出版社图书出版了《知乎系列 2：金钱有术》。

4）增值服务。成为盐选会员等，如图 7-5 所示。

知乎产品的盈利模式非常多样化，也将知识付费用得炉火纯青，主要的盈利来自广告和专门的知识付费讲座、读书会等栏目，但是，对于优质内容出版、增值付费等还需要加足马力，更上一层楼。

7.4.2 "豆瓣"的产品价值

豆瓣的盈利模式包括电商引流分成、票务分成、内容作品分成、会员费、商品销售利润、广告、品牌联合活动。

1）电商引流分成：用户通过豆瓣读书的页面跳转到京东、亚马逊和当当等电商平台时，每购买一本书，平台都将获得一定比例的分成。

2）票务分成：豆瓣电影频道为用户提供线上购票功能，平台将获得一定比例的分成。

图 7-5　知乎盐选会员

3）内容作品分成：豆瓣阅读频道提供初步的排版和编辑，内容由作品输出，平台将获得一定比例的分成。

4）会员费：豆瓣 FM 对于非会员投放音频广告，对于会员收取会员费用。

5）商品销售利润：豆品频道提供优质商品的购买渠道，可以获得商品利润，如图 7-6 所示。

图 7-6　豆品的界面

6）品牌广告：平台上的广告如图 7-7 所示。

图 7-7　豆瓣的广告

第 7 章　明确产品价值，成就好产品

7）品牌小组：如苹果迷的品牌小组 http://www.douban.com/group/macintosh/，如图 7-8 所示。

图 7-8　豆瓣的品牌小组

8）品牌联合活动：如麦当劳的品牌活动页面（http://www.douban.com/minisite/imlovinshanghai）如图 7-9 所示。

图 7-9　豆瓣品牌联合活动

豆瓣的盈利模式经过多年的发展，也是五花八门的，但也存在一些问题，拿不出能够在市场作为突破点的内容，例如豆瓣 FM 的会员，目前网易云音乐、QQ 音乐等产品的音乐库比豆瓣 FM 更加丰富，可替代品很多。例如电商引流分成，大部分用户还是习惯直接去京东或当当等平台购买。

7.4.3 "微信读书"的产品价值

微信读书是基于微信关系链的官方阅读应用，同时支持 iOS 和 Android 两大终端平台。在提供极致阅读体验的同时，为用户推荐合适的书籍，并可查看微信好友的读书动态，与好友讨论正在阅读的书籍等。

微信读书目前还在圈用户和培养用户习惯阶段，盈利并不是重点关注的内容，目前微信读书的盈利模式包括会员费、电子书售卖分成，主要体现在以下几个方面。

1）无限卡会员：无限卡会员提供免费读、免费听、免费看、八折购买全场网络小说的权益，付费无限卡会员（免费时限可由阅读时长兑换或分享获得）提供免费读、免费听、免费看、八折购买全场网络小说的权益，提供连续包月、月卡、季卡和年卡四种付费方式，如图 7-10 所示。

2）电子书售卖：电子书售卖分两种模式：一种是买断图书；另一种按版税制，也就是稿费=作品销售册数×售价×版税百分比，例如销售 50000 册，电子书售价 10 元，版税 9%，则所得稿费=50000×10×9%=45000 元，微信读书采用的版权授权大部分为版税制。

微信读书的无限卡会员给了会员特别大的优惠，几乎一个会员费就能免费阅读全场所有类目的书籍，包括小说、散文、金融理财、IT 等类别，不过科技和 IT 类的书籍相对较少，文学类作品居多。包月会员价格也在可以承受的范围，暂时没有其他隐性付费。在前期还可以通过阅读时长兑换，或者组团阅读获得免费无限卡会员时长。电子书售卖方式相对有点尴尬，如果不是无限卡会员，一本 3000 来页的网络小说电子书，很可能需要用户耗资上百元，比纸质书还贵，大部分会选择成为无限卡会员。

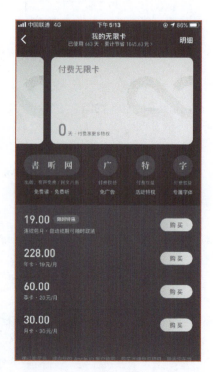

图 7-10 微信读书的无限卡会员

第 7 章　明确产品价值，成就好产品

7.4.4 "优酷"的产品价值

优酷的盈利模式主要体现在广告、会员收入、优质付费内容点播、品牌推广、远程教育以及与电视台合作。

1) 广告：优酷网现有的网络广告类型主要包括首页广告、播放页广告、搜索结果页广告、频道页广告。

2) 会员收入：占据了优酷收入的重要部分，目前提供连续包月 VIP（19 元/月）、连续包季 VIP（53 元/季）、连续包年 VIP（208 元/年）、季度 VIP（68 元/季）、半年 VIP（128 元/半年）和年度 VIP（228 元/年）六种收费方式，对于半年 VIP 和季度 VIP 部分用户可享受 6 折优惠。

3) 优质付费内容点播：主要依靠网友通过各种支付平台点播节目，在线观看，形成稳定的点播收入。

4) 品牌推广模式：通过为企业提供推广渠道，向企业收取费用，如图 7-11 所示。

5) 远程教育模式：与教育机构展开合作，教育机构上传教学视频，并收取用户费用，优酷与教育机构按照一定比例进行分成。

6) 与电视台合作：与教育机构类似，与电视台展开合作，并按照约定比例进行分成。

优酷目前的主要收入来自广告、会员收入和优质付费内容点播，这也是其他主流视频 App，例如腾讯视频和爱奇艺采用的主要盈利模式。不过很多用户对于已经是会员的情况下，还需要对优质付费内容进行超前点播颇有微词，也形成了很多负面评论，有的电视剧如果想提前看完，可能一部剧要花费数十元。

图 7-11　优酷的品牌推广

7.4.5 "天猫"的产品价值

天猫商城是一个综合性购物网站，商品的销售、配送和售后服务均由品牌卖家负责，平台不需要负责配送、销售和售后工作，从而大大降低了淘宝商城的配送和售后服务成本。

天猫的盈利模式主要包括一次性技术服务费、实时划扣技术服务费、软件和服务收费、广告收入和关键词竞价收费。

1)一次性技术服务费:分为 30000 元/年和 60000 元/年两档,商家每年在固定时间进行缴纳,当达到指定的业绩指标天猫可以按 50%和 100%两档比例返还技术服务费,也就是说商家业绩达标,商家的服务费按 100%返还,相当于无须缴纳。

2)实时划扣技术服务费:该部分是主营业务收入中重要的部分,标准是支付宝成交额(不含邮费)×商品对应的技术服务费率。

3)软件和服务收费:天猫商城依托自己的技术团队,借助消费行为数据库,根据商家的需求开发大量的软件和附加服务,如图片空间、会员关系管理、装修模板和数据魔方等。

4)广告收入和关键词竞价收费:对商家提供按照关键词竞价收费,并可收取直通车等广告费用。相对天猫来说,广告业务占淘宝收入的比例最大,主要的收费广告包括直通车、钻石展位、淘宝客和官方活动。

对于成熟的电商平台来说,这四部分费用都大同小异,目前也已经形成了大家可以接受的盈利模式,也是电商平台的主要收入来源。

本章小结

产品基础价值=用户价值+产品商业价值+商业模式,第 6 章讲解了用户价值相关的内容,本章重点讲解商业价值、商业模式和盈利模式相关的内容。商业价值=单用户价值×潜在用户量,其中,单用户价值=(用户愿付价格−企业成本)×用户频次,要提高商业价值,可以通过提高用户愿付价格、付费频次和降低企业成本的方式实现。盈利模式有三种类型:电商模式、广告模式和增值服务模式。商业价值和用户价值之间的矛盾,会在产品体验上集中爆发,产品人员应该尽量避免为了短期价值,牺牲长期价值。在分析产品价值时,需要考虑四个方面:产品是否覆盖的是高频需求?是否抢占了某个行业的入口?是否打通产业链上下游?是否有助于进行产业升级?最后,本章讲解了五个产品价值案例,主要分析了知乎、豆瓣、微信读书、优酷和天猫五款产品的商业价值中的盈利模式。

第 8 章
用户体验——细节决定成败

随着互联网和网络技术日新月异的发展,一个类型的产品,往往更新迭代很快,一个产品消失,另一个产品马上兴起。很多产品的功能也是大同小异,所以一个类型产品拼的不是功能,而是细节,细节决定成败。

8.1　何谓用户体验

用户体验(User Experience,UE/UX),是用户在使用一个产品系统之前、使用期间和使用之后的全部感受,包括情感、信仰、喜好、认知印象、生理和心理反应、行为和成就等各个方面。

用户体验需要以用户为中心,在产品设计的每个阶段,都需要考虑用户在各个方面使用的体验感,包括对产品的界面、功能、信息、内容、交互和服务等方面的体验。并且需要了解用户的习惯,一切以围绕用户来设计开发,用户体验设计的目标就是用户根据自己的习惯使用产品,不要让用户来适应产品。

8.2　用户体验分类

用户体验是用户的纯主观感受,分为感官体验、交互体验、内容体验、情感体验、信任体验和价值体验 6 类。

1. 感官体验

感官体验是用户使用产品的生理反应，包括视觉反应、触觉反应和听觉反应，包括对产品的颜色搭配、页面布局排版、浏览时信息获取的便捷、移动端的操作触感和音效体验等，都是在感官方面最直观的反应。

以"王者荣耀"的 PC 端官网首页为例，直接是以当前售卖的皮肤或者英雄作为背景，直接以视觉为冲击，在单击"进入爆料站"后，展示将要上线和最近已上线的英雄和皮肤，通过唯美、直观的界面，吸引用户的关注，并且引导用户去消费，如图 8-1 所示。

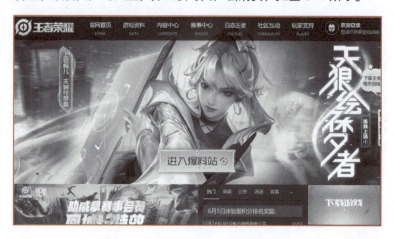

图 8-1　王者荣耀的网页端首页界面

"王者荣耀"客户端首页，主要是以体验游戏为主，所以界面中的"竞技对抗""排位赛"的按钮显示很明显，背景也是新出的皮肤，并且有"竞技对抗"的指引，如图 8-2 所示。

图 8-2　王者荣耀客户端首页界面

2. 交互体验

交互体验主要是用户对产品操作过程中的体验，包括产品是否易操作、易学习，流程是否简单，输入输出、操作反馈是否及时和动画是否流畅等方面。以长截图工具"Picsew"软件为例，用手机连续截图后，再进入软件，就会自动将截图拼接起来；也可以进入软件，直接选择图片，竖向拼接和横向拼接图片，也可以微调拼接的图片。该软件不需要任何说明和指引，用户就会使用并且操作，简单快捷，如图8-3所示。

3. 内容体验

内容体验是用户对产品功能和展示信息的体验，包括产品功能导航、页面信息内容层次、获取重要信息、产品用户所呈现的信息、产品信息的更新和创新等方面。内容体验不仅是产品带给用户的信息，还包括了用户带给用户的信息，也就是保证产品功能、信息的丰富、信息的创新和信息的更新等，还得保证用户所呈现的信息内容的健康、有趣等的体验。

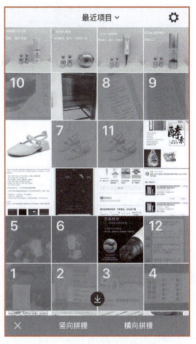

图 8-3 Picsew 界面图

4. 情感体验

情感体验是用户使用产品心理上的体验，是产品的友好性和用户对产品的认可度。用户对产品的认可度是需要时间来沉淀的，经过一段时间的使用，解决了用户的需求，才能从根本上获得用户的认可。

5. 信任体验

信任体验是用户对产品使用在生理上和心理上的信任度。信任度也是需要时间来沉淀的，首先通过一段时间的使用，使用户能了解产品的安全性和可靠性。例如，现在我们离不开的移动支付方式"支付宝"和"微信"，都是使用了一段时间，由最初一笔交易，到现在几乎所有的交易都是通过它们，形成了生理上的肌肉行为和心理上的自然而然。

6. 价值体验

价值体验是用户通过产品产生的自我价值体现。例如火爆的"抖音"，用户可以通过短视频分享生活和自己所擅长的技能，通过短视频的内容获取其他用户的关注度，成功打造自己的

IP，最后可以与其他企业或者广告商达成合作关系，为用户带来商业价值。

8.3 用户体验设计原则

用户体验设计原则，也是累积的经验，通常通过视觉设计、交互设计和内容设计三个方面来分类。

1. 视觉设计原则

视觉设计原则包括颜色搭配、字体大小、图标设计和布局排版这几个方面的原则。

（1）主题色和辅助色 3～5 种即可

一个产品的配色方案的主题色和辅助色 3～5 种即可，一般包括重要信息的颜色、一般信息的颜色和次要信息的颜色。颜色不可过多，用户对颜色过多的页面，会产生逃避心理或者忽视。

（2）颜色的选择需要考虑产品的定位和用户群体

作为设计师，需要了解不同的主色调颜色，代表怎么样的风格或状态。例如红色代表活泼和热情等；蓝色代表博大和理性等；绿色代表健康和自然等，这些都是根据产品定位和用户群体来选择的，合理的颜色搭配可以提升用户的体验感。

（3）合理设计字体大小

确定好产品重要信息、一般信息、次要信息的字号大小、行距和颜色搭配，并且信息标题和简介的字体大小跨度不可过大。例如，一般信息的列表字体大小为 18 px，简介为 12 px；重要信息的字体大小为 28 px，简介为 20 px。

（4）图标设计需要符合场景

图标包括功能性图标和非功能性图标（不可点击）。功能性图标需要设计图标的默认、鼠标悬停、选中状态以及尺寸大小和色号；非功能性需要标明尺寸大小和色号，并且图标的样式要符合使用的场景。例如"加入购物车"的图标，就是一个购物车，直观明了。

（5）页面内容对齐

页面的文字内容、图标、图片和控件，同类型的，都需要遵循对齐原则，保证页面的美观。

（6）页面合理留白

留白与实际的白色并没有关系，它指的是留出页面元素与元素、元素与元素之间的平面空间位置。留白可以提升重要信息的视觉体验，避免元素之间过度拥挤，造成用户压迫、不舒适的感觉。

（7）页面呈现的图片不可过多

在前些年，大多数网站，都是用大量的图片来吸引用户的眼球，在现在信息爆炸的时代，其实简洁明显的文字比图像更具有吸引力。所以，页面添加的图片不可过多，否则会影响重要文字的凸显，并且影响页面的加载速度。

（8）页面布局简洁大方

页面忌颜色过多、文字过多和图片过多等，要保持简洁易操作，现在很多产品都向这个方面改变，用户获取有效信息会更快。

2. 交互设计原则

交互设计原则从用户操作界面的流程、方式的角度考虑，专注于用户更容易地使用和操作我们的产品。

（1）合理的入口引导

提供合理的入口引导，可采用弹窗、箭头和提示语文案等方式。很多产品都会提供新手引导页，让新用户熟悉产品的第一步。在设计方面需要注意以下四点。

1）避免在引导页中，让用户去设置信息。

2）如果必须设置，也要提醒用户在什么地方可以修改。

3）提供的引导，最好提供"跳过"功能，因为用户也许以前使用过产品。

4）提供再次观看引导的入口，防止新用户忽略某些信息。

（2）提示准确

针对系统的提示一定要准确，并且简便，易理解。

（3）入口清晰

能够快捷地找到操作入口。

（4）交互路径

流程简单不烦琐，从开始到结束，减少不必要的跳转。

（5）减少输入

为了减少用户输入的操作，尽量设置为选择性的内容。表单中，某些数据，能从数据库调取到的，一定要自动填入，不要让用户自己手动输入。尽量用识别的方式代替输入，例如银行卡和地址等。这也是站在用户的角度去考虑，减少操作，节省时间。

（6）加载设计

设计加载样式，是为了在请求服务出现延迟时，避免用户等待产生焦虑。需要设计的加载有启动加载、下拉刷新加载、全屏加载、进度条加载和验证加载等。

（7）及时反馈

用户操作完成，不论成功还是失败，都需要给予及时反馈，最好以消息提示框（toast）方式提示。

3. 内容设计原则

（1）对比原则

对于重要的板块，需要重点凸显，可以对这些重要的板块加大尺寸或者加深颜色，形成视觉差异。

（2）亲密原则

相似的内容模块，在布局的位置上距离要相近，不同的内容模块，要划分成几个区域，距离相对远一些。

（3）层级主次

功能主次明显，突出主要操作流程，弱化次级功能。

（4）弹窗和提示

在功能交互涉及弹窗时，一定要添加提示，不能出现点击没有反应的情况。提示包括操作成功的提示、操作失败的提示、报错的提示和数据错误提示等，并且也要设计提示语的一致性。

（5）设置反馈

在产品中加入"反馈系统"模块，指的是用户在使用产品中遇到问题，通过"反馈系统"的渠道去反映问题。在用户遇到问题，或者产品 BUG 时，需要一个通道来反应自己遇到的问题，这会帮助产品参与人员更好地改进产品。

8.4　用户体验要素

提高用户体验，不仅要遵循体验设计原则，还需要对体验要素做研究。

8.4.1　何谓用户体验要素

用户体验是用户在使用产品过程中的纯主观的感受，所以存在很多不确定的因素，谁都做不到满足所有用户的期望，所以需要通过用户体验要素来确保能够满足大多数用户的期望，保证大多数用户的体验感良好。用户体验要素可以通过视觉体验、交互体验、内容体验和情感体验这四个方面来确定需要注意的要素。

8.4.2 视觉体验要素

视觉，是用户初次使用产品时感官体验的第一个要素，视觉的好坏呈现直接影响用户接下来与产品的互动。视觉体验需要注意的要素有以下几点。

1）第一眼落在了什么地方？
2）那块显示的内容是否重要？
3）根据用户浏览的习惯，是否能获取重要信息？
4）根据视觉设计标准，看一看规范是否合格，例如对比性、留白、一致性、色彩搭配、字体的选择、控件设计和页面布局。

8.4.3 交互体验要素

交互，意为用户与产品的互动，是使用产品的第二个要素，交互的方便与复杂直接影响到用户的流失率和活跃度。交互体验需要注意的要素有以下几点。

1）有没有合理的引导，引导是否提供关闭功能？
2）操作错误时是否有准确的提示？
3）在没有提示的情况下，是否能找到入口？
4）流程是否简便，这个过程中，需要用户的操作次数多不多？
5）每次操作完成，是否都有反馈提示？
6）功能结构是否合理，有没有存在一头雾水的情况？
7）页面加载时间多久？

8.4.4 内容体验要素

内容，相当于产品展示的信息。内容体验要素需要注意以下几点。

1）根据用户浏览习惯，是否可以看到重要信息？
2）导航包括了哪几种导航？
3）导航的入口是否准确？
4）根据导航，能不能找到想要的信息？
5）页面的信息内容层次是否明显？

五个问题的解答，能更好地优化产品的内容呈现。

8.4.5 情感体验要素

情感体验要素，相当于是视觉体验要素、交互体验要素和内容体验要素三个要素的升华，所有用户使用一个产品，最终都会上升到情感层面，情感得到了满足，用户才能够从心理上认可该产品。

1）体验产品的时候，有没有愉悦的感觉？
2）是否解决了生理上和心理上的需求？
3）有没有对产品的其他功能产生好奇或者期望？
4）有没有推荐给朋友的欲望？

例如美颜相机的用户黏性就很强，因为用户在拍照的过程中，看到自己很漂亮的时候，心情也瞬间变美了，用户在使用贴图等功能的时候，会很好奇，并且期望开发出更多有趣的贴图，拍完照片，随便分享到朋友圈或者朋友，这都是在毫无提示的情况下，就分享了出去。

8.5 用户体验案例分析

优秀的用户体验都有什么特点？产品是围绕需求而设计的，一个产品能够做到下面四点，那么这个产品就算是初步成功了。

1）能够解决用户的需求，或者用户能够快速获取想要的信息。
2）别让用户做过多的操作和花费过多的精力。
3）产品大方美观，使用过程中产生愉悦的感觉。
4）用户被吸引，不由自主地使用产品。

为什么才算是初步成功了？因为现在的产品功能大同小异，往往是细节成就了产品，留住用户的最后还是细节。

8.5.1 微信 App 用户体验分析

现在，我们已经离不开微信了，微信的用户群体也很多，不同的用户群体都可以快速学会使用。下面，我们来分析微信（版本 7.0.10）在隐私方面 6 个不错的用户体验。

第 8 章 用户体验——细节决定成败

1. 新建授权信息

微信更新之后,出了一个关于授权登录的新功能,在授权第三方登录的时候,出现了一个"新建用户信息"的选项,表示以后不需要再用自己的微信号以及图像等信息去授权给第三方了,还可以设置随机图像和昵称。这个改动,在不考虑后台逻辑的情况下,解决了许多用户担心个人信息泄露的问题,如图 8-4 所示。

2. 朋友圈可见范围

微信 App 也可以设置朋友查看朋友圈的范围,如图 8-5 所示。该功能推出的时候,受到了很多小伙伴的追捧。可见范围有 4 个时间点:"最近三天""最近一个月""最近半年"和"全部",对于经常不发朋友圈的用户来说,对于设置或者不设置可见范围都无所谓;对于喜欢神秘,不想让朋友看自己以前的朋友圈的用户,设置"最近三天",对他们来说,是很好的选择;而有些用户几乎每天都在发朋友圈,并且想让朋友看到以前自己的生活状态,但是又觉得设置"全部",朋友有看不到底的感觉,他们倾向于设置为"最近半年";觉得"最近三天"太少,"最近半年"太多的用户,更喜欢"最近一个月"的可见范围。这 4 个时间点,几乎可以满足大多数用户的内心感受。

图 8-4 微信账户授权示例

图 8-5 微信设置朋友圈可见范围示例

3. 朋友圈对他（她）不可见和不看他（她）的朋友圈

微信朋友列表中，总是会存在不想让他（她）看自己的朋友圈，例如同事或者陌生人；也不想看他（她）的朋友圈，例如陌生人、不感兴趣的人或者喜欢刷屏的朋友，看到会影响自己的心情，就可以提前设置不看他（她）的朋友圈。这种双向设置，既保护了用户的生活隐私，也提升了用户刷朋友圈的体验感。

4. 朋友圈更新提醒

朋友圈中只要有一个朋友更新了朋友圈，那么导航"发现"那里就会显示一个红点，强迫症的用户就会忍不住点开查看，这时候用户可以设置关闭朋友圈更新提醒，如图 8-6 所示。设置之后，在"发现"切换按钮上就不再出现红色提示，避免了用户总是点开"发现"界面，查看谁发了朋友圈，节省了用户的时间，同时避免了用户花费过多的精力。

图 8-6 微信朋友圈更新提醒设置

5. 聊天记录备份与迁移

微信针对聊天记录推出了"迁移聊天到另一台设备"和"备份聊天记录到电脑"，如图 8-7 所示。如果用户想清理手机，但是又不想清理聊天记录的时候，就可以选择将聊天记录备份到计算机；如果用户换手机，或者想转移聊天记录，就可以选择迁移聊天记录到另一台设备，这样之后，在另一台设备也可以看到以前的聊天记录了。这对于想保留聊天记录的用户来说，是非常需要的一个功能。

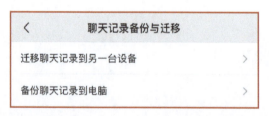

图 8-7 微信聊天记录备份

6. 发朋友圈时设置谁可以查看

朋友圈的可见范围和朋友圈对他（她）不可见这两个功能，还是不能满足部分用户的需求，如果用户想让当前这一条信息对某些人不可见或者可见呢？微信又推出了针对当前动态临时设置"公开""私密""部分可见"或"不给谁看"，如图 8-8 所示。

图 8-8 微信动态设置可见

8.5.2 抖音 App 用户体验分析

抖音也是很多用户离不开的一款 App，随时随地拍摄小视频和观看小视频，已经成为一种习惯。下面，我们分析抖音 App（版本 11.0.0）在细节方面 4 个不错的用户体验。

1. 首页直接进入视频"推荐"页面

用户启动抖音 App 之后，即直接进入视频"推荐"页面，也就是直奔主题，简单不拖沓，用户有向上滑动视频的冲动，增加了用户逗留的时间。

2. 既是分割线，也是进度条，还是音量条

这是抖音 App 的一个小细节，笔者自己也是无意间发现的。大多数音频类的产品，音量调节时，都是显示在屏幕中央或者侧边。而在抖音中，新打开一个短视频的时候，那条分割线就会是白色进度条；在调节音量的时候，音量的大小就会以黄色显示，这时是音量条。这个细节真的很用心，在调节音量的时候，不会遮挡视频内容，提升了用户的观看体验感，这真是"小

小功能，大大用途"，如图 8-9 所示。

图 8-9　抖音 App 分割线

3. 在视频的播放界面，显示所用的"道具"

抖音发展初期，提供了很多制作视频的"道具"，这也是抓住了一大部分用户的特点之一。如果当前视频运用了抖音提供的"道具"，在视频播放界面，会显示所有的"道具"，用户点击之后，就会进入使用了该道具的视频列表，这为喜欢该"道具"的用户提供了便利，如图 8-10 所示。

4. 在视频的播放界面，有"你的关注"提示

在视频播放界面，当用户刷到了自己关注的用户发布的视频时，会有"你的关注"的提示，如图 8-11 所示。当用户看到该提示，会特别注意当前的视频，避免用户手快刷过。

第 8 章　用户体验——细节决定成败

图 8-10　抖音 App 视频播放界面（1）

图 8-11　抖音 App 视频播放界面（2）

本章小结

　　本章主要讲解用户体验，从用户体验分类、用户体验设计原则和用户体验要素这三个方面进行讲解。用户体验主要分为六类：感官体验、交互体验、内容体验、情感体验、信任体验和价值体验；用户体验设计原则主要是从视觉设计、交互设计和内容设计三个分类来规范；用户体验要素主要是视觉体验、交互体验、内容体验和情感体验四个方面来讲解各自的要素；最后，通过微信 App 和抖音 App 这两个案例，分别讲解隐私和细节方面的用户体验分析。

第三篇　产品思维的落脚点——产品落地

无论产品定位如何高屋建瓴，具有突破性，无论产品经理如何精准地抓取用户的痛点需求，无论用户价值、产品价值如何最大化，最终产品还需要寻找落脚点，实现落地。产品落地是指实现产品，将理念变成实实在在可见的产品过程。

本篇集中讲解产品如何落地，分为4章，涵盖产品架构、产品从0到1诞生、产品迭代以及如何建立产品思维四方面的内容。

1）产品架构为产品搭建骨架和造血：为产品搭建产品架构是产品经理日常工作中必不可少的一项工作。本章重点讲解什么是产品架构，常见的五种架构类型，产品架构的五个层面（战略层、范围层、结构层、框架层和表现层），产品架构设计要点，并结合案例讲解产品架构设计的关键点。

2）从0到1——做产品的必经之路：需要经过若干步骤，才会迎来从0到1的诞生时刻。产品从0到1的诞生过程，需要经历10个步骤，同时本章也将讲解产品落地的关键点，并通过一个精讲案例讲解产品从0到1诞生过程的10个步骤中的核心步骤。

3）打造有竞争力的产品，这样迭代更有效：产品迭代是产品生命中非常重要的一环，好的产品迭代，能够让产品结合市场、用户需求等因素达成进一步优化，延长产品生命周期。本章重点讲解产品迭代的定义、流程、策略、频率和意义，并通过几个知名互联网产品案例讲解其产品迭代过程。

4）思考与辨析——如何建立产品思维：建立产品思维，不是一蹴而就的事情，产品思维和传统的项目思维，也是大有不同的。本章重点讲解如何建立产品思维，以及讲解项目思维、产品思维的定义和两者的差异所在，产品思维需要借鉴科学思维，是一种走钢丝式的平衡。

第 9 章
建立产品架构，夯实产品基础

为产品搭建产品架构是产品经理必不可少的一项工作。任何一款互联网产品都具有产品架构，有了这个强大且坚实的架构作为产品的基础，才可以将产品的需求逐步填入进去，让产品变得丰富充实、有血有肉。

9.1 产品架构定义

当我们打开一款 App 时，首先映入我们眼帘的是一个精致的首页，包括导航菜单、横幅，还伴随有丰富的信息，这些内容都是 App 的重要组成部分。一款 App 根据所提供的服务而有所不同，但是都包含各种各样的功能元素。

产品架构，就是将这些不同用途的功能元素，按照一定的原则，围绕特定的目标进行分类整合。

9.1.1 什么是产品架构

产品架构是对产品的组件、组件之间的关系的描述以及涉及组件及其关系的一系列决策。构建产品架构的过程，是指在充分理解用户需求后，从 0 开始设计产品的完整体系方案，并将其实现的过程，这里面包括一个产品形成的全过程，同时，也是一款产品诞生之前所需的"骨架"。当这套骨架搭建完成后，大家熟知的前端功能、后端功能和数据接口等实体性质的产品开发才正式启动。

9.1.2 五种架构类型

在设计产品时,大家可能见到过很多类型的架构图,几种常用类型需要产品经理加以理解和区分,不同的架构图具有不同的用途。

1. 逻辑架构

逻辑架构关注的是功能层面,包含用户直接可见的功能,还有系统中隐含的功能。更加通俗地说,逻辑架构更偏向我们日常所理解的"分层",例如把一个项目分为"表现层、业务逻辑层和数据访问层"这样经典的"三层架构"。

例如,图 9-1 所示就是一个典型的逻辑架构图。

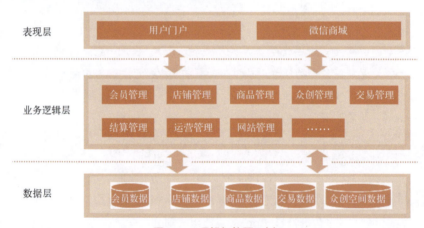

图 9-1 逻辑架构图示例

2. 开发架构

开发架构图更关注程序包,不仅包括开发人员自己编写的程序,还可以包括应用程序依赖的 SDK、第三方类库和中间件等。尤其是像目前主流的 Java 和.NET 等语言和平台,以及主流的基于数据库的应用。开发架构和逻辑架构有紧密的关联关系。

例如,图 9-2 所示就是一个典型的开发架构图。

3. 运行架构

运行架构更多关注进程、线程和中断服务程序等运行时控制流,以及相关的并发、同步和通信等问题。运行架构的设计(及其所依赖的物理架构设计)对运行期质量属性有重大影响,例如性能、可伸缩性、持续可用性和安全性等。

第 9 章 建立产品架构，夯实产品基础

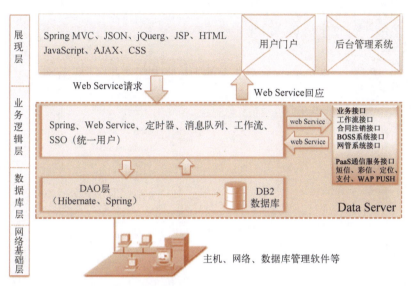

图 9-2　开发架构图示例

运行架构也关注应用程序运行中可能出现的问题。比较常见的如并发带来的问题，例如线程同步问题、死锁问题和对象创建和销毁问题等。与开发架构相比，类比于汽车行驶前后过程，开发架构更关注汽车启动之前的一些准备工作，在静止状态下就能规划好，而运行架构，更多考虑的是汽车启动之后可能发生的一些问题。

如果使用 UML 来描述架构的运行架构，运行架构的静态图包括包图、类图和对象图等，用来说明关键运行时概念的结构关系。动态方面可由序列图和协作图等来说明。

例如，图 9-3 所示就是一个典型的运行架构图中的包图。

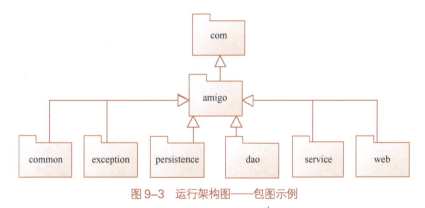

图 9-3　运行架构图——包图示例

例如，图 9-4 所示就是一个典型的运行架构图中的序列图，以下是一个餐饮管理系统中的

餐饮点评的序列图案例。

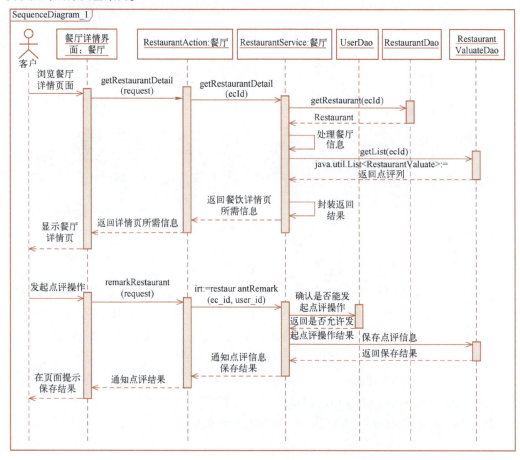

图 9-4　运行架构图——序列图示例

例如，图 9-5 所示就是一张很流行的微服务架构的解决高并发的图。

4．物理架构

物理架构更关注系统、网络和服务器等基础设施。例如，如何通过服务器部署和配置网络环境来实现应用程序的"可伸缩性、高可用性"。例如，如何通过设计基础设施的架构，来保障网站能支持同时 50 万人在线、7×24 小时提供服务，当超过 50 万人或者低于 50 万人在线时，可以很方便地通过调整部署架构来进行支撑。

例如，图 9-6 是呼叫中心平台的物理架构图。

第 9 章 建立产品架构，夯实产品基础

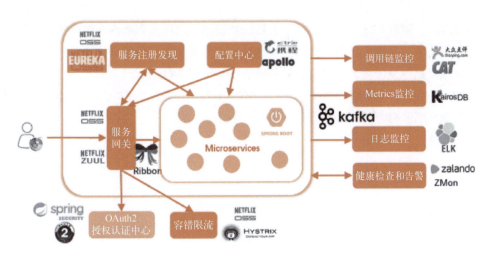

图 9-5 运行架构图——微服务架构解决并发问题示例图

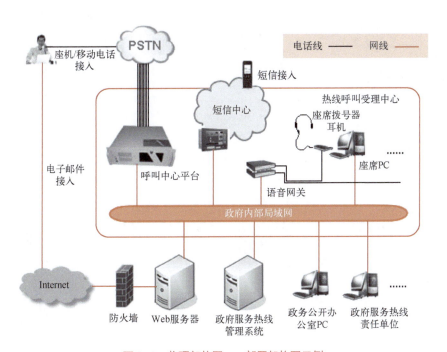

图 9-6 物理架构图——部署架构图示例

5. 数据架构

数据架构，关注的是数据持久化和存储层面的问题，也可能会包括数据的分布、复制和同步等问题。更确切地说，如何选择关系型数据库，如何保障数据存储层面的性能、高可用性和灾备等，都需要在设计数据架构时考虑。数据架构和物理架构紧密联系，但数据架构更关注数据存储层面，物理架构更关注整个基础设施部署层面。

例如，图 9-7 所示的餐饮点评系统的会员信息管理的物理数据模型设计，主要关注会员信息管理模块的数据持久化和存储方面的表结构、视图和关系设计。

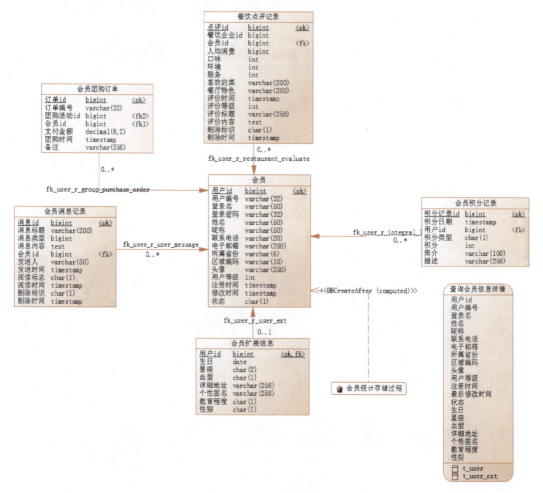

图 9-7　数据架构图——物理数据模型示例

9.2 产品架构五个层面

产品架构可分为五个层面，从下往上、从抽象到具体分别为：战略层、范围层、结构层、框架层和表现层。如图 9-8 所示。

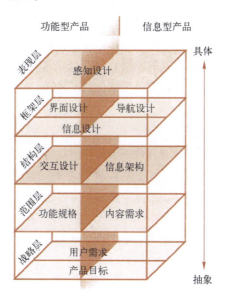

图 9-8　产品架构的五个层面

9.2.1 战略层

战略层是最底部的一层，该层回答了以下两个核心问题。

1）产品目标：我们要通过这个产品得到什么？

2）用户需求：我们的产品解决用户哪些方面的需求？

这两个核心问题需要在战略层得到解决，不能让产品偏离主线，偏离主线后的产品距离失败已经不远。

在战略层，需要输出《产品初始方案》文档。在该层，可以从四个方向规划产品。

1）蓝海市场，发现强需求，抢占先机。

2）红海市场，具备天然优势，具有天赋，这里的天赋可以是公司的技术、平台和运营能力等方面的天赋。

3）蓝海市场 + 当前弱需求，超前占位。

4）红海市场 + 自身无优势，被迫阻击。

如果是前两者，公司很容易做出成绩，如果目前是蓝海市场，且目前是弱需求，那么这个产品比较超前，因为需要教育市场，存在一定的风险。例如，目前的智能硬件领域、可穿戴设备领域等都属于该类。如果是自身并没有优势的红海市场，例如，做软件的公司在硬件方面没有优势，而且硬件方向已经是红海市场，如果不做，原本优势业务会受到影响，甚至对未来的业务拓展带来很大的阻碍，那么公司也可以硬着头皮去做。例如，阿里巴巴做"来往"社交软件的情况，就属于此类产品布局，因为目前微信和 QQ 等已经将市场瓜分完毕。

战略层需要考虑在用户心智中的品牌形象，这是很多大公司在拓展新业务时，需要重点考虑的问题。因为当品牌占领了用户在某方面的心智，例如腾讯公司的社交，阿里巴巴的电商，百度的搜索和高德地图导航等，让人们对它的印象根深蒂固的时候，会出现条件反射，这样对非同类新产品的推广起不到好作用，这也是百度和阿里巴巴也做社交，但是一直不太成功的原因所在。

另外，战略并不是一成不变的，它可以随着产品的演进不断地与时俱进，它贯穿于产品的始终，是产品的初衷。

9.2.2 范围层

在范围层，需要回答这个核心问题：我们开发的是什么？包括以下内容。

1）从功能角度考虑，我们需要考虑功能规格。

2）从信息角度考虑，我们需要考虑内容需求。

在范围层，需要产出 PRD（产品需求文档）文档，该文档是产品由"概念化"阶段进入"图纸化"阶段的最核心的文档。从广义上来讲，产品需求的描述，应该包含产品的战略和战术，战略包括产品定位、目标市场、目标用户和竞争对手等。战术包括产品结构、核心业务流程、产品用例描述，以及功能或非功能需求描述等。

PRD 的主要使用对象主要包括开发工程师、测试工程师、项目经理、产品经理、交互设计师和产品运营人员。开发工程师可以根据 PRD 文档了解需求，弄懂业务逻辑；测试工程师可以根据 PRD 文档编写测试方案、创建测试用例；项目经理可以根据 PRD 文档拆分工作任务，并分配开发工程师；交互设计师可以通过 PRD 文档设计交互细节，产品运营人员需要通过 PRD 文档确定运营方案和运营策略。PRD 文档是项目启动之前，必须要通过评审确定的重要文档。

例如，知乎平台是一个 UGC（User Generated Content，用户生成内容）的产品，其中一定会有内容管理系统，完成最基本的在线编辑和内容审核等功能。

在功能需求方面，我们往往会提到"场景"这个词，场景指想象用户经历的使用过程，以及在这个过程中的潜在需求。

9.2.3　结构层

在结构层，最关键的问题是逐渐由抽象变得具体，我们需要更深入地理解客户，理解客户的工作方式、行为和思考方式，将这些转化为知识。在该层，需要开始进行产品的信息架构、业务流程，并进行产品交互设计。

在明确产品的商业逻辑和核心功能后，产品经理可以开始搭建产品的业务架构和信息架构，并在此基础上进行交互设计，确定页面之间的层级和跳转关系。此阶段的输出物一般为业务流程图或操作流程图。

例如，图 9-9 所示的结算的业务流程图。

9.2.4　框架层

框架层是在交互设计的基础上进行原型设计的阶段，包括导航设计、界面设计和交互细节的设计。该阶段的工作可由产品经理或交互设计师共同完成，输出物包括产品原型和功能说明。

在该层主要做以下两件事情。

1）界面设计：用什么控件实现？哪块需要进行重点呈现？

2）导航设计：清楚地告知用户"你在哪儿""你能去哪儿"这两个问题，包括顶部导航栏和全局搜索框等。

3）信息设计：放置和排列信息组成部分的优先级，输出产品原型图及交互设计稿。

使用 Axure RP 原型设计工具也能体现框架层的设计，例如图 9-10 所示的"温馨小居"网站的框架层设计图——高保真原型图。

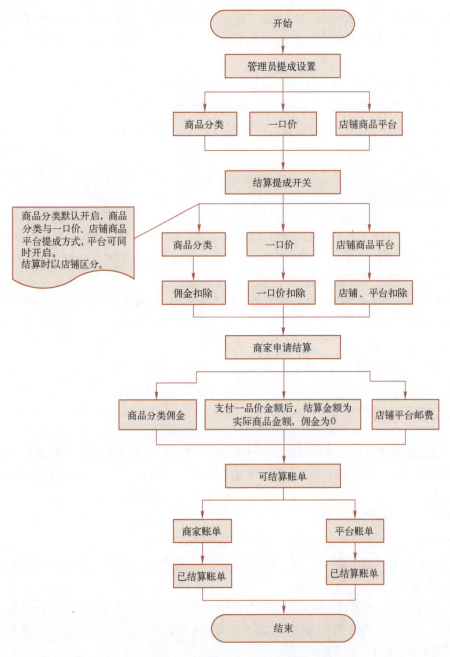

图 9-9 结算业务流程图示例

第 9 章　建立产品架构，夯实产品基础

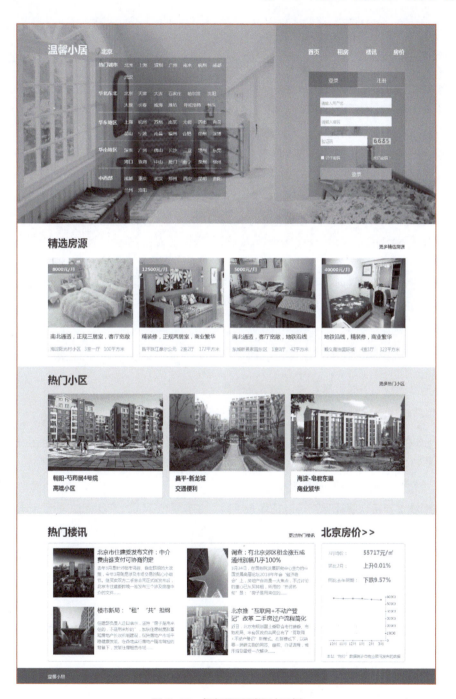

图 9-10　框架层原型设计示例

9.2.5 表现层

表现层主要进行视觉设计，该阶段一般由 UI 设计师或视觉设计师主导，产品经理担当辅助角色。并不赞同产品经理过多干预视觉设计过程，但是，需要在设计评审中对视觉设计是否符合产品整体规划进行质量把控。此阶段输出物为视觉设计稿和高保真原型。

该层主要把握视觉方面的内容，但是，也会涉及听觉（背景音乐、操作按钮的声音和震动等）和触觉等方面的内容。

9.3　产品架构设计要点

在进行产品架构设计时，需要把握产品模块划分的要点，掌握产品架构设计、产品信息结构设计、产品内在逻辑设计以及绘制产品架构图的原则和要点。

9.3.1　产品模块划分的三个要点

进行产品模块划分时，需要关注如下三个要点。

1. 进行模块之间的解耦

进行模块间的解耦，要注意模块内的高聚合，模块间的低耦合。模块之间的相互关系像藕丝一样错综复杂，互相依赖、紧密联系，有较强的耦合关系，解耦指的是把藕折断，分成独立的两部分，一般不同模块之间需要实现解耦。

哪些模块需要实现解耦呢？可以把场景不同、业务属性不同的产品模块进行拆分。解耦后能够让场景更加聚焦，让功能模块更聚焦在垂直业务。例如积分模块，凡是跟积分相关的一切业务需求、非特殊情况都可以归集到积分模块中。其他需要使用积分模块的业务，可以通过开放标准接口供其调用。

2. 关注角色场景

对于不同职能、不同角色的使用者，对应不同的业务场景，工作内容也必然有所不同，产品经理不能把不同角色使用的功能权限放置在一个模块内部，这会带来以下混乱的问题。

1）A 和 B 的模块发展方向截然不同，会导致模块的发展南辕北辙。

2）A 和 B 的模块关联度很低，在产品功能上将两者聚合在一起毫无意义。

第 9 章 建立产品架构，夯实产品基础

3）A 和 B 的模块由于同属一个模块，而导致权限非常难划清边界。

所以，对于不同职能、不同角色的使用者，尽量将各自要使用的产品模块进行拆分，保持各自的独立性，这是模块划分的一个重要依据。

3. 关注数据流

业务流程可能会以一个人，或一个主体为中心进行流转。而数据流是隐藏在表象之下的另一个流程，数据流以数据为中心进行流转。数据流的作用在于能帮助产品经理更清晰地划分模块。

例如某电商平台包括 4 个子系统和若干核心模块，产品模块划分如图 9-11 所示。

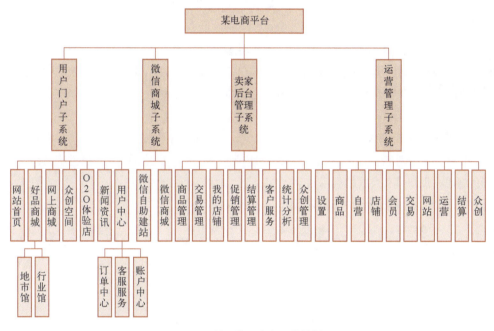

图 9-11 某电商平台产品模块划分

9.3.2 产品信息结构设计五层维度

产品结构在用户端的体现就是信息结构，是页面层级、页面内部信息层级的划分，以及信息内容的分类和展示。

产品结构设计包含多层维度的设计，主要有如下五层维度。

1）系统层面的结构：如何分平台和系统？
2）版本层面的结构：如何分版本和权限？
3）模块层面的结构：如何分多级模块？
4）页面层面的结构：如何分页面？
5）产品内在逻辑结构：如何进行逻辑串联？

9.3.3　产品内在逻辑设计的七个核心原则

产品内在逻辑设计遵循如下七个核心原则。

1. 易用性

是一种以使用者为中心的设计概念，易用性设计的重点在于让产品的设计能够符合使用者的习惯与需求。对于网站或 App 而言，加载时间、导航视图、页面布局以及按钮的大小都属于产品易用性范畴。除了网站设计，易用性同样适用于移动应用和其他实体产品和服务的设计。

例如在进行某个操作时的等待响应处理机制，目前有上千种处理响应的技术，但是，无论产品经理采用哪种等待响应处理机制，只要用户可以看到、听到或感受到，并且充分理解这些响应的意思，那就具有良好的可用性。

常见的响应处理图示如图 9-12 所示。

图 9-12　常见响应处理图示

我们要保证系统的响应性，就要确保我们的产品具有如下特点。

1）单击按钮时，能看到按钮的响应。
2）当指针悬停在某个链接或其他可交互组件上时，可通过改变形状来表明这是可以单击的内容。

第 9 章 建立产品架构，夯实产品基础

3）一些简单的任务，如下载文件或单击完成付款流程，在这些过程中都需要对操作做出响应。

4）所有需要较长时间处理的流程，要提供持续的反馈来显示流程的进度，例如下载文件时，显示下载文件的目前进度。

5）给用户反馈要具有即时性。

2. 可扩展性

考虑后续业务的扩展，可拓展性要保证迭代和修改的成本最小化。例如后台管理系统，要满足领导或运营等角色不断变化的管理需求。

3. 技术实现性价比

技术实现成本不能过高，要匹配功能注重性价比，要考虑产生的产品的价值是否大于投入的成本。例如产品中需要用到地图相关功能，难道要自己实现 GIS 平台吗？需要产品内部实现类似于百度地图、高德地图的平台功能吗？还是仅仅使用某个地图产品就可以？微信用到的定位功能，借助的是腾讯地图，还可以通过百度地图、Apple 地图等 App 打开定位位置。

4. 普适性

每个单元模块是否可以被其他单元模块无限重用。例如微信、QQ 和新浪微博的授权登录模块，就可以被其他产品重用，可以通过调用开放接口使用这三种方式中的任何一种进行快捷登录。与此类似的还有微信支付、支付宝支付等功能，可以和各种生活工作应用场景结合起来。

5. 不要违反业务习惯

违反业务习惯的逻辑设计不能出现。例如一般在 App 中，如果长按文字或图片，会出现快捷菜单，如果 App 中长按图片无法出现保存图片等快捷操作，反而是关闭图片，就会让用户很难习惯。

6. 掌握产品发展方向

预见产品在中短期内的发展方向，将部分需求提前考虑进去。例如这几年短视频业务爆火，微信这几年也在布局短视频，可以看到提前预留了朋友圈视频动态的发送入口，同时，也可以通过微视 App 发送视频同步到微信 App，也可以通过在微信朋友圈发送超过 15 秒视频时提示通过微视 App 可以发送 30 秒视频。在视频号全部上线之初，提供了部分用户的申请入口等。

7. 从简单到复杂

任何一个产品都是从最小 MVP 开始实现，产品经理千万不要贪大求全，一开始就架构一套异常复杂的系统。MVP 是指拥有最少产品功能，并可以提供"恰好程度"的产品体验，引起用户参与，并能为之后的产品开发奠定基础的产品。在第 11 章讲解陌陌 App 时，可以看到它在上线之初，就是一个典型的 MVP 产品，只有简单的注册登录、精准定位、免费通信和关注好友功能。

9.3.4 画产品架构图的三个要点

产品架构图是产品经理用来抽象表达一款产品的服务和商业模式的可视化工具。产品经理把产品需要实现的具象功能，抽象为一个个彼此独立又互相关联的模块，这种关联性也是模块的交互关系，通常以接口方式来实现，并把这些模块根据一定的业务或数据逻辑进行分层组合，可以此图传递产品的业务流程、商业模式和设计思路。

产品架构的根本目的是为了梳理产品设计思路，从整体上把握产品的发展方向，把控产品的卖点，确定产品的发展路径，它决定了产品必须实现的功能，以及在什么时间点必须完成的功能。

产品架构设计首先是一个分层设计的过程，最容易实现的产品层级结构一般具有三层，分别为用户层、功能层和数据层。

1. 统一的用户感知层

该层解决了用户触达的问题，考虑在何种场景下通过何种方式触达用户。用户体验主要包括界面、布局和配色等直观可见的信息。在该层，产品经理需要考虑如何更好地表达业务元素，以及如何吸引用户的注意力，并做出有利于产品的决策。它在一定程度上决定了用户是会立即卸载，还是带着好奇心在有效的引导下继续探索产品。

用户感知层能直观地让用户直接评断产品，最常见的说辞就是"丑爆了""爱死了"，任何产品都可能遭遇差评，比例多少而已。人靠衣装佛靠金装，产品也离不开包装，所以，该层的作用不容忽视，直接影响用户的主观感受。

在产品架构图中画该层时，可以画出该层具有门户、App、微信小程序、大屏还是 Pad 等多种呈现方式。另外，对于界面、布局和配色设计，可辅之以视觉设计稿。

2. 解耦的业务功能层

很多产品经理根本没有意识到"功能"需要解耦，需要进行层次设计。在部分产品经理眼里，任何产品都只需要完成界面设计和数据库设计即可。事情怎么可能那么简单？也正是因为这种主观的判断，让多少外行人总感觉这个功能很简单，那个功能实现很容易，别的开发团队既然都可以做出来，我们的开发团队为什么不能明天就上线。例如做电商平台时，很多人就会对标天猫、淘宝和京东，但是，这些产品经过了十来年的发展才进化到今天的模样。

"业务功能"的解耦，本质上解决的是产品的核心功能的设计问题，包括如何才能高效地完成业务功能、如何实现与用户层的交互以及如何与外部系统进行数据通信等一系列复杂的业务处理。

最蹩脚的产品设计，就是所有功能只能看到一条业务线，所有人都在为这条业务线忙，但没有人能弄清楚边界。还有一种常见的糟糕局面是完全各自为政，没有相互之间的协同，没有先后次序。

例如在 9.4 节中，将业务功能层分解为会员管理、店铺管理、商品管理、交易管理、结算管理、运营管理和网站管理等高内聚低耦合的模块。

3. 集中的数据处理层

"用户层"是用户直观可见的一层，系统还有一个相对用户来说透明的层，即"数据层"，具体来说，数据是什么？有哪些？要怎么分析和使用这些数据？这些问题很多产品经理一无所知或一知半解。

所以，该层处理的问题是弄清楚产品的数据从哪里来，要沉淀到哪里去。实际上，如果再深入一点的问题就是了解数据如何高效地进行存储以及如何快速被调用。

例如在 9.4 节中，在数据处理层将数据分为会员数据、店铺数据、商品数据、交易数据和众创空间数据五大部分，这几部分每一块都包括相对独立的数张表，清晰地划分有利于系统分析师或架构师进行数据概念模型和物理模型设计。

9.4 产品架构案例

下面以某电商平台架构设计为例讲解如何构建产品架构。

9.4.1 核心业务流程

某电商平台的用户分为卖家和买家用户两大类，针对这两类用户，该平台主要有以下业务流程。

产品经理实用手册——产品思维方法与实践

1. 卖家参与扶持计划流程

卖家在平台注册，并进行卖家入驻，有自己店铺的用户，卖家可在线进行扶持计划报名，由运营管理员进行报名审批，并进行发放扶持资金操作。依据卖家用户的需求及平台特点，具体扶持计划流程如图9-13所示。

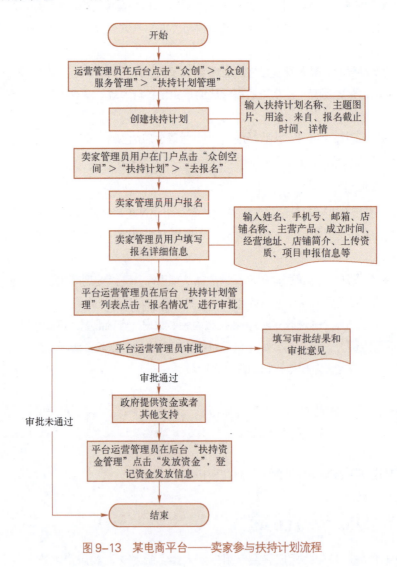

图9-13 某电商平台——卖家参与扶持计划流程

2. 卖家参与众创活动流程

卖家对平台提供的空间服务、培训服务或其他服务感兴趣时，可在线报名参加各类众创活动，由平台运营管理员进行报名审批操作。具体众创活动参与流程如图 9-14 所示。

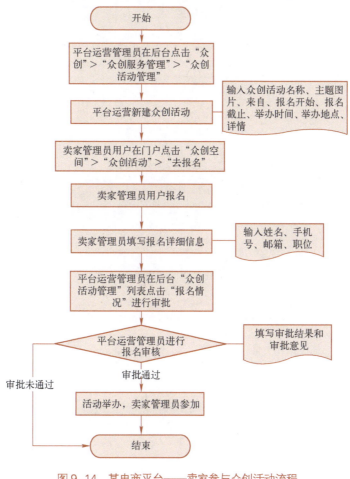

图 9-14 某电商平台——卖家参与众创活动流程

3. 线上商品订购流程

当买家在平台门户网站看到喜欢的商品后，可以通过线上购买流程购买特产商品，再由卖家确认发货，买家确认收货，并可进行商品评价等操作。具体线上商品订购流程如图 9-15 所示。

产品经理实用手册——产品思维方法与实践

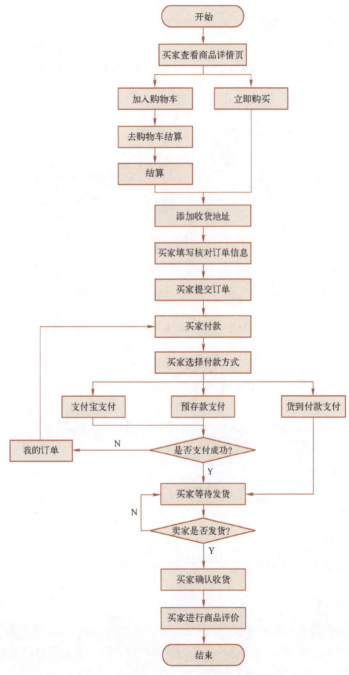

图9-15 某电商平台——线上商品订购流程

第 9 章 建立产品架构，夯实产品基础

4. O2O 体验店商品订购流程

当买家在平台 O2O 网站看到喜欢的商品后，可以通过扫描二维码进入确认商品页面填写收货地址，使用微信支付购买特产商品，再由卖家确认发货，买家在平台微信公众号确认收货，并可进行商品评价等操作。O2O 体验店商品订购具体流程如图 9-16 所示。

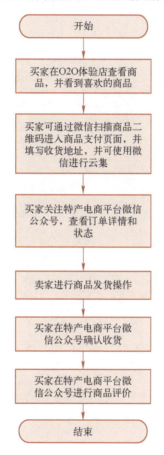

图 9-16　某电商平台——O2O 体验店商品订购流程

9.4.2　用户功能需求

基于以上流程，拟建系统初步确定分为用户门户、微信商城、卖家后台管理系统和运营管理系统。

1. 用户门户

用户门户的用户分为游客和买家用户两大类。

游客用户可在用户门户实现商品和店铺展示、用户注册、卖家入驻、用户登录,以及查看行业馆、地市馆、网上商城、众创活动和新闻资讯等功能,如图 9-17 所示。

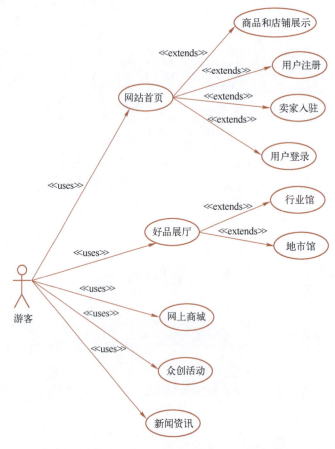

图 9-17 某电商平台——游客用户用例图

买家用户可在用户门户实现商品和店铺展示、用户注册、卖家入驻、用户登录,以及查看行业馆、地市馆,在网上商城进行商品查看和购买、众创空间的扶持计划和众创活动的报名、新闻资讯的查看和评论等功能,并能进入个人用户中心,进入订单中心、客服服务和账户中心等子菜单,如图 9-18 所示。

第9章 建立产品架构,夯实产品基础

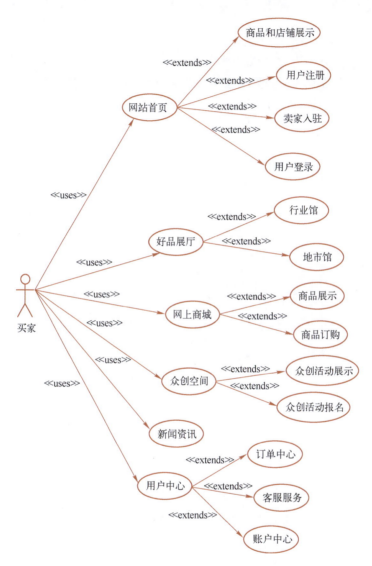

图9-18 某电商平台——买家用户用例图

2. 微信商城

微信商城提供给关注的买家用户。

买家用户可在微店进行卖家店铺的商品浏览、购买、商品评论、查看订单等操作。

3. 卖家后台管理系统

卖家后台管理系统只提供给卖家管理员进行使用。

卖家管理员可在卖家后台管理子系统实现商品管理、交易管理、店铺管理、促销管理、结算管理、客户服务、统计分析和众创管理等功能,如图9-19所示。

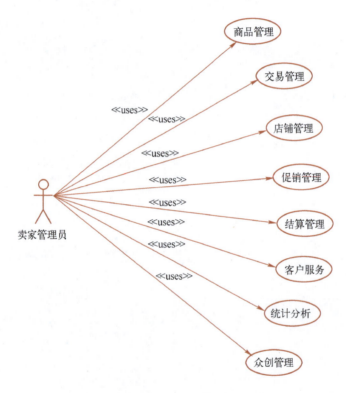

图9-19　某电商平台——卖家用户用例图

4. 运营管理系统

运营管理系统主要提供给平台运营管理员使用,运营管理员可根据权限设置在运营管理子系统实现平台设置、商品管理、自营管理、店铺管理、会员管理、交易管理、网站管理、运营管理、结算管理和众创管理等功能,如图9-20所示。

9.4.3　产品逻辑架构

根据以上对某电商平台的需求分析，我们提出符合特产卖家当前情况的某电商平台的设计方案。该系统总体架构设计主要分为表示层、业务逻辑层和数据层三层架构，这种架构确保了责任的明确划分，使系统更加易于维护和扩展。

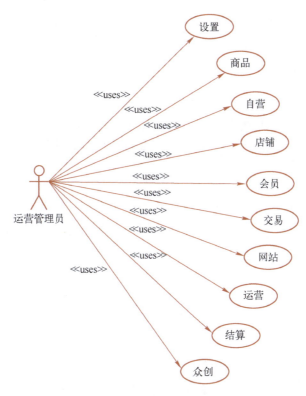

图9-20　某电商平台——运营管理员用户用例

表现层位于最外层（最上层），离用户最近，用于显示数据和接收用户输入的数据，为用户提供一种交互式操作的界面。主要完成客户端视图显示和数据验证等工作，其中包括：以友好的用户界面展示数据，对输入的数据负责验证数据的完整性、有效性，并以指定格式保存数据。

业务逻辑层包括会员管理、商品管理、店铺管理、众创管理、交易管理、结算管理、运营管理和网站管理等功能模块，该层处于表现层和数据访问层之间，通过数据层的数据操作对象访问业务数据,向表现提供数据支撑。

数据层是系统的基础,是数据交换的平台,数据在这里备份并通过各个平台来进行汇总,导入相应的数据库,通过对数据的抽取、转换和加载,为应用层提供数据支持。数据层主要解决频繁的数据传输,平衡服务器间的工作负载。试验管理系统所用数据均存储于该层,主要有会员数据、店铺数据、商品数据、交易数据、众创空间数据等,以保证系统可持续、稳定运行。

产品逻辑架构与图 9-1 所示相同。

9.4.4 产品功能架构

结合当前特产卖家的实际情况,并通过对某类电商的需求分析,结合平台的强大功能、简单易用、权限可定制、安全机制等特征,设计出某电商平台的功能结构图。

系统包括用户门户、微信商城、卖家后台管理系统和运营管理系统四大部分,如图 9-21 所示。

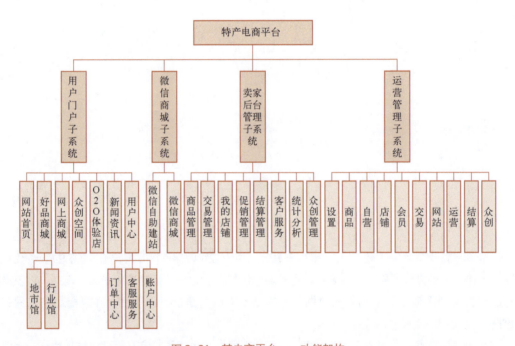

图 9-21 某电商平台——功能架构

第 9 章 建立产品架构，夯实产品基础

1. 用户门户

为卖家和买家提供的基于 Web 方式的用户门户，提供电商网站的全方位服务，包括网站首页、好品商城（行业馆、地市馆）、网上商城（首页、聚划算、积分商城、品牌）、O2O 体验店、众创空间（扶持计划、空间服务、培训服务、其他服务）、新闻资讯和用户中心（账户中心、订单中心、客服服务）。

2. 微信商城

可提供微信自助建站功能，平台管理员可为各卖家打造有特色的微信公众号店铺。买家可以通过微信查看商品，并能进行在线支付和物流配送。买家也可在 O2O 体验店通过扫描二维码的方式进入该商品归属的卖家的微店进行在线支付。

3. 卖家后台管理系统

为卖家用户提供的后台管理系统，卖家后台管理系统的信息架构如图 9-22 所示。

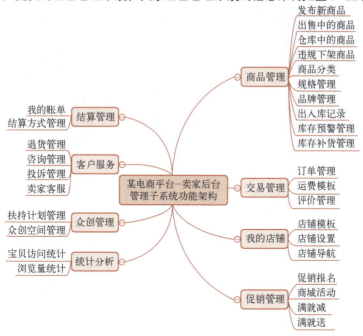

图 9-22 某电商平台——卖家后台管理子系统功能架构

4. 运营管理系统

运营管理系统主要提供给平台运营管理员和运维管理员使用，运营管理系统的信息架构如图 9-23 所示。

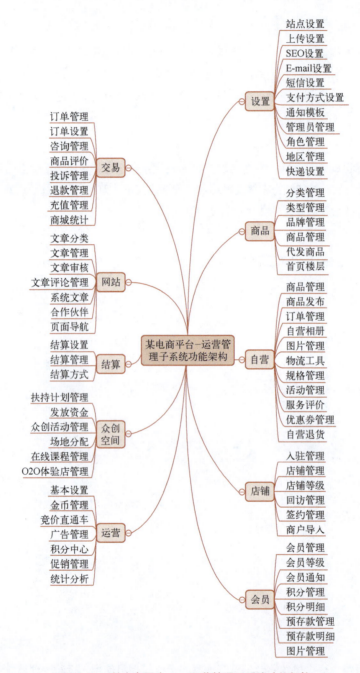

图 9-23　某电商平台——运营管理子系统功能架构

第9章 建立产品架构，夯实产品基础

本章小结

产品架构是在充分理解面向用户的需求之后，从 0 开始设计完整产品体系方案，并将其实现的过程。常见的架构类型包括五种：逻辑架构、开发架构、运行架构、物理架构和数据架构。

产品的架构分为五个层面：战略层（关注产品目标和用户需求，该层输出《产品初始方案》文档）、范围层（关注功能规格和内容需求，该层产出 PRD 文档（产品需求文档））、结构层（最关键的问题是逐渐由抽象向具体转变，需要理解客户，包括理解客户的工作方式、行为和思考方式，该层输出业务流程图和操作流程图）、框架层（在交互设计的基础上进行整个原型设计制作的阶段，关注界面设计、导航设计和信息设计，该阶段输出产品原型等）和表现层（主要是视觉设计，该层输出视觉设计稿和高保真原型）。

在产品架构设计进行产品模块划分时，需要关注模块之间的解耦、角色场景和数据流。在进行产品信息结构设计时，需要从系统、版本、模块、页面、产品内在逻辑五个维度进行设计。在进行产品内在逻辑设计时，需要坚持七个设计原则，分别为易用性、可扩展性、技术实现性价比、普适性、熟悉业务、掌握产品发展方向以及从简单到复杂。

产品逻辑图一般包括三层：统一的用户感知层、解耦的业务逻辑层和集中的数据处理层。本章最后以一个电商平台案例串联起本章的核心知识点。

第 10 章
从 0 到 1——产品落地的必经之路

任何一个成功的产品都需要经过相当艰辛的过程，才会迎来从 0 到 1 的诞生时刻。把握好产品从 0 到 1 质变过程的关键点，对产品落地整个过程了然于胸，并且规避这一过程中会遇到的坑，才能使产品顺利落地。

10.1　产品落地的 10 个步骤

产品从 0 到 1 实现落地的过程，一般会经历 10 个步骤。下面对这 10 个步骤进行介绍。

10.1.1　需求调研和分析

需求调研对于应用软件来说，是一个系统开发的开始阶段，它的输出《软件需求分析报告》是下一个阶段——设计阶段的输入，需求调研的质量对于一个应用软件来说极其重要，它的质量在一定程度上决定了软件的交付结果质量，其重要性比应用软件还要大，并通过需求调研过程输出《用户需求说明书》和《需求调研报告》文档。

需求分析是指在产品设计之前，以及在产品设计和开发过程中对用户需求所做的分析，是产品设计和产品优化的依据。当完成需求调研工作后，首先需要对《用户需求说明书》进行细化，对比较复杂的用户需求还需要进行建模分析，以帮助软件开发人员更好地理解需求，通过需求分析输出《产品需求规格说明书》文档。

采集用户需求、分析用户需求是需求调研人员最重要的任务，而这个重担在互联网产品规划设计过程中，往往由产品经理或产品助理承担，或者由这两者与需求分析师共同完成。

回顾一下，在第 3 章提到，需求采集主要通过 11 种方法：用户访谈、焦点小组、问卷调查、可用性测试、用户反馈、头脑风暴、Bug 转需求、数据分析、竞品分析、网络资讯/行业报告和用户模拟。

第 3 章还提到，解构和分析需求，判断真实需求也有技巧可循，例如：了解需求来源、挖掘真实需求、统计该需求反馈量、确认需求的真实覆盖面以及确定需求重要性和优先级。

需求采集工具和模板主要包括三种：需求卡片、思维导图（可使用 MindManager、XMind 和百度脑图等工具制作）和需求亲和图（需求簇）。

在该阶段输出的最重要的文档是《产品需求说明书》，一般还会产生《需求调研报告》和《用户需求说明书》等文档。《产品需求规格说明书》是需求分析师（很多项目中由产品助理或产品经理兼任）或产品经理在需求分析阶段需要完成的文档，是产品需求分析的最终结果。它的作用主要是：作为架构师、系统分析师和开发工程师进行设计（架构设计、概要设计和详细设计等）和编码的基础；作为测试工程师测试的基础。《产品需求规格说明书》在各个公司并没有统一的格式，有的公司为了简化流程，提高效率，甚至会选择在 Axure RP 软件制作的原型中进行注解，将通过原型转换而成的 Word 说明书作为《产品需求规格说明书》。

10.1.2 竞品分析

产品需求大部分来自用户，少部分需求也会来自竞品，部分特色功能、亮点功能也是因为竞品对比而设计，产品经理需要分析产品设计背后的原因，挖掘竞品所满足的用户需求。产品经理在进行竞品分析时，需要重点分析：市场趋势、业绩现状、竞争对手的企业背景、产品定位、目标用户、产品价值、发展策略、核心功能、交互设计、体验设计、产品优缺点、运营策略、推广策略，以及市场占有率、市场占有量等市场数据。

例如，需要规划和设计电子商务类产品时，可对天猫、淘宝、京东和一号店等知名电商平台进行竞品分析，需要规划和设计搜索类产品时，可对百度、谷歌和搜狗等搜索类产品进行竞品分析，完成必须实现的功能，并在此基础上提供有独特性、有亮点的新需求，让产品对用户来说更具有吸引力。

10.1.3 需求确认和管理

产品的需求确认是需求管理过程中的一种常用手段，也是需求控制的重点。需求确认主要是为了进行系统需求调查与分析的人员与产品决策层和产品团队人员间的一种沟通，通过沟通从而对需求不一致的进行剔除，需求确认一般需要经过需求评审过程。

需求管理是指如何合理安排已经明确产生的需求，对来自四面八方的需求我们无法同时实现，需要进行需求跟踪，并需要按照需求的重要性进行需求优先级排序。需求管理是一个动态的过程，如同裁缝的量体裁衣，它直接关系到最终产品的成型。

需求管理中要做的最重要的三件事如下。

1. 需求跟踪

需求跟踪需要每个建立需求和系统元素之间的联系，这些元素包括概要设计、详细设计、源代码和测试用例等。需求跟踪为我们提供了由需求到产品实现整个过程各元素的对应关系，以便快速查询。

需求跟踪的目的是建立与维护"需求→设计→开发→测试"之间的一致性，确保所有的工作成果符合用户需求。

需求需要进行正向和逆向的双向跟踪。

1）正向跟踪：检查《产品需求规格说明书》中的每个需求是否都能在后继工作成果（设计文档、代码和测试文档）中找到对应点。

2）逆向跟踪：检查设计文档、代码、测试用例等工作成果是否都能在《产品需求规格说明书》中找到出处。

不论采用正向或逆向跟踪方式，都要建立与维护需求跟踪矩阵（一般以表格形式体现）。需求跟踪矩阵保存了需求与后续工作成果的对应关系。

需求跟踪矩阵模板如图 10-1 所示。

图 10-1　需求跟踪矩阵模板

2. 排定需求风险和优先级

形成需求文档后，需要对需求进行风险分析，并确定优先级。确认哪些需求是现阶段难以实现的需求，也通过优先级确定在项目面临延期时，优先实现哪些需求。常见的需求风险包括技术风险、法律和政策风险、易变性风险、性能风险、安全风险、数据库完整性风险和开发过程风险等。优先级数量建议确定 3~5 个即可，例如"高""中""低""不确定"，或"1""2""3""4""5"等。

3. 需求变更管理

需求变更控制是指对有关产品的需求范围的变更进行控制。再好的计划和需求规格说明也不可能一成不变，因此变更存在不可避免性。

要想控制好变更，让产品不处于失控状态，需要有一套规范的需求变更管理过程，在发生变更时遵循规范的变更程序来管理变更。需要评估需求变更所造成的影响，以及确定应对措施，受影响的各方都应该知晓。

需求变更管理主要包括如下五个步骤："建立需求基线" → "制定变更控制流程，并形成文档" → "成立变更控制委员会（CCB）或相关职能组织" → "需求变更申请、评估和评审" → "计划、设计、开发和测试都做出对应变更"。

10.1.4 产品规划和设计

优秀的产品规划就好像是一份有效的作战计划书，在不同阶段为产品经理指明作战目标。同时，产品经理也需要通过产品设计将理念和产品规划的内容加以细化和可视化，通过更全面的产品设计可以承上启下，让开发团队开发内容更明确，互联网产品设计主要是指通过用户研究和分析进行的整套服务体系和价值体系的设计过程。

结合在前几章讲解的内容，我们可以知道在产品规划和设计过程中，需要完成的事项主要包括以下内容。

1）明确产品定位。

2）确定产品的用户价值，并使其最大化。

3）明确产品价值。

4）完成产品架构设计，完成产品五个要素层面需要完成的内容，五个要素层面分别为战略层、范围层、结构层、框架层和表现层。梳理核心业务流程、产品逻辑架构、产品功能架构等内容。

5）完成产品设计各个环节，与产品团队成员分工合作，例如视觉设计师、交互设计师、UI 设计师等，完成包括产品原型设计、视觉设计、交互设计、UI 设计、平面设计和用户体验设计等内容。

10.1.5 产品开发

产品开发就是企业改进老产品或开发新产品，使其具有新的特征或用途，以满足顾客的需要。大型产品的开发非常复杂，有较大不可知性，因此，在软件开发领域接近一半的项目都会出现延期，真正能够按照计划完成的项目少之又少，互联网产品很多也有类似问题。因此，产品经理在产品开发阶段需要聚焦目标，对产品开发的关键节点和关键交付成果进行监控，而监控的关键节点就是各个关键阶段的评审。建议进行如下评审，有的评审也可以合并为一个评审。

1）需求评审：将各渠道采集的需求进行汇总、梳理、分析和需求优先级排序后，由需求分析师或产品经理形成《产品需求规格说明书》，进行评审，需要产品团队和领导层的决策人员参加需求评审会议，需求评审通过后才进入产品开发阶段。

2）交互设计评审：对产品的交互设计稿进行评审，需要评审是否有遗漏需求或新增需求的情况出现，需要需求分析师、产品经理、项目经理、开发团队关键人员参与评审。

3）视觉设计评审：对产品的交互设计稿进行评审，需要评审满足视觉设计原则和基本要求。

4）测试用例评审：要使最终用户对产品感到满意，最有力的举措就是对最终用户的期望加以明确阐述，以便对这些期望进行核实并确认其有效性。测试用例反映了要核实的需求。

测试的深度和广度，都对项目产生影响，随着测试用例数量的增加，团队对产品质量也就越有信心。不过，这同时意味着需要投入更多的资源和时间来进行测试。

5）验收评审：产品验收是评审项目计划规定范围内各项工作或活动是否已经全部完成，是否有令人满意的可交付成果，并将评审结果记录在验收文件中。

10.1.6 项目管理

项目管理就是项目管理者在有限资源的约束下，运用系统的观点、方法和理论，对项目涉及的全部工作进行有效的管理。项目管理者需要从项目的投资决策开始到项目结束，针对全过程进行计划、组织、指挥、协调、控制和评价，以实现项目目标。

项目管理是管理学的一个分支学科，对项目管理的定义是：在项目活动中运用专门的知识、技能、工具和方法，使项目能够在有限资源限定条件下，实现或超过设定的需求和期望的过程。项目管理是对达成一系列目标进行的相关活动（如任务）进行整体监测和管控。

在项目管理过程中，最重要的是质量、工期与成本三要素。

1）质量管理：是项目成功的必要因素，质量管理主要包含质量计划、质量保证与质量控制三部分。

2）进度管理：是保证项目能够按期完成所需的过程。在总的项目计划下，各参与建设的部门或单位需要编制项目分解计划，例如质量部门要编写质量计划，项目经理要编写项目进度计划，才能保证工程的顺利进行。

3）成本管理：是保证项目在批准的预算范围内完成项目的过程，包括资源计划的编制、成本估算、成本预算与成本控制。

项目管理五大过程组的关系如图10-2所示。

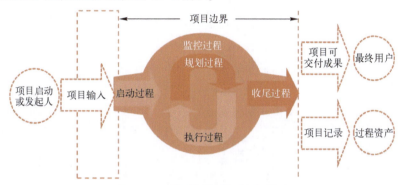

图 10-2 项目管理五大过程组关系

项目管理五大过程组以它们所产生的输出相互联系，后续的过程组可能需要依赖于前面一些过程组产生的输出结果，以此作为输入项，或者成为项目的可交付成果，在整个项目周期间相互重叠。项目管理包括如下五大过程组。

1）启动过程组：获得授权，定义一个新项目或现有项目的一个新阶段，正式开始该新项目或新阶段的一组过程。

2）规划过程组：明确项目范围，并优化目标，为实现项目目标而制定行动方案的一组过程。

3）执行过程组：完成项目管理计划中确定的工作，并实现项目目标的一组过程。

4）监控过程组：跟踪、审查和调整项目进展与绩效，识别必要的计划变更，并启动相应变更的一组过程。

5）收尾过程组：为完结所有过程组的所有活动以正式结束项目或阶段而实施的一组过程。

项目管理包括十大领域，分别为项目整合管理、项目范围管理、项目时间管理、项目成本管理、项目质量管理、项目人力资源管理、项目沟通管理、项目风险管理、项目采购管理及项目干系人管理。作为需要进行项目管理的产品经理要全面掌握这些核心领域的知识。

项目管理十大知识领域、47个过程和五大过程组相互关系如图10-3所示。

项目管理 十大知识域	项目管理五大过程组				
	启动过程组	规划过程组	执行过程组	监控过程组	收尾过程组
1、项目整合管理	1.1 制定项目章程	1.2 制定项目管理计划	1.3 指导与管理项目工作	1.4 监控项目工作 1.5 实施整体变更控制	1.6 结束项目或阶段
2、项目范围管理		2.1 规划范围管理 2.2 收集需求 2.3 定义范围 2.4 创建工作分解结构（WBS）		2.5 确认范围 2.6 控制范围	
3、项目时间管理		3.1 规划进度管理 3.2 定义活动 3.3 排列活动顺序 3.4 估算活动资源 3.5 估算活动持续时间 3.6 制定进度计划		3.7 控制进度	
4、项目成本管理		4.1 规划成本管理 4.2 估算成本 4.3 制定预算		4.4 控制成本	
5、项目质量管理		5.1 规划质量管理	5.2 实施质量保证	5.3 控制质量	
6、项目人力资源管理		6.1 规划人力资源管理	6.2 组建项目团队 6.3 建设项目团队 6.4 管理项目团队		
7、项目沟通管理		7.1 规划沟通管理	7.2 管理沟通	7.3 控制沟通	
8、项目风险管理		8.1 规划风险管理 8.2 识别风险 8.3 实施定性风险分析 8.4 实施定量风险分析 8.5 规划风险应对		8.6 控制风险	
9、项目采购管理		9.1 规划采购管理	9.2 实施采购	9.3 控制采购	9.4 结束采购
10、项目干系人管理	10.1 识别干系人	10.2 规划干系人管理	10.3 管理干系人参与	10.4 控制干系人参与	

图10-3 项目管理十大知识域、47个过程和五大过程组关系

10.1.7 团队协作

要组建出一支高效的产品团队,就必须先明确分工。一个产品从无到有,并得以不断延续,就如同一座高楼大厦平地而起,而后得以顺利竣工、销售和入住一样,需要众多角色参与其中。一个产品团队,主要包括产品经理、项目经理、开发工程师、用户体验设计师、测试工程师、产品运营人员、运维工程师、配置工程师、质量工程师、数据库管理员和产品营销人员等角色。要让团队协作融洽,首先要给团队人员的职责进行明确定义,这样分工协作才能更加高效。

接下来,笔者将针对产品团队关键角色进行说明。

1. 产品经理

产品经理作为产品团队的核心人物,统筹产品管理工作,主要职责包括以下内容。

1)进行市场调查,掌握用户的需求,评估产品机会。
2)定义产品,确定开发何种产品,选择何种技术、商业模式等。
3)推动产品的开发团队的组建。
4)根据产品的生命周期,协调开发、测试、设计、营销、运营和运维等人员。
5)确定和组织实施相应的产品策略,以及一系列相关的产品管理活动等。

2. 项目经理

产品经理定义好产品后,开发团队开始进行产品研发工作,可由项目管理人员(按照各公司不同,可为产品设置专职项目经理,也可由开发经理或产品经理兼任)进行项目管理工作,项目经理的主要职责包括以下内容。

1)制定开发计划。
2)跟踪开发进度。
3)保证开发质量。
4)评估开发过程中的各项风险,并采取相应的措施规避风险。
5)负责开发过程中的协调工作。
6)解决技术难题,或者调用其他资源解决技术难题等。

项目管理十大领域都需要根据情况参与其中。

3. 开发工程师

按照具体的需求和设计文档,遵循项目管理人员制定的开发计划开发产品,并完成产品的迭代工作。

一般来说，开发工程师分为前端和后端开发工程师，他们会使用多种实现语言。当产品经理把产品需求、交互设计明确后，开发工程师就可以根据需求把项目最终实现成为一个人们在PC、移动端、其他智能终端设备等使用的产品。

4. 测试工程师

测试工程师的主要职责包括以下内容。

1）根据需求文档，制定测试计划、测试方案，编写测试用例。

2）执行测试工作，进行产品的功能测试、压力测试等。

3）当测试过程中发现产品问题时，将缺陷单交给开发工程师或产品经理，在修改后进行回归测试，直到问题解决。

4）提交测试报告。

5. 产品运营人员

产品运营人员的主要工作在产品上线后，和用户走得很近。主要职责包括以下内容。

1）在产品上线前进行运营规划，确定运营方案和运营目标等。

2）进行产品上线后的需求收集工作。

3）开展产品培训、数据跟踪分析等工作。

4）开展运营活动，进行用户获取、用户维护，提高网站流量、用户量、用户活跃度等指标。

5）进行渠道管理，建立多种推广合作渠道，提高网站流量，优化投放效果跟踪。

6. 用户体验设计师

用户体验设计可以包括 UI（用户界面）、交互、视觉、听觉，甚至工业设计等，所以通常UI、交互设计师也称为广义上的用户体验设计师，但在技能上，用户体验设计师又高于UI、交互设计师的标准。

用户体验设计师的主要职责包括以下内容。

1）负责完成产品的概念原型设计及细化的交互设计，配合进行用户测试及分析。

2）绘制原型，参与产品整个的周期。

3）从产品的可用性、易用性角度出发，在整个产品生命周期提供可持续性的用户体验设计并跟踪执行。

7. 交互设计师

交互设计师的主要职责包括以下内容。

1）梳理信息导航结构和页面操作流程。

2）设计详细的交互原型。

3）进行原型演示，收集原型反馈的问题，负责问题的跟进，进行原型和文档的修订工作。

10.1.8 产品测试

产品测试是一种实际输出与预期输出之间的审核或者比较过程。在规定的条件下对程序进行操作，以发现程序错误，衡量产品质量，并对其是否能满足设计要求进行评估的过程。

常见的测试方法包括以下两种。

1．黑盒测试

顾名思义，将软件测试环境模拟为不可见的"黑盒"。输入数据后观察数据输出，判断其是否满足预期来检查内部功能是否正常。若测试结果与预期结果有出入，即便出入较小也由此证明程序内部出现问题，需尽快解决。

2．白盒测试

相对于黑盒测试而言具有一定透明性，原理为根据软件内部应用、源代码等对产品内部工作过程进行调试。白盒测试的最大优点是能够有效解决软件内部应用程序出现的问题。

测试过程中常将其与黑盒测试方式结合，例如首先使用黑盒测试法，若程序输入数据与输出数据相同，则证明内部数据未出现问题，应从代码方面进行分析，若出现问题则使用白盒测试法，针对软件内部结构进行分析，直至检查出问题所在。

在进行互联网产品测试时，有如下 5 点建议供参考。

1．遵循需求文档和产品原型

《产品需求规格说明书》和产品原型通常由产品经理、产品助理和需求分析师负责，但是，测试工程师也需要了解《产品需求规格说明书》文档和产品原型，并根据其编写《测试方案》和《测试用例》等文档。

2．编写测试用例

测试用例用于描述产品的测试任务，其内容一般包括会包括测试目标、测试环境、输入数据、测试步骤、预期结果和测试脚本等，一般形成 Word 文档。简单地说，测试用例是为某个特殊目标而编制的一组测试输入、执行条件以及预期结果，用于核实是否满足某个需求。一个产品包括成百甚至上千个测试用例。

每个具体测试用例一般包括版本号、模块名称、用例编号、用例名称、输入数据、前置条件、测试步骤、预期结果（含判断标准）、测试结果、测试时间和测试人员等。

3. 测试实施和管理

产品迭代版本或部分模块开发完毕，测试工程师和开发工程师可通过禅道、Mantis、BugFree 和 Bugzilla 等缺陷管理系统对测试用例和产品 Bug 进行管理，这些工具可以方便地录入测试用例、制定测试计划，并且能更高效地提出 Bug 和管理 Bug，对测试出的 Bug 有分级、指派和处理等功能。

4. 用户测试

产品最终的使用者是用户，在我们把产品交付给用户正式使用之前，已经由产品团队的测试工程师进行了多轮产品测试，基本不会出现大失误或低级错误，产品功能已经趋于完善。之后就可以发动用户进行小范围内测，让部分用户抢先体验，同时也发挥用户的智慧，尽早地发现产品的缺陷。

5. 利用好自动化测试工具

包括回归测试工具、性能测试工具和浏览器兼容测试工具等。根据项目的不同需求会需要不同的自动化工具辅助进行测试。使用自动化测试工具的目的是为了节约时间与人力成本，同时，还可以起到提高测试效率的作用。

例如回归测试是将开发工程师已修复好的缺陷重新进行测试，目的在于验证以前出现过但已经修复好的缺陷不再重新出现。鼓励对所有回归测试用例采用 Selenium 等工具进行自动化测试。使用 Loadrunner 等工具进行性能测试。

10.1.9 产品上线

产品经理也有很多人不懂技术，不懂产品如何进行部署，也不懂如何更新打包代码。但是，产品经理也是产品发布上线环节不可缺少的一员，产品发布上线、产品的迭代更新是产品经理的核心工作范畴。

在产品上线前需要做如下准备工作。

1. 保证核心功能和流程完整可用

每一个发布的版本都有详细的需求文档和产品原型，这是前期需求阶段和产品规划设计阶段的工作内容，作为产品经理，和团队测试工程师一起进行可用性测试也必不可少。当然，产品经理的测试力度不需要和测试工程师保持一致，一般需要重点测试核心功能，以及确保核心业务流程可用即可。

2. 准备产品上线的相关物料和文档

确保产品使用说明文档、产品帮助文档，如果包含 App 产品，还需要包括应用商店的图片和描述等。这些物料和文档，产品经理可以与产品运营人员等分工合作提前完成。

3. 产品上线相关人员到位

产品上线是产品从 0 到 1 诞生的最重要的里程碑，需要团队相关人员的共同努力才能完成。一般除了产品经理、开发工程师和测试工程师，产品上线还需要与产品运营人员密切配合，例如很多产品需要在上线时进行产品的冷启动，要提前检查内容是否都已准备完毕，例如新闻资讯类中的资讯信息，或是社交类产品中的初始运营数据，内容类产品类似知乎等的前期的问题，模拟普通用户和模拟用户回答等。

同时，还需要客服团队进行配合，因为上线之初可能会存在一些问题，需要这些第一线的同事解答用户的疑问，解决遇到的困难，需要提前准备话术、使用教程和培训，避免用户咨询时解答不了的尴尬场面出现。

还有，销售人员、支持团队同样要了解产品进度，需要将产品的用户价值和产品价值都体现出来，因为公司要获得长足发展，才能更好地实现用户价值。

4. 应对产品上线相关事宜

制定产品上线的应急预案，尽量准备备选方案，应急方案需要能回答几个问题。

1）产品上线不成功怎么办？
2）用户量暴增如何处理？
3）遇到用户大量投诉怎么办？
4）回滚策略是什么？

其次，就是上线后的后续支持工作安排，需要通知相关同事，说明其需要支持的具体事项，并向大家提出时间和具体要求。另外，在上线后，要安排人员进行最为关键的数据跟踪和用户反馈收集工作。

10.1.10　产品运营和数据分析

互联网产品运营人员要对用户群体进行有目的的组织和管理，增强用户黏性，提高用户贡献度和用户忠诚度，有针对性地组织开展用户活动，提高用户积极性和参与度，并配合市场运营进行运营活动方案策划。因为需要对产品和市场数据进行分析，并以此为依据优化产品，所以，产品运营人员需要始终保持敏锐的用户感觉，洞察用户的需求。

产品运营人员进行产品运营的目的便是让更多用户知晓产品存在，并且喜欢上我们的产品，从而展现出产品的用户价值，以及实现产品的商业价值和商业目标。

产品运营包括四大要点，分别为拉新、留存、促活和数据分析。

1. 拉新

拉新就是为产品引流新用户，引流手段很多，需要借助营销手段进行产品推广，比较常见的包括新浪微博、博客、论坛、微信公众号、自媒体、短视频（抖音、哔哩哔哩和快手等）、朋友圈、超话、广告（电视广告、站牌广告、地铁广告、机场广告等）、社群、知乎、豆瓣和官方网站等。

2. 留存

留存是在拉新的基础上，运用各种运营手段确保用户愿意持续关注和使用产品。留存的运营指标叫作留存率。例如某个 P 图产品，通过用户生成有意思的 P 图结果，在朋友圈进行转发推荐后，很容易让其他用户跟风成为新用户，但是，这类用户很少愿意留存下来，也不会特意去下载 App，使用一次后新鲜感就已消失，这样的产品留存率就特别低。

3. 促活

促活是产品运营通过各种各样的运营手段和活动，让用户在产品内，与平台或其他用户的互动更加频繁，好的活动，能将用户转化率提高，能够让平台收益进一步扩大，而这便是产品运营中促活的根本目的。

举例来说，微信红包上线之初，就是通过群内抢随机红包、春节摇一摇抢红包的游戏让大家乐在其中，从而达到让用户绑定银行卡，开始使用微信支付的商业目标。

4. 数据分析

数据运营是通过用户流失率、付费转化率、付费转换率、用户留存率、月活跃用户、注册用户量、每用户平均收入、PV、UV 和 IP 等多个运营指标，通过对数据进行详细的分析，找出这些数据体现的潜在信息，以及找出产品目前存在的问题，分析出下一次运营活动的侧重点等，以真实数据来客观地指导产品运营工作，这才是运营工作的前进方向。

在产品运营阶段，需要重点关注用户反馈，并对反馈进行归纳，找出产品的 Bug，了解用户的特征，并挖掘用户的潜在需求，为后续产品的优化迭代提供数据支撑。

可将用户反馈进行梳理和分类，可将用户反馈的内容按照如下三个方面进行细分。

1）功能（产品）：现有功能优化建议，或新功能的建议。

2）内容（运营）：用户服务、社区生态或内容组织等。

3）技术（技术）：产品 Bug 需要开发工程师修复。

将用户反馈按照这三类进行分类和梳理后，进行场景还原，梳理最新的核心用户画像，判断用户属性和不同需求的用户量。基于核心用户画像，进行对比后，排定优先级和对比的维度，例如：用户量、发生频率、产品价值和实现技术难度。

1）用户量：多少用户会遇见此类问题？

2）发生频率：核心用户多久会遇到一次该问题？

3）产品价值：用户对该问题解决的迫切程度，用户是否有付费意愿？

4）实现难度：开发工程师实现该功能的难度、开发时间和效率如何？

最后，将需求进行优先级排序，并按照重要程度和紧急程度进行分类，对需求的优先级进行排序，并进行需求排期。

10.2 产品落地的关键点

为了让产品从 0 到 1 诞生的过程更加顺利，需要在明确产品目标、圈定目标客户、合理化产品规划、切合用户场景以及让产品具有优势方面下足功夫。

10.2.1 产品目标清晰

产品目标是一切产品规划和设计工作的出发点，如果产品目标不清晰，甚至不知道产品目标是什么时候就开始动工，那么产品失败的概率非常大。产品目标是产品前期的第一个关键点，同时，也是产品经理最容易忽视和犯错的地方，所以，将产品目标在前期弄清楚显得至关重要。

产品目标就好比我们人生的目标，我们常说"不忘初心，方得始终"，因为初心非常容易忘记，也很容易迷失。产品规划和设计过程非常复杂，而且同类竞品很多，所以，很多产品从一诞生就处于异常复杂、竞争力大的商业环境。磨刀不误砍柴工，要懂得使巧劲。当然，产品目标也不是从一开始确定后就不再改变，也要随着竞争环境、用户习惯和技术等的更新换代进行升级。

10.2.2 目标用户明确

"以用户为中心"是产品规划和设计的基本准则，要为用户服务，首先要圈定我们的目标用户，明确目标用户也是有方法可循的，可以通过如下的三步法。

1. 第一步：找出用户的大类

面向个人用户的产品用户大类比较简单，一般只有一种用户——使用者，但对很多面向企业客户的产品，用户大类就多很多，例如，ERP 系统的用户大类包括实施组长、销售顾问、人事行政和财务部门人员等。

2. 第二步：对单个用户大类再细分

为什么还要对用户大类进行再细分？因为每个类型的用户有不同的需求，例如，财务部门人员又分为财务专员、财务经理和财务总监，不同的用户因为职责不一样而有不同的操作需求。

3. 第三步：对每个小类的用户再进行用户画像提炼

这部分大家都比较熟悉，在第1章和第2章进行了详细讲解，提炼不同小类的用户特征和用户标签，绘制能代表这类用户的典型用户画像，让这类用户的特点被具化。

10.2.3 产品规划合理

产品规划是否合理虽然不是决定成败的关键，但因为规划不合理导致延期、失败的产品也不在少数。在面对相同的需求场景时，一定要清晰地认识到"我是谁"，清晰且准确地认识到"产品定位"，了解用户的真实需求，构建产品的愿景，明确用户价值，塑造产品价值，让产品具有商业价值。

不过一款优秀的产品也不是一蹴而就的，需要经过数十个版本的迭代。在微信面世之初，功能其实非常简单，但是因为切中了用户的几个核心诉求，也让其在初期获得了种子用户的认可，得以快速增长。后续经过数十次版本升级，微信已经成为社交领域的独角兽产品，成为一个功能全面，广受用户喜爱的社交平台。

如何判断产品规划是否合理？产品经理可以思索如下4个问题。

1）每一个小版本都是可用的吗？

2）每个版本是否至少解决了核心用户的一个关键点？

3）新功能是否符合用户使用场景？

4）新功能是否能实现快速设计、开发、测试和发布上线？

10.2.4 产品具有优势

产品经理最常被别人问到的一句话是"你们产品的优势体现在哪些地方？"在这个互联网产品竞争异常激烈的时代，如果产品不具备优势，那就非常难以生存。所以，一款有潜力的产品，需要确保该产品在各个阶段都在同类竞品中保持部分优势，如技术创新方面、产品服务方面、运营模式创新方面和产品亮点方面等。

如何判断产品是否具备优势？产品经理可以思索如下3个问题。

1）产品有没有技术、运营模式等方面的创新？产品的创新点体现在哪些方面？

2）产品在哪些方面的用户体验比竞品更好？

3）相比竞品，我们的产品是否能更好地解决用户痛点需求？

在这里提醒大家，例如，在创新方面，不一定是划时代的创新才具有意义，往往这样的创新都很难达到，也可以是一些在技术和运营方面的微创新。例如滴滴出行作为比易到用车晚上市的约车平台，它的创新点在于易到用车是从专车作为切入点，而滴滴出行一开始就切入的是出租车场景。

另外，还有一些产品经理会陷入与竞品比较的坑里，"别人有的我们都要有"，我们更应该投入更多的精力在用户的痛点等方面，竞品的功能只是参考。

10.2.5 用户场景丰富

我们在设计一款产品时，用户的痛点需求会与用户场景结合。例如滴滴出行就可以设计早上高峰期约车时、晚上高峰期约车时、相对空闲时间段约车时、旅游约车时和出差约车时等用户场景。抖音又有早上刷抖音、晚上睡觉前刷抖音、中午吃完午餐后刷抖音和交通工具上刷抖音等多个用户场景。一般都会为产品设计 3 个以上的典型用户场景，将目标用户代入到这些用户场景中。

检验产品的用户场景是否考虑周全，产品经理可问自己如下 7 个问题。

1）用户使用时是否经常被打断？例如，在使用微信的过程中，用户很可能被电话、短信、邮件和系统通知消息等打断。

2）是否有多个用户使用同一个设备？例如，仓库管理系统可能存在多个用户使用一个账户的情况。

3）产品在什么场景下使用？例如，抖音用户一般在早上起床时、中午吃完午餐、晚上睡觉前使用。

4）用户要达到目标需要执行的首要活动是什么？例如，全民 K 歌要 K 歌时，首先需要选择歌曲。可以直接通过全民 K 歌 App 搜索该歌曲，也可以在 QQ 音乐听到这首歌时，直接点击 K 歌图标打开全民 K 歌的该首歌曲的展示页面。

5）使用产品预期的最终结果是什么？还是以全民 K 歌 App 为例，唱完一首歌时，用户的预期结果是系统给出评分，用户可能直接删除文件（唱得不好的情况），或上传到本地录音（唱得还不错的情况，私密，如果没有唱得更好的情况，可能后续会上传，也可能删除），或者选择发布到动态（唱得还算满意的情况）。

6）根据用户的技能和使用频率，允许的复杂程度有多大？这点和目标用户的技能和使用习惯有关，需要对产品的目标客户有足够了解。

7）与其他产品一起使用吗？例如滴滴出行可以直接下载，也可以在微信"支付"的"第三方应用"进入。

10.2.6　交付物准备完善

无论关键点做得有多好,产品经理都需要做一件事情:产品规划和设计出来后,需要让开发团队进行产品开发,让测试团队进行产品测试工作,而为了确保在后续的多个环节不出现"正品→高仿→低仿"的改变,产品经理需要交付一些文档等给开发团队和测试团队,也就是这里所说的交付物。

产品经理需要交付给开发团队和测试团队的关键交付物包括以下内容。

1)流程图:至少要包括核心业务流程。

2)产品架构文档:产品架构设计的一部分,也可以将该部分内容包括在需求文档中。一般包括产品功能结构图和说明、产品信息架构图和说明以及产品逻辑架构图和说明。

3)需求类文档:最核心的是《产品需求规格说明书》和《需求跟踪矩阵》,还可以包括《需求调研报告》和《用户需求说明书》。

4)产品原型设计:一般需要包括高保真原型和说明等。

5)产品视觉设计:产品视觉设计稿,一般由视觉设计师完成,产品经理需要参与审核。

10.3　产品落地的案例分析

在本章中,以房地产信息类产品"温馨小居"为设计案例讲解产品从 0 到 1 的几个核心步骤。温馨小居是一个区域性的租房、新房和二手房的房地产 App。

10.3.1　需求调研

越来越多的用户通过百度搜索安居客、链家、搜房网等网站或 App,通过这些产品了解各个区域的房价走势、小区房源、新楼盘房源、二手房资源、租房资源、商业地产、房产资讯、和购房流程等信息。根据艾媒咨询 2015 年数据披露:从整个房屋租售市场来看,房源多、节省时间成本是用户选择互联网房产中介的最重要的原因。

可以将用户需求划分为如下三个层次。

1)基本型需求:通过产品方便快捷地找到想要的新楼盘房源、二手房房源。

2)期望型需求:期望房源信息真实可信,并且平台和中介服务水平高。

3)兴奋型需求:不仅可通过产品找到适合的房源,还能和同样在找房的人进行讨论,了解房产和生活服务相关的资讯。

第 10 章 从 0 到 1——产品落地的必经之路

10.3.2 竞品分析

根据 TalkingData 的公开数据显示，2016 年 4 月，移动房产应用覆盖率排名如下。
1）安居客房产覆盖率为 0.86%，居第一位。
2）搜房网房产覆盖率为 0.79%，居第二位。
3）掌上链家房产覆盖率为 0.58%，居第三位。
4）万达旗下应用非凡位列第四。

因为篇幅关系，只是简单根据公开数据对安居客产品进行竞品分析。

安居客以"帮助人们实现家的梦想"为企业愿景，全面覆盖新房、二手房、租房和商业地产四大业务，同时为开发商与经纪人提供高效的网络推广功能。

产品口号：全房源发布网，中介商家数量遥遥领先。可见产品主打优势是房源数量。

安居客网站访客年龄分布如图 10-4 所示。从图可以看出，安居客占比最高的人群年龄在 20～40 岁，因为这类人群已经习惯通过互联网获取房产资讯，20 岁出头的这类人群由于工作刚刚稳定或者尚未稳定，租房需求更加旺盛。30 岁前后的人群处于结婚、安居的高需求年龄段，买房需求非常旺盛。

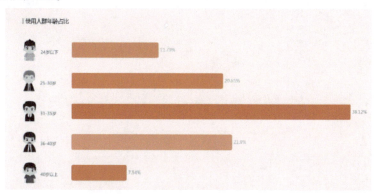

图 10-4 安居客访客年龄分布图（数据来源：TalkingData）

可以抽取该类目标用户的典型基本特征内容如下。
1）25～40 岁之间，女性为主。
2）职场新人、新婚夫妇和创业青年。
3）租房、买房需求旺盛，有一定的经济实力并且比较忙碌，时间成本高。
4）对于创业阶段的青年，会有商铺或写字楼的租赁需求。

安居客 App 的功能结构如图 10-5 所示。安居客网站的功能结构如图 10-6 所示。

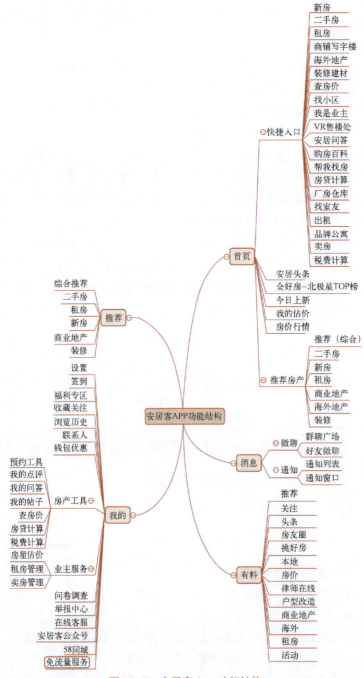

图 10-5 安居客 App 功能结构

第 10 章 从 0 到 1——产品落地的必经之路

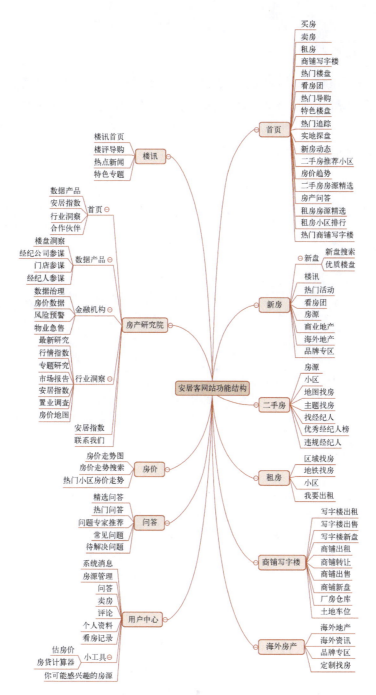

图 10-6 安居客网站功能结构

10.3.3 需求分析

安居客是一个 2007 年上线的房地产网站,从功能结构图可以看出,功能特别全面。我们在设计同类产品温馨小区时,因产品的工期比较短,首先实现基本功能和特色功能。因为视频传达信息更丰富,加入直播租房和 VR 租房等特色功能。另外,因工期和成本等原因,用户访问方式暂只实现 App,温馨小居 App 的功能结构如图 10-7 所示。

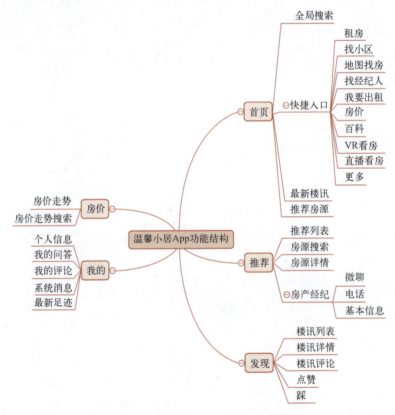

图 10-7 温馨小居 V1.0 版本功能结构

10.3.4 产品设计

采用 Axure RP 8 进行产品原型设计,可在手机上真实模拟,新手引导页如图 10-8 所示,向左拖动图片,进入新手引导第二页,如图 10-9 所示。

第 10 章 从 0 到 1——产品落地的必经之路

图 10-8 新手引导第一页

图 10-9 新手引导第二页

在图 10-10 中，点击"立即体验"按钮后，进入启动过渡效果页，如图 10-10 所示。等待几秒，或点击"跳过广告"按钮，进入温馨小居首页，如图 10-11 所示。

图 10-10 启动过渡效果

图 10-11 首页

在首页点击 VR 看房，用户可身临其境地寻找房源，参考页面如图 10-12、10-13 和 10-14 所示。

175

图 10-12　VR 看房列表界面　　图 10-13　VR 看房详情界面　　图 10-14　VR 看房界面

在首页点击"租房",进入租房房源搜索页面,如图 10-15 所示。在该页面,可输入关键字进行搜索,也可通过选择"区域""方式""房型"和"租金"进行筛选,例如,筛选"朝阳"区域后,点击"确定"按钮,搜索结果如图 10-16 所示。

图 10-15　全部租房房源　　　　　　　图 10-16　租房房源筛选(朝阳)

第 10 章　从 0 到 1——产品落地的必经之路

点击某条房源信息,进入租房详情页面,如图 10-17 所示,该页面可以通过滚动查看下面的内容,也可点击"返回"按钮返回上一级。

点击"推荐"一级菜单,可显示被推荐的租房房源信息,如图 10-18 所示。在此页面点击任意房源,也可进入"租房详情"界面。

图 10-17　租房详情界面

图 10-18　租房推荐界面

点击"发现"一级菜单,显示"发现"界面,显示的是楼房资讯信息列表,如图 10-19 所示。点击任意一条楼讯信息,进入"楼讯详情"界面,如图 10-20 所示。

图 10-19　发现界面

图 10-20　楼讯详情界面

177

在"首页"点击"房价"图标，默认显示北京市房价走势，如图 10-21 所示。在该界面，可输入小区名称进行搜索，也可切换区域查看某个区域的房价走势。

点击"我"一级菜单，显示"我"的界面，如图 10-22 所示。

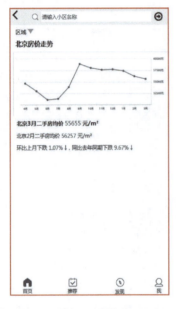

图 10-21　房价界面

图 10-22　"我"的界面

10.3.5　产品运营

温馨小居 App 作为一款内容信息平台，内容是该平台的基础，在这类产品中，未来将是一个"内容为王"的时代，只有提供过硬内容的产品才有可能获得用户的青睐。因此，为用户提供最有针对性、最有价值的房源，是这类产品决胜的关键。

在产品运营时，需要解决以下方面的内容。

1）搜索多个楼盘信息时，用户对于到底买哪个楼盘还存在很多疑问。

2）用户通过地图搜索房源时，还未确定到底在哪买房更好。

3）用户同时搜索新房和二手房时，还没有确定自己到底买新房还是二手房更合适。

4）用户搜索某个楼盘时，通过看评论、搜索百度等还想去了解这个楼盘是否靠谱，是否为自己的最优选择。

5）确定了楼盘时，还在担心自己没考虑到一些买房的注意事项，不知道是否会成为被坑的下一个人。

如果这些事情都依赖于用户自己耗时、耗力搜索，不但耽误时间，而且效率不高，因此，如果产品能解决用户的这些问题或困惑，而不是完全由用户根据零碎的信息进行整合和判断，这个产品将比同类产品更有价值。而要实现这些能为用户提供深度的内容，最关键的是需要注重平台内容的运营，让平台具有这些有价值的内容，而且能通过适当的方式展示出来。

针对这类平台，具体有以下几个关键的运营方法可供参考。

1）房源丰富：在平台上有可供用户查看的足够丰富的房源，这点很好理解，也是目前各个竞品平台的运营团队努力追求的方向。

2）房源真实：目前 58 同城、安居客等网站，由于实行会员制，导致中介所上传的二手房源重复或虚假，所以，很多房源的真实性存疑，极大减低了用户对平台的信任度，从而导致用户的流失。为了确保房源真实，需要对平台上传内容进行监管。链家主打的就是这个亮点，和线下实体店结合，通过真房源吸引了一大批用户，房天下产品也通过设定积分规则来规范经纪人的行为，加重了违规处罚的力度，提高平台房源的真实性。

3）网站、App、图片或视频颜值高：网页或 App 整体版面简洁，不混乱，单个房源或楼盘的显示图片或视频经过精选和精修，在"颜值为王"的时代，能提高用户购买意向和转化率，以及提高用户对平台的信任度。

4）优质的资讯内容：优质内容在于能否回答大部分买房用户的疑问，除了提供基本的房产资讯，还需提供击中用户痛点的内容，让用户在平台内停留更多的时间。例如，用户想知道某个新房楼盘怎么样，但是又没有那么多时间去现场看，那么平台可以提供详细的沙盘解说、VR 实景，并且配以专业人员的讲解视频，让用户能够更加全方位地了解楼盘。

置业顾问或经纪人非常了解房地产行业，可能也对某个楼盘实地考察过，了解楼盘细节，并且因为长期与用户打交道，最懂买房人心理。平台可以由置业顾问或经纪人通过直播进行一对一答疑的功能，由专业人士为买房人提供有针对性的咨询建议。置业顾问或经纪人也可以借此拉近和买房人的关系，促进成交。

导购还可以为用户提供一些其他用户的购房案例，一些专题类导购文章、购房公开课等。

5）利用 AI：平台有了足够的优质内容还不够，还需要让"优质内容遇上对的人"。可以结合推荐算法为用户建立用户画像，推断用户需求。例如，某用户搜索某楼盘多次，则除了为用户推荐相似楼盘外，还可以推荐该楼盘相关的物业和居住情况等文章，其次，还可以为该用户推荐当前销售该楼盘的置业顾问的沙盘讲解视频、看房视频，以及看房用户或经纪人的高质量评价，让用户全方位了解该楼盘状况。例如，某用户关注买房交易的文章较多，则为用户推荐与买房交易相关的音频、视频或直播等。

本章小结

产品从 0 到 1 诞生过程,需要历经 10 个主要步骤:需求调研和分析→竞品分析→需求确认和管理→产品规划和设计→产品开发→项目管理→团队协作→产品测试→产品上线→产品运营和数据分析。在产品从 0 到 1 诞生的过程中,需要注意 6 个关键点:产品目标清晰、目标用户明确、产品规划合理、产品具有优势、用户场景丰富,并且交付物准备完善。最后以温馨小居 App 为例,讲解该产品需要重点关注的 5 个步骤:需求调研、竞品分析、需求分析、产品设计和产品运营。

第 11 章
打造有竞争力的产品——这样迭代更有效

产品迭代是产品生命中非常重要的一环，好的产品迭代，能够让产品结合市场、用户需求等因素达成进一步优化，达到延长产品生命周期，甚至成为一款优秀产品。例如，微信从 2011 年发布至今，从最开始的只有发送文字和图片功能的通信工具，成长为一个连接一切的社交平台，就是因为数十次的产品迭代，从 v1.0 到 v7.0 版本，有了翻天覆地的进化。

11.1　何谓产品迭代

一个产品从 0 到 1 的诞生，可能是源于领导层或产品经理某个创意，或者源于公司具有在某些方面的资源优势，是一个可以进入的蓝海市场，或者具有优势的红海市场。不管出于什么原因，第一个发布的版本都不可能趋于完美，是一个 Idea 的第一次尝试，而且现在推崇小步快跑，推崇发布 MVP（最小化可实行产品，Minimum Viable Product），先投入市场听取用户反馈后，快速迭代更新，满足用户不断变化的需求。

优秀产品从来不是"从无到有"的创造，而是"从有到优"的迭代。产品上线后，解决了产品有无的问题，但是，后续的无数次产品迭代，才真正完成了产品"从有到优"的进化。

用户在产品初期可能会因为产品的某个亮点，开始使用这款产品，但是，用户是喜新厌旧的，同类产品很多，用户放弃成本非常低，只要他认为有更符合自己的要求、体验更好的产品，他可能很快转投别的产品的怀抱。因此对于产品经理来说，要想让用户留存在平台上继续使用产品，甚至自发地把这款产品推荐给朋友，只有通过不断地产品迭代，不断地满足用户的需求，甚至超出用户期望，才能让产品更有生命力和吸引力。

11.1.1　产品迭代定义

产品迭代是指产品快速地适应不断变化的需求，不断推出新的版本满足或引领需求，永远快对手一步。产品迭代是产品生命中非常重要的一环，好的产品迭代，能够让产品结合市场、用户需求等因素达成进一步优化，达到延长产品生命周期，甚至成为一款优秀产品。

11.1.2　产品迭代流程

一个较为完整的迭代流程，一般包含如下 6 个阶段。

1. 版本规划阶段

提前做好产品规划，能很好地掌握开发节奏和迭代频率。产品经理需要走在开发团队前面，产品版本规划的内容要比开发团队开发的内容提早 1 到 2 个版本。可对需求重要性进行排序，并设置不同需求的优先级，将需求纳入到不同的版本中。

这样做的好处体现在以下两个方面。

1）让开发团队知道下一个版本具体做什么，有助开发经理和开发工程师提前考虑代码框架，避免后期不必要的返工造成的延期，也有助于测试团队提前准备测试用例。

2）因为准备工作已提前做好，开发团队在开发测试完当前版本并发布后，可以快速开启下一版本迭代，提高产品进度的可控程度。

这个阶段的重点在于围绕迭代目的进行需求筛选，判断需求真伪，商讨需求的重要性，排定需求的优先级，同时，需要注意合理规划每个版本上线的需求量，需求量不宜过少或太多，避免产品迭代周期太短或者过长。在一般情况下，建议的迭代周期为 2 到 4 周内。

2. 需求评审阶段

梳理好产品某个版本的迭代需求后，需要形成迭代方案、需求文档、产品原型设计文档，之后进入需求评审阶段，核心工作分为以下两部分。

（1）需求确认

目的是在团队内讨论迭代方案的合理性和可行性，及时发现问题，避免后期返工。如果迭代工作安排紧张，时间特别赶，在这个阶段可只召集关键人员进行开会讨论，例如开发经理、高级工程师等。

（2）原型评审

迭代方案通过后，开始绘制原型，并添加说明，或更新《产品需求说明书》，并召开原型

第 11 章 打造有竞争力的产品——这样迭代更有效

评审。原型评审会议上需要明确版本目的，先讲为什么要添加或更新这些功能，再讲应该怎么做，让团队每一位成员都能对此新版本需求有全面的理解，减少后续开发或测试阶段不必要的沟通造成的时间浪费。

对于功能复杂或比较大的版本，例如 v2.0、v3.0 这样的大版本，在初次评审后，可能会发现很多问题，迭代方案、原型和需求文档修改完成后，还需要组织二次评审进行确认。产品经理在这一阶段要考虑和平衡多方意见，制定合理的迭代方案、原型和需求。

3. 工期评估阶段

在需求评审通过后，需要在半天到一天的时间内完成工期评估工作。评估的 5 个关键时间节点包括设计、开发、测试、验收和发布。可由设计师、开发经理和测试经理等各自进行评估，评估完成后再由产品经理进行汇总，并权衡各方，确认最终的需求和各个时间节点后，需要将迭代计划同步给项目组相关人员。如果需要申请更多的资源，产品经理应该提早准备，提前申请。

最终需求确认后，就可以创建当前迭代版本的需求池，并分配对应的开发工程师。需求池一般使用第三方平台进行管理，比较常见的如禅道、JIRA 和 TAPD 等，可进行需求创建、需求管理、发布任务、进度跟踪、测试任务管理、测试用例管理和缺陷管理等。

建议准备一份版本迭代文档，记录本次产品迭代相关信息，方便回溯。版本迭代文档内容一般包括对接人员列表、版本需求、相关文档（原型、需求文档、设计稿、埋点、翻译文案），以及迭代计划。

4. 开发测试阶段

工期评估确认后，产品正式进入迭代开发周期，开发工程师开始进行产品开发，测试工程师开始准备测试用例，另外，如果涉及海外版本，产品经理或开发工程师还需要将该版本新增文案按照键值对（key:value）格式整理好，提交翻译。

在开发测试过程中，为了确保产品质量，产品经理也不能松懈，需要进行全程跟进，确保需求是否按时、按要求高质量地实现，当发现问题时，需要及时协调处理。

在理想情况，设计师需要在正式开发前输出设计稿，这样更利于确保开发进度，但是因为每一个迭代时间都不长，一般都无法达到进入开发阶段时设计稿已经全部准备好。比较常见的做法，是先由设计师按照需求优先级输出关键页面的设计稿，其余页面的设计稿和开发工程师并行输出，或者是开发工程师先进行开发，最后修改 UI。

等到版本进入测试阶段后，产品经理需要跟进功能完成情况和 Bug 修复情况，及时查看禅道等管理软件的每日更新情况，也可参与重要功能的测试。

5. 验收阶段

这是很容易被产品团队人员忽略的阶段，产品验收是保证产品本次迭代版本交付质量的重要前提。因此，在测试工作完成后，一般建议预留出约两天时间对新版本进行验收，确保迭代需求都按要求实现。设计师还需要进行视觉还原，保证视觉效果，不要出现"李若彤版小龙女→刘亦菲版小龙女→陈妍希版小龙女"的质量下降。

6. 发布阶段

当开发工程师完成迭代版本验收后的 Bug 修复后，提交发布包，再进行一轮回归测试，由产品经理和测试工程师验收通过后，与产品运营人员对接发布新迭代版本。

版本发布后，为避免出现异常情况，一般还需要对线上发布的新版本进行一轮验证，没问题就可以推送版本升级通知，如果出现影响比较大的问题，可能还需要按照应急方案对新版本进行回滚。

另外，新版本发布成功后，产品经理还需要整理版本迭代日志和发布结果同步给团队成员，整理上一版本遗留问题、进行迭代版本复盘，以及准备后续迭代效果评估，还要准备下一版本迭代工作。

11.1.3 产品迭代策略

产品迭代策略很多种，但是还是要看哪种更适合自己的产品，再去找准策略：是"小步快跑，快速迭代"，还是"一次性把事做对"。到底选择哪种策略，需要考虑以下 4 个维度。

1. 目标确定性

当目标确定时，产品经理可以一次性把事情做对，例如企业办公自动化系统，需求已经确定，改动可能性不大，可以一次出来。

当目标不确定时，就更适合"小步快跑、快速迭代"这种迭代策略。例如滴滴出行、樊登读书会、得到 App 等，刚开始都只是初步的想法，滴滴出行刚开始就只是找到出租车约车场景，如果刚开始就切入快车、专车等约车场景，势必造成前期投入过大，反而不利于产品发展，所以，"小步快跑、快速迭代"的策略，显然更适合这类产品。

2. 结果的忍受度

对于互联网时代的 App，在核心功能还可以的情况下，前期用户界面和用户体验稍微差点不要紧，只要提供给用户确定性的刚需满足，用户还能忍受。例如12306 网上订票系统，前期用户体验很差，但是，能为用户提供确定性的订火车票业务，所以，用户还是会使用它，给它足够的时间优化用户体验。

3. 迭代的频繁度

对于手机 App 来说，一般 2~4 周迭代一个版本，如果是手机、家电、水龙头、家具等产品，一般迭代时间以年计，甚至以十年计，不同产品的迭代频繁度存在很大的差异性。

4. 用户的数量级

现在的互联网产品，在发布版本时，会首先选择部分用户进行内测，例如微信平台的视频号功能，首先只允许部分用户开通视频号，没有对大部分用户开放。滴滴出行也是如此，首先选择部分人发布，即使这部分用户流失一部分，也不会给平台造成太大的影响。

11.1.4　产品迭代频率

正如迭代策略要综合考虑一样，产品迭代频率需要综合考虑产品阶段和用户类型。

在产品诞生及成长阶段，核心用户是种子用户，这类用户的忠诚度不高，但是，对产品有很强的好奇心，因此这个阶段的迭代频率适合"小步快跑、快速迭代"，1~2 周就推出一个新版本，不断开发新功能，优化用户体验，目标是利用这些种子用户的好奇心，将他们变成愿意分享我们产品的忠实粉丝。

当产品发展到成熟期，产品功能已经很完善，用户规模已经进入稳定阶段，此时，核心用户是主流用户，他们更为注重产品的用户体验和稳定性，因此，在这个阶段的迭代频率，适合以"小步快跑、快速迭代"的节奏完成小需求，例如功能优化和 Bug 修改等，以定期（例如 6 个月）做大需求，完成新模块的开发，以及 UI 改版等，定期开发大需求一般以一年 2~3 次为宜。

当产品由成熟期转衰退期，此时，核心用户是相对"固执"的主流用户，这类用户轻易不会更换已经形成使用习惯的产品，因此，这个阶段的产品迭代频率，相对慢节奏，迭代频率保持在一个月左右一次。

11.2　产品迭代的意义

曾任湖畔大学产品模块学术主任的知名产品人，曾任联想和腾讯高管，以及得到 App《产品思维 30 讲》课程主理人的梁宁说："迭代就是小步快跑，把最内核的部分先放出来，不断优化、小范围试错。"

为什么要迭代？不言而喻，这个时代发展太快，我们要不断迭代才能跟上节奏。

1. 迭代是为了解决用户问题

通过产品迭代，我们不断优化用户界面和产品用户体验，解决用户很多的核心诉求点。而这个解决问题的过程，实际上是一个不断与用户进行互动的过程。在与用户的互动中，产品经理可能会获得灵感，甚至找到产品下一次迭代的部分需求点。

2. 迭代是为了更好满足用户使用场景

在产品迭代和优化过程中，初期可能只是满足一个基本的需求场景，例如滴滴出行首先满足的是约车的场景。但是，在这个需求场景中，会有很多细分的小场景需要我们去满足，例如后来滴滴出行又发现了用户快车、专车、顺风车、拼车等需求场景。再例如在购物车中，最简单就是满足用户一次付款。而细分小场景中，需要满足卖方的促销场景（满就送、满就减等活动），所以还需要加入促销和优惠券信息。

例如在买房详情页面，因为 5G 的来临，技术的更新换代，现在可提供 VR 看房、直播看房和视频看房等功能，更好地满足用户线上买房的应用场景。

11.3　产品迭代案例分析

接下来讲解知名互联网产品的迭代案例，产品经理们可以从这些产品的迭代过程中了解成功的产品是如何进行产品迭代的。

11.3.1　陌陌的产品迭代

陌陌 App 产品的重要版本的迭代历程如图 11-1 所示。下面介绍一下陌陌 App 从 v1.0 版到 v4.0 版本的产品迭代升级内容。

1. v1.0 时代：注册登录、精准定位、免费通信和关注好友

1.0 时代的陌陌功能超级简单，包括注册登录、精准定位、免费通信和关注好友功能。最核心的功能是可以查找附近的陌生人，并可以关注好友，还能查看与好友的距离。由于电信 CDMA 定位精准度不高，此时，使用该网络的用户只能通过 Wi-Fi 定位。陌陌 App 在不久后进

行了完善。该版本的主要功能如下。

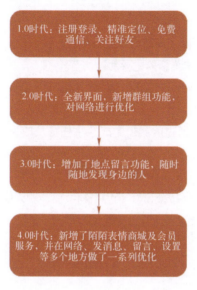

图 11-1　陌陌重要版本的迭代历程

1）注册登录账号，可上传多张图片，并可管理个人移动名片。
2）精准定位，可查找附近的陌生人。
3）免费通信，发送文字、图片和位置信息，查询导航路线。
4）关注好友，方便查看和他/她的距离。

2. v2.0 时代：全新界面、新增群组功能，并对网络进行优化

改善了上一个版本的网络问题，并新增了群组功能，用户可以加入附近的群组，与更多人交流，并在界面上对产品进行优化，让界面更符合品牌调性，也更加有趣、大气。该版本更新的主要功能如下。

1）群组功能：用户可以加入附近的群组，和更多的人进行互动，也可以创建自己感兴趣的群组。
2）全新界面：对陌陌界面进行了全新的改版，更加大气，并且加入更多有趣的元素。
3）网络优化：改良通信方案，连接的网络速度更快，即使在较弱网络环境下也能很顺畅地收发消息。

3. v3.0 时代：增加地点留言功能

该版本改动较小，增加了地点留言功能，用户可以在自己喜欢的地点留言，更方便地随时

随地发现身边的人。

4. v4.0 时代：新增表情商店和会员服务

该版本改动较大，新增陌陌表情商城及会员服务，并针对网络、发消息、留言和设置等多个功能做了一系列优化。该版本更新的主要功能如下。

1）表情商店：表情商店推出 18 套由国内外知名设计师专为陌陌用户定制的表情，包括获得国内独家授权的经典动漫人物"樱桃小丸子"，以及由众多国内知名动漫作者设计的陌陌专属卡通动漫表情。用户可通过购买、完成系统任务及成为会员不同的方式获取这些专属表情。

2）会员服务：会员可以享受 3 大类 12 种专属服务，包括以下内容。

- **基础会员服务类**：专属会员标识、个性资料页面、聊天信息同步、专属客服渠道服务。
- **上限提升服务类**：设置更多头像、关注上限提升、群组上限提升、额外创建会员高级群服务。
- **表情商店服务类**：会员专属表情、购买表情特价、赠送表情特价、不定期优惠活动服务。

大家从上面介绍的内容可以看出，在 v1.0 版本时，陌陌只是提供了查找附近的人、关注好友、用户私聊和查询导航路线功能，连群聊等基本功能都是在后续版本中添加的，会员服务、表情商城等都是 v4.0 版本才具有的，所以，在产品上线时，不要贪大求全，将具有一些特色功能的产品先放入市场检验，以免浪费时间和人力成本。

11.3.2　微信的产品迭代

从 2011 年 1 月到 2018 年 12 月，微信 8 年的产品迭代过程，从 v1.0 到 v7.0 版本的迭代历程如图 11-2 所示。

1. v1.0 时代：熟人之间的通信工具

2011 年 1 月 21 日，微信 v1.0 版本发布，刚上线只有 4 个基本功能，亮点是这些功能可以取代手机的短信和彩信，只需要消耗流量，节省了发送短信和彩信的成本。

1）设置头像和微信名。

2）导入通信录。

3）发送信息。

4）发送图片。

第 11 章 打造有竞争力的产品——这样迭代更有效

图 11-2 微信重要版本迭代历程

2. v2.0 时代：熟人社交积累，陌生人社交开始

2011 年 5 月 10 日，微信 v2.0 版本推送。在 v2.0 各个版本中，陆续新增的重要功能不少，v2.0 时代主要体现在熟人社交的继续积累，以及在陌生人社交的突破。

v2.0 版本新增功能如下。

1）语音通信功能。

2）支持 QQ 邮箱提醒。

这个大版本后续 2.0 系列版本新增功能如下。

1）支持手机通信录匹配找到微信好友。

2）好友验证。

3）与 QQ 连接，可以通过 QQ 号查找到用户。

4）可设置将用户推荐给 QQ 好友等隐私设置。

5）支持向用户推荐 QQ 好友和通信录好友。

6）查看附近的人：开始进军陌生人社交。

7）接收 QQ 离线消息。

8）支持使用手机号注册微信。

9）语音记事本。

10）设置个性签名。

11）聊天支持发送视频等。

3. v3.0 时代：连接更多人、内容和商业

2011 年 10 月 1 日，v3.0 版本发布，该版本的布局更大，除了社交，开始连接更多人，连接更多内容，连接更多商业领域，开始接近"连接一切"的目标。

新增的重要功能如下。

1）摇一摇。

2）漂流瓶。

3）发送视频消息。

4）支持繁体中文语言界面。

5）组群可保存至通信录。

6）支持插件卸载安装，免打扰。

在 v3.5 版本中，新增了扫描二维码、二维码名片的功能。与此同时，还有支持更多表情、自定义聊天背景，支持石头剪子布和扔骰子游戏，以及支持多个国家和地区通过手机短信验证快速注册等。

在 v3.6 版本中，对接腾讯新闻插件及微博插件、支持写邮件、服务号上线这些功能让微信开始成为一个集成化的工具。

同时核心的聊天功能还在优化，新增群发助手、发祝福有彩蛋和支持语音取消等优化功能。在这个大版本中，摇一摇和漂流瓶连接了更多的人，而"服务号"和"扫一扫"二维码的功能，让微信开始连接内容和商业，以及连接线下的物理世界。

4. v4.0 时代：从通信工具进化成社交平台

2012 年 4 月 19 日，微信发布 v4.0 版本。在这一版的打开介绍中有这样一段话："如你所知，微信不只是一个聊天工具。一切从照片开始，你拍了一张照片，你就拥有了自己的相册，在'朋友圈'你可以了解朋友们的生活。如你所见，微信，是一个生活方式。"从该版本

开始，微信正式从一个社交通信工具进化为一个社交平台，开始"工具"到"平台"的转变。

v4.0 这个版本的明星功能是朋友圈，它让微信开始从一个通信工具变成一个社交平台。该版本新增的主要功能如下。

1）相册功能和朋友圈功能。

2）照片可分享到微信内的朋友圈。

3）微信信息可向好友群发。

4）微信中的照片和视频可转发给好友。

5）转发当下所在位置给好友。

6）给好友加星标，重点关注。

7）微信开放接口，支持从第三方应用向好友分享音乐、新闻等内容。

8）可使用 Facebook 账号登录。

9）英文版本改名为 WeChat。

10）界面支持 7 种语言。

11）支持使用海外手机号码接受验证码进行注册。

在 v4.2 版本中，可以与朋友视频聊天，朋友圈可以设置权限，也可以回复朋友圈照片的评论。

在 v4.3 版本中，支持解绑 QQ 号和手机号，新增聊天置顶、语音搜索功能，此时的扫一扫功能支持扫描任何二维码。

v4.5 版本推出公众号，同时还支持实时对讲和多人实时语音聊天，进化了"摇一摇"功能，新增群二维码功能，还添加位置导航功能。

5. 5.0 时代：开始成为移动互联网枢纽

2013 年 8 月，微信 v5.0 发布，重磅功能如下。

1）微信支付：打通了线上线下，可以把微信号和银行账号绑定。

2）公众号和服务号：为了抑制公众账号信息泛滥，微信 v5.0 将公众账号分为两类：订阅号和服务号。

3）进化的"扫一扫"功能：扫一扫的内容除了之前的二维码之外，还增加了扫描条形码、扫描封面、扫描街景和扫描翻译。这个功能由最初的社交（加好友），进化为各种商业交易的入口。

同时，为了让好几亿用户尽快更新到 v5.0 新版本，微信把启动界面变成了"飞机大战"小游戏。只有新版本用户才能玩这个有趣的小游戏，很多用户因此而更新了新版本。

微信支付功能的出现，也是微信以及腾讯开始商业化的标志性产物。

6. 6.0 时代：开始坐拥国内移动互联网半壁江山

2014 年 9 月 30 日，微信 v6.0 for iOS 版本上线，同一天还有一个新闻是国行 iPhone 获得入网许可，即将开放预订。最初的 v6.0 版本并没有太多大招，新增或优化的主要功能体现在如下内容。

1）微信小视频，可分享到朋友圈或聊天界面。

2）微信卡包，可聚合优惠券、会员卡、机票和电影票等。

3）可以为微信钱包设置手势密码。

4）游戏中心改版。

在 2015 年新年发布的 v6.1 版本中，微信红包这个关键功能降临。微信红包的到来，让不愿意绑定银行卡的微信用户纷纷绑定银行卡，于是，v5.0 时代末期添加的微信支付功能开始真正使用起来。春节的微信红包活动让微信支付开始与支付宝争夺移动支付的阵地。

v6.0 和 v7.0 版本之间相隔了 52 个月，超过 4 年之久。在移动互联网斗转星移的这几年里，值得关注的更新功能体现在如下内容。

1）v6.2.0 版本：二维码收款，以及长按翻译朋友圈文字。

2）v6.3.5 版本：群内可以进行视频聊天，群主可以发布群公告，可将群主转让给群内成员履行管理职责。

3）v6.3.29 版本：支持搜索指定公众号的历史文章。

4）v6.5.1 版本：顺应视频的兴起，朋友圈中分享 10 秒小视频。

5）v6.5.2 版本：发图片前可以先编辑，Apple Watch 可查看消息。

6）v6.5.3 版本：小程序功能发布。

7）v6.5.4 版本：能直接搜索表情、小说、音乐，也可以搜索文章中的内容。

8）v6.5.6 版本：关注用户隐私，支持只显示 3 天朋友圈。

9）v6.5.19 版本：可生成自己的赞赏码，接受打赏。

10）v6.5.10 版本：可屏蔽朋友圈点赞评论，为视频新增编辑功能。

11）v6.6.0 版本：收藏里的笔记可保存为图片、分享至朋友圈，支持对已撤回的消息再次编辑。

12）v6.6.1 版本：小程序支持小游戏，主界面新增下拉找小程序的任务栏。

13）v6.6.7 版本：可把浏览的文章缩小为浮窗。

14）v6.7.0 版本：订阅号文章以卡片式展示，可直接浏览订阅号的消息。

15）v6.7.2 版本：可使用英语和粤语进行语音输入。

16）v6.7.3 版本：可拍一个自己的表情，聊天输入文字时可以长按换行，订阅号信息改版，朋友圈可编辑标签。

7. 7.0 时代：用人的连接塑造内容和社交形态

2018 年 12 月，微信发布 v7.0 版本，这个版本更有趣、更好看，新增或优化的主要功能体现在如下内容。

1）主界面全新改版，更加扁平化、直观、清晰明了。

2）新增"时刻视频"，也可给朋友的视频"冒个泡"，告诉他你来过。

3）公众号点赞变"好看"，可在"看一看"中浏览朋友认为好看的文章。

4）可在单聊中设置强提醒。

从 v1.0 到 v7.0 版本，微信 App 最核心的聊天功能依然在优化。而围绕这个核心功能，微信已经实现了从"通信工具"→"社交平台"→"移动互联网枢纽"→"移动商业城池"的进化。

11.3.3　钉钉的产品迭代

钉钉（DingTalk）是阿里巴巴集团专为中国企业打造的免费沟通和协同的多端平台，提供 PC 版、Web 版和手机 App 版，支持在手机和计算机间进行文件互传。

钉钉从 v1.0 到 v3.0 时代，从 2014 年 12 月到 2017 年 6 月的重要版本迭代历程如图 11-3 所示。

1. v1.0 时代：企业沟通平台

（1）v1.0.0 版本

2014 年 12 月 12 日，钉钉发布 v1.0.0 测试版，针对企业用户需求推出了让消息更安全的企业群。该版本的主要功能包括以下内容。

1）多人免费电话一键拨打。

2）可以发送文字 DING、语音 DING，通过电话或短信 100% 送达。

3）在"联系人"中有专门的企业联系人分组，企业组织架构一目了然。

4）支持企业群，在"群设置"中可设置企业群，群成员仅限企业同事，因此，聊天更安全。

（2）v1.2.0 版本新功能、新特性

2015 年 2 月 9 日，钉钉发布 v1.2.0 测试版，拜年版钉钉正式推出，DING 消息支持图片附件发送。该版本新增或更新的功能主要包括以下内容。

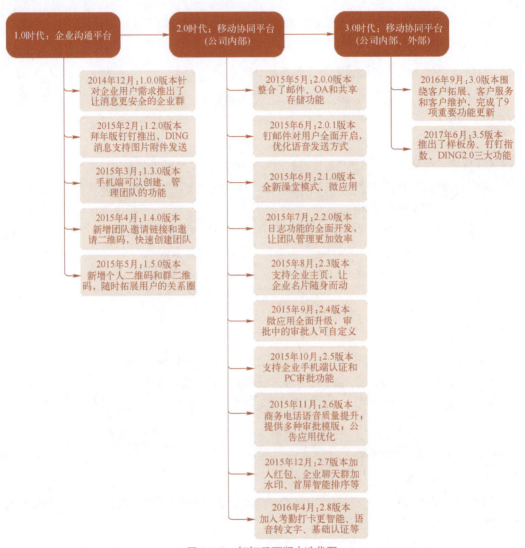

图 11-3 钉钉重要版本迭代图

1）DING 可以发送新年祝福，抛弃短信拜年方式，有图有声更新潮。
2）DING 可发送图片附件，支持对多种常用文件发 DING 提醒。
3）支持手机端快速创建团队，同时能主动退出未认证的企业或团队。
4）免费电话、DING 的可用额度能实时显示。

（3）v1.3.0 版本新功能、新特性

2015 年 3 月 20 日，钉钉发布 v1.3.0 测试版，手机端可以创建、管理团队。该版本新增或

第11章 打造有竞争力的产品——这样迭代更有效

更新的功能主要包括以下内容。

1）可以在手机上增加、删除团队成员。

2）搜索更强大，增加搜索聊天记录和 DING 内容。

3）常用联系人和通话记录可以删除。

4）可以自主退出认证企业。

5）新增文件小助手，让 PC 版和手机能互传文件。

（4）v1.4.0 版本新功能、新特性

2015 年 4 月 13 日，钉钉发布 v1.4.0 测试版，新增团队邀请链接和邀请二维码，快速创建我们的团队。该版本新增或更新的功能主要包括以下内容。

1）新增团队邀请链接和邀请二维码，快速创建我们的团队。

2）团队创建成功后，可一键创建企业群。

3）DING 短能直接在短信页面看到具体内容。

4）DING 的可发送次数调整为可发送人数。

5）通过单聊设置界面可直接开启澡堂模式。

（5）v1.5.0 版本新功能、新特性

2015 年 5 月 5 日，钉钉发布 v1.5.0 测试版，新增个人二维码和群二维码，可更便捷、随时拓展我们的关系圈。该版本新增或更新的功能主要包括以下内容。

1）可在个人资料页设置备注名，支持解除好友。

2）通过手机通信录，能找到已安装钉钉的朋友。

3）新增个人二维码和群二维码，支持随时拓展我们的关系圈。

4）能发送定时 DING，重要事情绝不落下。

5）团队人数提升至 200 人，管理员能隐藏全员手机号，也能解散团队。

6）搜索功能更强大，支持聊天文件、DING 附件、备注名、功能搜索。

2. v2.0 时代：移动协同平台（企业内部）

2015 年 5 月 26 日，正式发布钉钉 v2.0 版，整合了邮件、OA 和共享存储，打造了全新移动协同平台。

（1）v2.0.0 版本新功能、新特性

该版本新增或更新的功能主要包括以下内容。

1）抛弃纸质化办公，让工作更简单。

2）请假、出差、报销、办公审批一键完成。

3）公告、日志、邮箱、轻松链接企业内外。

4）随时随地可用，安全、高效的企业云盘。

5）分企业公共、个人、企业群使用场景，方便分类管理。

6）通过左滑可实现聊天发送文件。

7）国际电话开放申请。

（2）v2.0.1 版本新功能、新特性

2015 年 6 月 5 日，正式发布钉钉 v2.0.1 版本，钉邮针对用户全面开启，优化语音发送方式。该版本新增或更新的功能主要包括以下内容。

1）长按聊天界面的空白处即可发语音。

2）所有用户都可以用钉邮。

3）微应用中添加钉邮入口。

4）各功能使用体验优化。

（3）v2.1.0 版本新功能、新特性

2015 年 6 月 29 日，正式发布钉钉 v2.1.0 版，全新澡堂模式、微应用全面上线。该版本新增或更新的功能主要包括以下内容。

1）基础沟通功能更完善。

2）群主可以解散或转让群组，群设置的权限可设置为仅对群主开放，权限设置更清晰。

3）澡堂对话可设置隐藏，并在消息列表摇一摇输入密码后可查看，安全私密聊天。增加钉钉安全锁，信息安全双重保障。

4）企业/团队管理优化。

- 所有注册的企业/团队都可以在手机上管理。
- 企业群功能，新添加和删除员工直接与群组同步。

5）微应用更丰富，对团队及认证企业全开放。

- 新增移动签到，随时随地考勤。
- 公告可删，使用更灵活。
- 审批可打印，方便存档。
- 钉邮提醒可设置，重要邮件不错过。
- 聊天中的文件一键转存钉盘。
- 钉盘的内容可多选后批量下载。

（4）v2.2.0 版本新功能、新特性

2015 年 7 月 28 日，正式发布钉钉 v2.2.0 版本，日志功能的全面开发，让团队管理更有效率。该版本新增或更新的功能主要包括以下内容。

第11章 打造有竞争力的产品——这样迭代更有效

1）可对联系人设置特别关注,轻松抓重点。
2）聊天中的图片和文件自动分类,方便查询。
3）消息可撤回,聊天记录可清空。
4）认证企业可设置专属启动页。
5）可自定义审批类型。
6）日志全面开放。

（5）v2.3版本新功能、新特性

2015年8月20日,正式发布钉钉v2.3版本,钉钉中支持企业主页,让企业名片随身而动。该版本新增或更新的功能主要包括以下内容。

1）群公告手机端的黑板报。
2）企业主页公司的移动名片。
3）新版日志手机、计算机同步发。
4）管理日历添加日志签到状态。

（6）v2.5版本新功能、新特性

2015年10月15日,正式发布钉钉v2.5版本,钉钉中支持企业手机端认证和PC审批功能。该版本新增或更新的功能主要包括以下内容。

1）手机上完成企业认证。
2）PC客户端支持审批操作。
3）文件必达,查收状态显示。
4）消息界面左滑查看时间。

（7）v2.6版本新功能、新特性

2015年11月27日,正式发布钉钉v2.6版本,商务电话语音质量提升;提供多种审批模版;公告应用优化。该版本新增或更新的功能主要包括以下内容。

1）商务电话语音质量及功能全面提升。
2）提供多种审批模版,不同行业多种供选。
3）公告应用优化体验,增加已读未读显示。

（8）v2.7版本新功能、新特性

2015年12月22日,正式发布钉钉v2.7版本,首次加入红包、企业聊天群加水印、首屏智能排序等新功能。该版本新增或更新的功能主要包括以下内容。

1）企业群聊天,企业通信录水印。
2）随机红包,企业红包。

3）CEO 邀请码，首屏智能排序。

（9）钉钉 2.8 版本新功能、新特性

2016 年 4 月 1 日，正式发布钉钉 2.8 版，加入考勤打卡更智能、语音转文字、基础认证等特性。该版本新增或更新的功能主要包括以下内容。

1）考勤更智能。

2）语音转文字。

3）增加基础认证。

3. v3.0 时代：移动协同平台（公司内部、外部）

2016 年 9 月 19 日，阿里推出钉钉 v3.0 版本，新版本围绕客户拓展、客户服务和客户维护，完成了 9 项重要功能更新，细节方面更新多达 200 项以上。

（1）v3.0.0 版本新功能、新特性

主要有如下四大更新点。

1）办公电话：企业组织专属电话，公务私事分开打，外部来电不漏接，随身携带的办公电话，员工免费拨打，新增拨号盘功能。

2）外部联系人：钉钉将企业通信录升级为统一通信录，除了同事，还涵盖企业外部的联系人，如客户、上下游、合作伙伴等，随时随地进行业务往来。

3）往来：企业间的业务往来、同事间的工作往来，现已无缝整合到聊天场景中，开启新一代的高效沟通协同体验。

4）服务窗：快速的连接与客户之间的业务往来；企业通过服务窗向自己的客户提供业务服务；客户通过服务窗快速建立与企业间的联系，下单、订货更简单。

更多更新或优化功能点如下。

1）DING：已发送的 DING 可再次添加接收者，悄悄话回复仅发送者可见；重要的消息钉住置顶，实现任务管理。

2）智能报表：管理日历升级为智能报表，可查看日志及审批中的各项数字统计，随时随地掌握团队状态。

3）日志&签到：在客户拜访中，日志和签到已经支持拜访客户的添加。

4）考勤：考勤班次升级，新员工自动加入考勤组，更多弹性时间设置，每日考勤报表统计更清晰，软硬件结合实现智能云考勤。

5）常用邮箱代收：支持 163、QQ 等个人及企业常用邮箱登录。

6）通信录安全保护：管理员可在安全中心里设置"通信录隐藏模式"。在隐藏模式下，员工查看或拨打手机号码超过上限，系统会自动将记录上报给风险管理员。

7)群昵称：用户可以在不同的群里设置更合适的昵称。

8)聊天记录：可设置新成员加入群聊，可见最近 100 条聊天记录，迅速了解聊天上下文，更加高效。

9)群头像：精美的群头像合成技术，让聊天列表的头像更统一协调。

（2）v3.5.0 版本新功能、新特性

2017 年 6 月 11 日，阿里钉钉 3.5 版推出了 DING 2.0、钉钉指数和企业主页三大功能。

1）DING 2.0：管理重要的事，不仅仅是通知催办；还支持一键预约会议、会议签到、任务管理，让重要的事执行到底，不再遗忘。

2）钉钉指数：效率分已升级为钉钉指数。钉钉指数反映企业在移动云时代的高效、安全、信息化的程度，指导企业在各方面提升办公协同效率，让企业掌握优秀的工作方式。

3）企业主页：钉钉服务窗已升级至企业主页。企业主页是连接客户与商机的移动企业名片，提升企业公信力，自由分享传播，迅速与客户取得联系。

本章小结

本章讲解如何进行产品迭代的内容，产品从 0 到 1 诞生后，因为需要用户的需求不断变化，技术不断更新换代，产品也需要对应迭代升级。一个完整的迭代过程，包括 6 个阶段，即"版本规划"→"需求评审"→"工期评估"→"开发测试"→"验收"→"发布"。

产品迭代策略有很多种，但是还要看哪种更适合自己的产品，再去找准策略：是"小步快跑，快速迭代"，还是"一次性把事做对"。到底选择哪种策略，需要考虑 4 个维度：目标确定性、结果的忍受度、迭代的频繁度和用户的数量级。迭代的意义在于解决用户问题，以及更好满足用户使用场景。

最后，本章以陌陌、微信和钉钉三款热门 App 为例，讲解这些产品的迭代频率和迭代内容，供读者以后进行产品迭代时参考。

第 12 章
思考与辨析——如何建立产品思维

建立产品思维，不是一蹴而就的事情，产品思维和传统的项目思维，也是大有不同的。在产品落地过程中，需要不断进行多方面的动态平衡，同时，还需要借鉴科学思维，设计出占据用户心智的优秀互联网产品。

12.1 如何建立产品思维

对于产品经理，尤其是初出茅庐的产品经理，应该如何建立产品思维？在这里分享 7 点经验给大家。

12.1.1 多思考为什么

世界上万事万物，在本质上存在着某种联系，对于一个事物，当我们去探寻它的本质时，会发现它们都遵循某些特定的规律和原理。而这些规律和原理，可能来自经济学、心理学、社会学、社会心理学和人类学等，它们与人的思维模式进行绑定，指导着很多现象。

所以，凡事多思考"为什么"，缺少"为什么"思维的人，往往很难找到事务本质的原因和用户背后的动机。深入思考为什么，凡事多问自己"为什么"，才能更容易找到事务的本质，更好地解决问题，更好地提升自己。

产品经理需要多思考为什么，经常对自己提提以下这些问题。

1）用户为什么需要这个功能？

2）用户需要这个功能的最根本的原因是什么？

3）竞品为什么做这个功能？

4）竞品为什么不做这个功能？

5）为什么要用这种解决方案，有没有更好的解决方案？

6）为什么 A 系统和 B 系统需要建立关联关系？

7）A 用户是否为平台的目标客户，为什么需要考虑他的特殊需求？

8）为什么 A 功能需要在本次产品迭代实现？

9）为什么要用这种盈利模式？

10）为什么这样实现用户体验好？

11）为什么这样实现用户体验不好？

12）为什么采用这种方式会提高注册量、留存量、流失率？

13）为什么增加、减少某个功能后效果不佳？

……

12.1.2 多观察

产品需求往往来源于生活，而优秀的产品经理有一双更锐利、更能洞悉用户需求的眼睛。

生活中的案例随处可见，例如，高峰期一二线城市打车非常艰难，地铁进站口、火车站进站口总是要排长队；传统医院的看病流程总是要挂号后才能看病买药，流程非常烦琐；以前转账、购买理财产品总需要跑银行，或者需要寻找 ATM 机，或者需要使用计算机才能进行操作；以前买服饰箱包总是需要去实体店等。

如果我们能深入观察工作、生活和家庭中的种种问题，发现问题背后产生的原因，把自己代入为一个对此深有抱怨的用户，再想想可以通过什么方式改进用户体验，解决这方面的问题，那么这个思考的过程，就是产品思维养成的过程。如果能养成这种思维习惯，就能离产品思维更进一步。即使这方面的产品已经有很多，我们也可以思考如果我们去规划和设计这款产品，会如何去做？再将自己设计的产品和深入研究的竞品进行比较，到底有哪些亮点或不足之处？在这个观察、思考的过程中不断精进自己的产品思维。

一款互联网产品的生命周期可能有好几年，甚至 10 年以上，作为产品经理的我们，可能一辈子不会打造太多的产品，更多的时候我们是在不断优化和迭代产品。但是，我们也不要因此受限，可以设想如果我们来规划社交产品、电商产品、出行产品等，我们会如何去规划？另外，我们的产品是否具有亮点和创新点？

12.1.3　多看书

随着互联网的发展,大家获取知识、搭建自己的知识体系的方法越来越多,例如通过微博、微信公众号、知乎、图书、在线教育平台,以及得到 App、喜马拉雅 App 和荔枝 App 等知识付费平台。但是,微信公众号、微博和知乎等平台的知识都太碎片化,不成体系,很难构建我们的知识体系,以及提升我们的产品思维。

笔者还是更为推荐读书和在线教育平台,特别是读书,图书是某个领域有所作为的作者深思熟虑后的总结,而图书的整体架构、目录其实就是作者思维体系、知识框架的外显。当我们读到一本好书的时候,我们的思维模式,以及这个领域的知识体系,也会随着这本书建立起来。

这里推荐一些书,适合新人阅读。

1)思维书籍:《金字塔原理》和《结构思考力》。

2)启发类:《浪潮之巅》《疯传:让你的产品、思想、行为像病毒一样入侵》《启示录:打造用户喜爱的产品》和《产品的视角:从热闹到门道》。

3)产品方法论:《人人都是产品经理》《俞军产品方法论》《从点子到产品》和《结网》。

4)产品设计:《用户体验要素》和《设计心理学》。

12.1.4　多体验别人的产品

大多数产品都不是凭空产生的划时代产品,而是站在"巨人"的肩膀上,只是在过往产品上做了一些微创新,可能在某个亮点功能,或服务模式上做了创新。产品经理可下载热门的软件产品,不管和自己的产品有多大相关性,多用、多体验,这是认识产品的另一个好方法。虽然不是我们产品的竞品,我们也可能从中获得灵感,例如每月下载 10 款 App 进行使用,对社交类、电商类、内容类、游戏类和平台类产品等一一体验,并记录感受和优缺点。

可以从三个方面体验产品,参照的是后显慧(Luke)在《产品的视角:从热闹到门道》一书中谈到的 RAC 模型,如图 12-1 所示。

图 12-1　RAC 模型

第 12 章　思考与辨析——如何建立产品思维

体验产品可总结为三点"用""想"和"做"。

1）用：大量体验产品，并在使用过程中，从产品的五个要素层面中的其中三个进行思考：结构层、框架层和表现层。这款 App 为什么要这么做？这款 App 解决的核心问题是什么？解决的次要问题是什么？这款 App 哪些方面用户体验比较好？好在哪里？这款 App 具有哪些亮点？这个亮点有什么作用？同类产品中，哪款 App 更有亮点？

例如以微信来举例。

- 个人微信为什么始终没有已读功能？
- 新版微信为什么朋友圈的视频自动播放？
- 微信订阅号和服务号为什么要将入口分开？
- 视频号和朋友圈为什么属于同一级别的功能？
- 为什么底部导航用的是标签结构，"发现"的导航用的是列表结构？

2）想：复盘产品，从产品的五个要素中的范围层和战略层进行深度思考，这款产品的产品定位？这款产品的目标用户？这款产品的用户价值体现在哪些方面？这款产品的盈利模式？这款产品因为什么方法引流？这款产品因为哪些留住客户？这款产品解决了哪些痛点问题？提供的解决方案是什么？有没有什么亮点？有没有创新点？另外，还可以着重分析一下产品的版本迭代历史，思考在不同阶段产品都做了哪些迭代？通过上面的深入思考，可以最终产出《产品分析报告》。

例如可以重点分析微信 1.0 到 7.0 版本的迭代，可以了解其已经由一个熟人通信工具演变成内容和社交生态圈。

3）做：新产品的产生过程不是一蹴而就的，不是只有认识产品才能创造产品，只有深刻了解同类产品，在自己独立规划产品时，才能做到游刃有余。

例如在考察多款短视频 App 后，可以自己考虑规划一款短视频 App。这款 App 的目标客户是谁？产品定位是什么？有哪些亮点功能？规划改进现有短视频平台存在的哪些问题？还有哪些方面无法得到改进？

新人可以从产品的五个要素层面对产品进行打分。

1）战略层：下载产品之前了解其公司信息、产品定位、目标用户、商业模式，以及和同类产品的差异点、优缺点比较等信息。

2）范围层：打开下载的产品后首先使用核心功能，熟悉其核心流程，并思考：流程和功能还有哪些可以优化的地方？在核心功能方面体现哪些亮点和创新点？

3）结构层：用百度脑图、XMind 等思维导图工具把产品的整体架构、功能结构图梳理出来，一般梳理到三级即可。梳理完成后，能更宏观地了解整个产品架构。

4）框架层：通过体验产品，了解产品各个页面的跳转是否流畅，观察产品的按钮设计是否易用，信息内容排版是否整洁美观，操作流程是否便捷，信息提示是否易理解。

5）表现层：表现层虽然不同的用户感觉不一样，但是，目标人群应该能接受并且喜爱此种风格。判断该款产品是什么设计风格？目标用户喜不喜欢这种设计风格？是否为用户喜欢的文案内容和文案风格？

深入了解产品后，需要形成《产品分析报告》，也可以同时搜索别的产品经理的体验报告。通过了解别人的体验报告，学会取长补短，将没有考虑到的方面进行优化，就不会陷入一叶障目的境地。

12.1.5　多进行竞品分析

做竞品分析是产品经理必不可少的步骤，接下来看几个与竞品分析有关的问题。

1. 为什么要多做竞品分析

进行竞品分析可以让产品经理得到如下问题的答案。

1）了解竞争对手的产品，洞悉市场动态，判断竞品公司的战略意图，确定其最新调整方向。

2）掌握竞争对手的背景、融资情况、所采用的运营策略以及是否覆盖市场用户细分群体、是否还存在蓝海市场等。

3）了解竞品的整体架构和核心功能，分析其背后的出发点，满足用户的痛点需求，以及产品的发展趋势。

4）自己的产品与竞品相比，有哪些不足之处，找出产品更好的发展途径，为产品制定更为可行的办法。

5）分析我们的产品应该如何快速调整以保持自身产品在市场的稳定性，或者快速提升市场占有率。

2. 确定谁是你的竞争对手

我们产品的竞争对手主要分为以下三类。

1）直接竞争者：包括市场目标一致、方向一致、覆盖客户群体相似、用户需求和产品功能相似度极高的产品。例如天猫与京东，爱奇艺、优酷和腾讯视频，今日头条和腾讯新闻都属于此类竞争对手。

2）间接竞争者：市场客户群体目标虽然与我们的产品不一致，但与我们的产品存在互补关系，但又不是主要靠该产品价值盈利的产品。这类产品很可能通过低价策略和我们的产品展开竞争。例如 QQ 平台的 QQ 邮箱只是一个辅助产品，但是，如果要和一些邮箱产品竞争，也是一个间接竞争者。

3）同行业不同模式的产品：例如 B/S 互联网模式和行业解决方案及单机 C/S 客户端，一锤子买卖和长期靠服务收费的产品。例如 360 安全卫士与金山毒霸等就属于此类产品，360 安全卫士通过免费方式打败了同行业不同模式的产品金山毒霸和瑞星杀毒等。

3. 从哪里获得竞争对手信息

我们可以通过如下常用渠道获得竞争对手的信息。

1）竞争对手在官网、门户网站、公众号等更新的产品信息和营销信息等。

2）行业报告、论坛、QQ 群、应用评论等搜索竞品信息。

3）通过谷歌、百度等搜索引擎寻找同行的行业信息订阅，知乎等互联网平台也是很好的渠道。

4）竞品公司的季度和年度财报，各大人才网的简历更新，包括官网的招聘信息等。

5）从公司内部的市场、运营部门和管理层等收集信息。

6）建立持续的产品市场信息收集小组。

7）通过试用对方的产品，咨询对方客服等方式获得产品的文档或相关信息。

4. 从哪些维度进行竞品分析

很多竞品分析报告往往只是停留在表层，不能展现深层次、有价值的内容。建议从以下几个方面来分析竞品信息。

1）从季度或年度财报中获取季度乃至年度的盈利数值和盈利点。了解竞品所在公司内这个产品哪个模块可以实现盈利，这个产品是不是这个公司的主要盈利产品等问题。

2）从用户覆盖面、市场占有率和盈利模式等方面，尽可能地了解到竞品在固定周期（例如月、年度等）的总注册用户量、装机量和有效转化率。

3）从竞品的技术、市场、产品和运营等方面分析其核心目标和行业品牌影响力。

4）进行产品功能分析及其对比，不只是停留在分析表层内容，还需要分析产品的非功能方面的特性，例如产品的稳定性、易用性、用户体验、可扩展性、可测试性、交互设计、视觉设计和技术框架等方面的优劣势等。

5）竞品平台在同类产品中的排名等。

5. 进行竞品分析的方法

进行竞品分析一般采用如下三种方法。

（1）SWOT 分析法

SWOT 分析法比较普遍，将对企业内部条件和外部条件从优势、劣势、机会和挑战四个方面进行综合分析。SWOT 分析模型如图 12-2 所示。

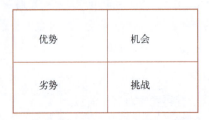

图 12-2　SWOT 分析模型

产品经理需要对产品的优势和劣势有客观的认识，了解产品的现状，明了产品的前景如何，必须与竞争对手进行全方位的比较，知己知彼，才能百战不殆。分析时，需要贯彻扁平化设计的思维，尽量简洁化，避免将问题复杂化，或者过度分析。

（2）波士顿矩阵

波士顿矩阵又称为市场增长率–相对市场份额矩阵、波士顿咨询集团法、四象限分析法和产品系列结构管理法等，由美国著名的管理学家、波士顿咨询公司创始人布鲁斯·亨德森于 1970 年首创。

波士顿矩阵参考如图 12-3 所示。

图 12-3　波士顿矩阵

波士顿矩阵包括如下 4 种产品类型。

1）明星类产品：指处于高增长率、高市场占有率象限内的产品群，这类产品可能成为企业的现金牛产品，需要加大投资以支持其迅速发展。采用的发展战略是：积极扩大经济规模和市场机会，以长远利益为目标，提高市场占有率，加强竞争地位。

2）金牛类产品：又称厚利产品。指处于低增长率、高市场占有率象限内的产品群，已进入成熟期。其财务特点是销售量大，产品利润率高、负债比率低，可以为企业提供资金，而且由于增长率低，也无须增大投资。因而成为企业回收资金，支持其他产品，尤其明星产品投资的后盾。

3）问题类产品：指处于高增长率、低市场占有率象限内的产品群。前者说明市场机会大，前景好，而后者则说明在市场营销上存在问题。其财务特点是利润率较低，所需资金不足，负债比率高。例如在产品生命周期中处于引进期，因种种原因未能开拓市场局面的新产品即属此类问题的产品。

4）瘦狗类产品：也称衰退类产品。指处在低增长率、低市场占有率象限内的产品群。其财务特点是利润率低、处于保本或亏损状态，负债比率高，无法为企业带来收益。对这类产品应采用撤退战略：首先应减少批量，逐渐撤退，对那些销售增长率和市场占有率均极低的产品应立即淘汰。其次是将剩余资源向其他产品转移。第三是整顿产品系列，最好将瘦狗产品与其他事业部合并，统一管理。

（3）精益画布

"精益画布"的概念来源于《精益创业实战》一书，通过对业务问题的思考，寻找产品的市场切入点，明确产品价值，发现核心竞争优势，明确盈利模式，确定触达用户的渠道，最终形成战略目标和行动计划。以可视化的形式，帮助验证项目或产品是否可行。使用精益画布工具的好处如下。

> 明确产品目标、产品定位以及产品整体规划。
> 帮助相关的各方更加清晰地了解业务目标。
> 让各方聚焦在用户价值和产品价值。

互联网产品的精益画布建议如图12-4所示，具体内容如下。

1）目标客户：客户是能够为我们的产品和服务付费的用户。需要对目标客户进行细分，为每一类客户人群建立一张画布，因为客户群体的不同会导致商业模式元素等方面的变化，对客户的特征描述应该尽量详细具体。

2）核心价值：确定目标用户群的需求，抓住用户的痛点需求，描述每一个痛点目前的解决方案，并找出未解决的原因，为提供"对症下药"的解决方案做准备。

图 12-4 精益画布

3）解决方案：产品为用户提供什么功能？解决什么问题？

4）渠道：获取用户的方式、途径或产品销售的渠道，包含线上、线下渠道。

5）合作方：产品涉及哪些合作方？

6）考核指标：通过量化指标的方式掌握各阶段的发展情况，评价业务的关键数据，设置每个阶段的目标，并根据指标变化为产品和运营工作提供指导。

7）收入分析：明确项目或产品如何盈利，以及确定产品的定价和收支平衡点。

8）成本分析：产品需要哪些成本？通过对收入和成本的分析，得出达到收支平衡至少需要的销售量。成本包括软硬件投入、客户获取成本、人力成本和运营成本等。

9）竞争优势：相比我们的竞争对手，我们做这个项目或产品有什么优势？

对于内部项目，画布可简化为六部分，分别为：目标用户群体、痛点问题、解决方案、合作方、考核指标和成本分析，如图 12-5 所示。

12.1.6 多参与产品规划和设计

培养产品思维的终极大招就是多参与产品规划和设计工作，"作战经验"来自上"战场"，无论是公司产品还是个人产品，都是我们锻炼的好机会，例如，自行设计一款短视频产品：明确产品定位，圈定目标客户，产品的用户价值是什么？产品的产品价值如何体现？解决了哪些用户痛点？具体的解决方案是什么？具有哪些亮点功能？产品从 0 到 1 启动时，需要进行哪些冷启动操作？产品采用何种运营策略和运营方案？

图 12-5　内部版简化精益画布

一个成功的产品经理，都会经历一些被自己做失败的产品，或者一些鸡肋的功能。例如某个产品经理规划了 10 个功能，可能只有 1~2 个功能是反响不错的。所以，不要害怕犯错，在犯错中成长才是王道。

12.1.7　多交流、勤总结和勤分享

多交流是指建议产品经理要充分利用知乎、微信公众号、微信群、QQ 群、论坛、博客、微博和邮箱等方式，多去认识一线的产品经理，尤其是来自 BAT 和自己心仪的公司的产品经理。

勤总结是指自己对产品、行业动态、竞品、设计工具、技术和工作方法等的感悟或总结，可每两周左右进行一次总结。这些总结会纳入自己的知识体系，让我们的产品思维能力得到不断提升。

勤分享是指不断将自己的学习总结通过产品类博客、公众号、论坛和知乎等分享出来，通过和同行、前辈的交流，接受别人的指点。分享自己的知识，分享自己的信息，学习他人的知识和观点，最后大家一起获得成长。"教，是最好的学"，产品经理就在不断的分享中让自己的知识体系不断完善。笔者通过在技术博客中分享知识和感悟，认识了很多同行，增长了见识。

12.2 项目思维 VS 产品思维

项目思维的重点在于交付,关注的关键点为项目交付过程中最重要的质量、工期与成本三方面,专注于输出,旨在按照项目的时间进度要求,完成符合质量要求的需求内容。产品思维并不关注输出,而是更为关注结果,关注想要实现的产品目标,以及为了实现这个产品目标需要完成的工作。

12.2.1 项目思维

项目思维特别普遍,特别是从事软件工程、测试工程、项目管理、PMO(项目管理办公室)等工作的人员,大多数时间都在进行项目执行或项目管理。不只是软件项目,现在工程建设项目也比比皆是,因此,大部分人员都倾向于使用项目思维进行思考,分解目标和任务,依次完成各个事项即可。

什么是项目思维呢?

项目管理专注于输出,按照项目的时间进度要求,对照日程表完成符合质量要求的需求内容。在这种情况下,提前对需求进行周密的采集分析,并制定好《需求规格说明书》,确定各个重要环节的项目计划,例如开发计划、质量计划和测试计划等,按照既定计划完成项目交付工作。

项目思维的重点在于交付,项目交付过程中,最重要的是质量、工期与成本三要素。

1)质量管理:是项目成功的必要因素,主要包含质量计划、质量保证与质量控制三部分。

2)进度管理:是保证项目能够按期完成所需的过程。在总的项目计划下,各参与建设的部门或单位需要编制项目分解计划,例如质量部门要编写质量计划,项目经理要编写项目进度计划,才能保证工程的顺利进行。

3)成本管理:是保证项目在批准的预算范围内完成项目的过程,包括资源计划的编制、成本估算、成本预算与成本控制。

12.2.2 产品思维

和项目思维不同之处在于,产品思维并不关注输出,而是更为关注结果,这需要做出重大的思维转变。在产品思维里面,进度不是重要因素,对工期没有那么关注,而是关注想要实现的产品目标，以及为了实现这个产品目标需要完成的工作。

也正因为如此，在产品规划设计前期，对交付时间进行约束也会比较困难，因为在前期对产品目标以及需要完成的工作还比较模糊。

12.2.3 项目和产品的根本差异

"项目"和"产品"两者之间的核心差异有以下两点。

1）目标不同：两者最大的不同在于目标不同，项目目标要求在规定的时间内，利用有限的资源，高质量地完成特定客户的需求。而产品的目标是解决某件事，或者说满足某些方面的用户的通用需求，时间和资源限制没有项目多，产品是否能持续运营更为重要。

2）生命周期不同：因为项目有工期要求，要求在规定的时间内完成，经过启动、策划、执行监控和收尾过程，项目经过验收过程，交付给用户，并完成结项后，项目生存周期正式结束。而产品不存在"结项"和"完成"等类似的说法，因为产品需要不断地优化，不断地进行迭代更新，直到进入衰退期，或者被新产品替代，产品的生存周期才结束。

对于大多数人来说，从项目思维到产品思维的思想转变是很大的转变，特别是针对那些专注于项目执行和项目管理的人，产品整个过程中的工作方式和过往的工作方式有很大不同。而产品经理既要具备产品思维又要具备项目思维，并能在二者之间灵活转换。因为项目思维可让我们重点关注质量、成本和工期，让产品在可控成本的范围内在规定时间内高质量完成，而产品思维让我们关注产品的结果，实现产品目标，发挥产品价值，为用户和企业带来双赢局面。

12.3 产品思维是走钢丝式的平衡

在规划和设计产品时，需要在用户、客户、商业利益和技术实现四者之间，如同走钢丝一样维持平衡。

1. 用户

"一切以用户价值为依归"，不管是互联网独角兽，还是互联网创业公司，都不敢放松对用户的重视程度，用户本身的价值，远远大于他们目前已经在我们的产品上花费的金钱。"用户是上帝"不再是一句空话，让用户继续留下来使用自己的产品，能延长产品中用户的生命周期，带来更多的产品价值。

从用户的角度来看，放弃一个产品的成本非常低，几乎为零，因为同类竞品选择非常之多，只是有些产品特意设置了转换产品的障碍，会带来一些麻烦而已。用户转换产品的成本很低这一点对于互联网企业来说是机遇与风险并存：对一些处于创业期的互联网公司的新产品这意味着巨大的机会，一旦抓住用户需求，产品就有可能快速成长为巨无霸，公司也有可能成长为互联网独角兽；对于已有庞大用户量的互联网公司，因为随时存在着产品被用户抛弃的风险，也更加有危机感，从而必须不断完善自己的产品，一刻不能懈怠。

2. 客户

有些产品，并不直接面向产品的使用用户，还有如采购部门和代理商等诸多中间环节，这个中间群体称为产品的"客户"。例如 ERP 管理系统，一般都是由公司设立的专门的采购部门进行谈判和采购，但真正使用这款软件的是公司管理部门和工厂的员工。另外，在零售业，大部分大型生产商自己并不参与零售，而是通过各级代理商等渠道销售产品，这些代理商面向最终的消费者。除了用户的需求需要满足，还需要将客户要求产品满足的监管和统计分析等功能也考虑进去。

3. 商业利益

无论是属于哪个领域、哪种类型的产品，其最终目标都是为公司实现商业利益。概括来说，公司的商业利益通过两方面体现：产品的盈利能力和用户规模。

1）盈利能力：评估某款产品可投入多少资源，需要预先评估这款产品有多大的盈利能力，不能让公司投入的钱都打了水漂。而且，还需要关注这种盈利能力能否持续，能持续盈利多长时间。一款优秀的产品，需要为企业带来持续的收益。不管是互联网产品还是传统产品，盈利能力都是产品重要的一个评估项。

2）用户规模：更适用于互联网行业的另一套评估体系。例如京东平台长期没有实现盈利，但这依然不会阻碍它成功上市，成为电商行业的另一巨头，其背后最根本的原因就是它具有庞大的用户规模，得到了用户的认可。在互联网领域，流行着这句话："只要产品有大用户量，挣钱只是迟早的事情。"

4. 技术

产品理念和目标只有在真正落地后，才有可能转变为商业价值。有些产品之所以失败，并不是理念不够创新，反而是死在"太超前"，技术跟不上，或者市场环境还没有形成等。因此，一个产品解决方案是否在技术上能否实现，也是一个需要认真考虑的方面。一是目前的技术是否突破，最好已经属于成熟技术。二是在技术手段可实现的前提下，公司是否有足够的技术资源来实现，包括设计、前端、开发、测试和运维等人力资源。

用户、客户、商业利益和技术四者的要求可能各有不同，存在冲突点，四者都是产品经理需要平衡的因素。例如用户想要的某个创新需求，目前的技术并不能保障其稳定性，会导致部分用户体验变差。又如产品所在的公司想通过收取竞价排名广告服务费来获取商业利益，但是用户更想看到没经过竞价排名的搜索结果。类似情况不一而足，需要产品经理评估实现和不实现带来的好处和影响，权衡利弊后再做决定。但是平衡机制需要以用户为中心来进行驱动，这是一场与用户的博弈。

12.4 产品思维需要借鉴科学思维

科学思维，也叫科学逻辑，即形成并运用于科学认识活动、对感性认识材料进行加工处理的方式与途径的理论体系；它是真理在认识的统一过程中，对各种科学的思维方法的有机整合，是人类实践活动的产物。

在科学认识活动中，科学思维必须遵守三个基本原则。

1）在逻辑上要求严密的逻辑性，达到归纳和演绎的统一。

2）在方法上要求辩证地分析和综合两种思维方法。

3）在体系上，实现逻辑与历史的一致，达到理论与实践具体的历史统一。

产品经理可以借鉴科学思维中的演绎和归纳思维来指导产品规划。

1. 从个别到一般的归纳思维

归纳方法是指从个别或特殊的事物，概括出共同本质或一般原理的逻辑思维方法，它是从个别到一般的推理。其目的在于透过现象认识本质，通过特殊现象揭示一般本质。

也可以简单地理解归纳思维：把具备某种相同属性的事物一一列举出来后，寻找它们之间的共同点。例如，龙生龙，凤生凤，老鼠的儿子会打洞，这就是归纳，即龙、凤和老鼠各为一类动物，龙生龙，凤生凤，所以归纳出某种动物生的是同类动物，因此，老鼠生老鼠，小老鼠也会打洞。有三种常用归纳法。

1）完全归纳法：根据某类事物所有对象做出概括的推理方法。需要注意的是，这种情况需要覆盖某类事物的所有对象。例如，如果我们把整箱苹果的每一个苹果都咬一口，发现每一个都很甜，从而得出结论：这箱苹果是甜的。

2）不完全归纳法：在进行科学研究时，往往只根据部分对象具有某种属性做出概括，这种推理方法叫不完全归纳法。不需要覆盖全部对象，因此，实现难度相对"完全归纳法"简单一些，但是，也需要有足够多的样本才能得出有说服力的答案。例如，有一箱苹果，我们拿出三个尝一尝，发现都是甜的，于是我们得出结论：这箱苹果是甜的。

3）因果联系的归纳法：任何现象都会引起其他现象的产生，任何现象的产生都是由其他现象所引起的，这种引起和被引起的关系叫作因果联系。因果联系的归纳法已经不是一种简单的从个别到一般的归纳法，已具有与演绎相结合的归纳法。

归纳思维能让产品经理从一个个具体的事例中，推导出一般规律和通用结论，可以借助于归纳思维对业务进行推演，抽象出问题的主要矛盾或共性。例如，在不同应用系统给不同中小企业授权的这个需求中，通过授权的应用系统和功能点进行归纳后，可以得出这个问题体现的是以下三个问题。

1）给什么用户用：企业管理员？企业员工？

2）用多久：企业租用这个应用系统，可能按月、按季或按年付费，因此有使用有效期。

3）用什么：是用哪几个应用系统？用其中的哪些功能？

2. 从一般到个别的演绎思维

和归纳思维刚好相反，演绎思维是从一般到个别的推理。是指根据一类事物都具有的属性、关系和本质，来推断该事物中个别事物也具有此属性、关系和本质的思维方法和推理形式。其基本形式是三段论，它由大前提、小前提和结论三部分组成。只要前提是真的，在推理形式合乎逻辑的条件下，运用演绎推理得到的结论必然是真实的。

演绎推理把关于事物最一般、最本质、最普遍的规定作为逻辑出发点，按照事物本身的转化关系把事物联系完整地复制出来，使某一领域的科学知识结合成一个严密的体系，显示出建构知识体系的强有力的功能。

简单来说，演绎思维就是要把互相之间形成影响的因素，按照事物因果顺序、时间先后顺序、重要程度顺序排列出来，再寻找突破口。例如，我们知道猫都喜欢吃鱼，我们家养了一只小猫叫阿喵，通过演绎思维可以得出结论：阿喵也喜欢吃鱼。再如，我们都知道，所有人都会死，而苏格拉底是一个人，因此通过演绎思维得出结论：苏格拉底也会死。

演绎思维是将一般规律应用于一个个具体事例的思维，对于产品经理来说，演绎的过程是产品规划和设计的必经过程，产品经理需要将相互之间形成影响的因素，按照重要程度、时间先后顺序、因果顺序等逐一排列出来。

3. 归纳和演绎的辩证统一

归纳和演绎的客观基础是事物的个性与共性的对立统一。个性中包含共性，通过个性可以认识共性，同样，掌握了共性就能更深刻地了解个性。归纳和演绎相互依存、互相对立、彼此渗透，它们在科学认识中的主次地位也可以互相转化。

归纳和演绎思维是目前科学研究中运用较为广泛的逻辑思维方法,这种思维方法对产品经理也大有裨益。产品经理在实际的工作中,可以将归纳思维和演绎思维辩证地统一,这样有利于将复杂的问题拆分为小问题,梳理相关影响因素,将问题层层分解,不断抽丝剥茧,将原来的一团乱麻梳理得规规整整。

产品经理具备的最直观、最常见的思维展现过程如下。

1)这个问题产生的背景是什么?

了解问题产生的历史原因,以及了解来龙去脉。

2)这个问题包括哪些相关的人物和因素?

可采用金字塔原理的 MECE 法则和归纳法,将问题相关的人物和因素进行一一梳理。

3)这个问题产生的关键原因是什么?

可采用金字塔原理的 MECE 法则和归纳法,将产生的关键原因一一列出。

4)这个问题产生的次要原因是什么?

同样可采用金字塔原理的 MECE 法则和归纳法,将产生的次要原因一一列出。

5)解决这个问题有哪些方法?

用归纳法,一一列出解决这个问题的方法。

用演绎法,可找到每种解决方法实施的具体步骤。

12.5 使产品占据用户心智

产品需要定位的原因,是因为需要打造出自己的品牌,占据用户心智,这是实现产品商业价值的捷径。

12.5.1 占据用户心智的重要性

无论是做互联网产品还是实体产品,归根到底都是在打造品牌。对于一个公司而言,品牌有利于实现商业价值,同样是一款包包,虽然制造成本相差无几,但是,因为品牌效应,定价却有天壤之别。

可口可乐就是品牌中的神话,自从推出至今,畅销不衰,成为品牌营销的奇迹。对于可口可乐而言,只要这个品牌还在,还能被消费者所认可,那就永远拥有巨大的价值。诸如工厂、设备甚至配方方面,反而并不太重要。

我们站在消费者的角度，可能不会记住公司名字，但对于某些品牌却有很深的印象，例如很多用户了解抖音、今日头条，但是很可能不知道其背后的公司。绝大多数人都是先使用了某款优秀产品，进而才想了解这个公司，例如，我们因为先使用了 Windows 操作系统，后来才知道微软公司。同样，很多公司也正是凭借爆款产品，打造出自己的品牌，从而牢牢占据了在某个领域的用户心智，例如，抖音占领短视频的用户心智，滴滴出行占领了出行的用户心智，微信占领了社交的心智，天猫、淘宝和京东占领了电商的心智。在个领域内，占领心智的一般为排名前三的产品，甚至只有排名第一的产品才被人记住。

12.5.2 抢占用户心智的方法

要抢占用户心智，需要产品经理注重品牌的打造，包括前期的品牌定位、品牌命名、品牌符号，以及前期品牌形象的打造，和后续品牌形象的维护和深化。

1）品牌定位：首先要考虑的问题就是品牌定位，对于已经一片红海的市场，要懂得抓住细分市场。例如，京东从品质购物入手，强调购物时效性。拼多多在电商平台众多，电商行业一片红海的情况下，依靠着专注于 C2M 拼团购物细分市场杀出重围，避开一二线城市的惨烈斗争，将主力市场聚焦在三四五线市场，在 2019 年企业年报中，营收高达 301.4 亿元，活跃买家 5.8 亿人。

2）品牌命名：包括品牌的中英文等名称。

3）品牌符号：包括品牌的 Logo，还包括启动页和引导页等"门面"的设置。

4）品牌形象：在品牌形象打造方面，需要和产品定位相契合，例如，微信在进行品牌打造、宣传推广、品牌营销和产品迭代过程中，不断深化微信"连接一切"的品牌形象，切合到用户的各类生活场景中，加入朋友圈、公众号、摇一摇、红包和交易等功能。特别是微信红包功能，具有很好的传播性，让用户印象深刻，形成二次传播。相比传统纸质红包而言，微信红包有新意、有趣味，颠覆人们以往的认知。另一方面它又具有足够高的频次和社交属性，高度契合春节和平时发个红包、图个乐子的社交场景。

本章小结

在本章中，讲解了如何建立产品思维。首先要区分项目思维和产品思维，两者的核心不同是目标和生命周期不同。另外，项目管理专注于输出，重点在于交付。而产品思维并不关注产

第 12 章 思考与辨析——如何建立产品思维

出,而是关注结果。在规划产品时,需要在用户、客户、商业利益和技术实现四者之间,如同走钢丝一样维持平衡。在产品思维中,需要借鉴科学思维,学习和使用从个别到一般的归纳思维,以及从一般到个别的演绎思维。商业竞争的最终目的:打造出自己的品牌,占据用户心智。无论是做内容产品还是实体产品,归根到底都是在做品牌。新人如何建立产品思维?这里有七点建议:多思考为什么;多观察;多看书;多体验别人的产品;多进行竞品分析;多参与产品规划和设计,在试错中不断提升;多交流、勤总结和勤分享。

第四篇　产品思维实践

　　产品思维的相关知识点从实战中来，也应该应用到实战中去。本篇的 3 个实战精讲案例将前三篇讲到的产品思维的核心知识点融会贯通，在线教育平台、新闻 App 和品牌特卖电商平台涵盖 Web 网站产品、App 产品和小程序产品。

　　3 个精讲案例重点围绕如何进行产品定位、绘制用户画像、明确用户价值、明确商业价值、进行竞品分析和开展产品架构工作等核心知识点详细展开讲解。"长风破浪会有时，直挂云帆济沧海。"愿大家在精讲案例的海洋中开心地冲浪，也祝愿大家在产品经理的职业生涯中乘风破浪！

第 13 章
产品思维实践 1——Web 在线教育平台

宝剑锋从磨砺出，产品经理要想获得提升，需要通过实践不断摸索实战经验，磨炼产品思维能力和规划设计能力。本章通过设计一款 IT 在线教育平台产品，让读者更好地掌握前面各章讲解的如产品定位、用户画像、用户价值、商业价值、竞品分析和产品架构等知识点，并将这些知识点融会贯通。

13.1 产品定位

本产品的定位：集结顶级 IT 讲师，打造集优质录播课 + 优质直播课 + 培训自测题三位一体的 IT 在线教育平台，课程涵盖云计算、人工智能、大数据、物联网、区块链、移动开发、游戏开发、前端开发、后端开发、系统/运维、考试认证、数据库、网络/安全、研发/架构、产品/运营、平面设计、测试、办公效率和职场/管理等课程类别。

13.2 用户画像

本产品目标用户群体的用户画像具体如下。
1）用户年龄结构：20~45 岁群体为主。
2）用户性别：IT 专业领域男性居多，70% 男性，30% 女性。
3）学历结构：大专、本科为主。

4）付费意愿最高群体：25～45 岁付费意愿最高。

5）热门课程类别：移动开发、游戏开发、前端开发、后端开发、产品运营、办公效率、人工智能和平面设计。

6）居住热门城市：广州、北京、上海、深圳、杭州、成都和南京等 IT 发展良好的城市。

7）学习时段：20:00～22:00，下班回家到睡觉前的时间，以及周末的时间。

接下来看一下这款产品的 3 个典型的用户故事。

1. 用户故事 1—在校大三学生

用户张三是一名计算机专业的大三学生，21 岁，男性，大学课程理论性比较强，实操方面又讲解太少。为了大四毕业能尽快找到好工作，需要更深入地学习一门编程语言，掌握更多的实操技巧。于是，找到我们的在线教育平台，搜索"Java 语言"后，按照综合排名和不断比较课程的性价比后，选定 XXX 讲师正在进行秒杀的《Java 实例精讲课程》录播课程，这个课程比直播课程实惠很多，原价 299 元，现价 99 元，而且非常注重实操，案例非常丰富。张三购买后开始通过计算机进行学习，也会利用碎片时间在 iPad 或手机端学习。在学习过程中张三会发一些弹幕，也会通过平台记录学习笔记等，与老师产生互动，全部学习完毕后，对课程给出 1～5 星的评价。

2. 用户故事 2—毕业不到 1 年的职场菜鸟

用户李四，24 岁，刚毕业不到 1 年的职场新人，产品助理，产品经理分配了产品原型设计的任务，但是，李四对原型设计工具 Axure RP 并不熟练，需要快速上手，所以，找到我们的在线教育平台，输入"Axure RP"搜索录播和直播课程，录播课程可以马上学习，而直播课程需要根据报名情况排期，相对而言，录播课程便宜很多，一般的 Axure RP 录播课程价格为 299 元左右，而直播课程需要 1999 元，因刚毕业不久，收入也不高，于是，选择一个排名靠前的 Axure RP 课程，每天晚上下班后大概在 20:00～22:00 学习，或者周末安排时间学习。

3. 用户故事 3—毕业 5 年的资深职场人士

用户王五，28 岁，一名高级工程师，有意往项目管理方向发展，公司也可能近半年会有项目经理职位空缺，如果有 PMP 或软考项目管理师高级证书加持，会成为职位晋升的加分项，而且，通过课程也可以系统地补习项目管理的理论知识。但是，因为上班时间特别忙，有时候晚上还需要加班，准备时间不太够，而且距离下次 PMP 或软考考试只有 5 个月时间。听说我们的在线教育平台有知名的 PMP 或软考考试老师入驻，开设了直播课程，每周六、日讲解两小时，价格虽有些贵，需要 1999 元，但是，会对重点、难点和历年考题等进行深入讲解，学员考试通过率也很高，看到评论区对老师的评价非常高。报名如果考试通过还可以通过挂靠在公司有补贴，于是，李四报名了这个课程，每周六日学习直播课程，过起了忙碌而充实的上班+周末充电的生活。

13.3 用户价值

本在线教育平台主要有学员、IT 讲师和运营人员三类主要用户角色，核心用户的用户价值体现在如下方面。

（1）学员

IT 生涯的学习充电平台，创新实用的互联网学习平台，让想要加入或转行到 IT 行业的学员能尽快上手。也让资深 IT 人士能学习前沿课程（人工智能、物联网、大数据和区块链等），或者学习考试认证课程，能让职场生涯更具备竞争力，更加有利于升职加薪。

（2）IT 讲师

领域内资深人员通过将自己的专业知识进行包装和分享，将其输出为视频录播课程，或通过晚上或周末开设直播课程，能多一个除工作外的副业收入渠道，如果课程分成收益很不错，甚至还可能将在线教育平台的工作发展为主业。

（3）运营人员

运营人员需要了解平台内课程的销售统计情况，讲师的收益情况，定期进行收益结算，配合学员的售前咨询，以及售后服务处理，策划和开展各类运营活动，例如平台周年庆、618 活动、国庆活动、双 11 活动、双 12 活动、元旦活动和新春活动等。

13.4 商业价值

接下来讲解一下该在线教育平台商业价值中的盈利模式。

1）录播课程分成收益：录播课程讲师分成 70%，平台分成 30%，根据讲师的级别，可以在每升级一个级别时，提高 2% 分成比例，以此刺激讲师更积极地分享课程。

2）直播课程分成收益：直播课程讲师分成 70%，平台分成 30%，根据讲师的级别，可以每升级一个级别，提高 2% 分成比例。直播课程的建议定价为线下课程的 1/4 左右，例如线下名师 1.2 万元左右的 PMP 培训课程，在线上则定价 3000 元。例如一个定价 3000 元的软考培训班如果有 50 人报名，直播课程总销售额将高达 15 万元。

3）会员收益：用户可开通年会员、季会员或连续包月会员等，平台设置会员课程，该类课程针对会员免费，另外，会员还可以享受其余付费课程的95%优惠。

4）电子书分成收益：讲师可发布付费电子书，支持整本购买或分章购买方式，讲师分成80%，平台分成20%。如果平台上的电子书有出版社联系平台出版时，平台统一收取1%版税费用。

5）广告：平台配套的交流社区可承接一些广告，包括平台首页广告和视频贴片广告等。

6）增值服务收益：平台可以提供为学员诸如就业咨询和考试服务等增值服务，向学员收取费用。

13.5 竞品分析

有10个以上高质量的在线IT学习网站，因为篇幅关系，除了综合性比较强的腾讯课堂做比较深度的竞品分析外，其余4个优质产品只是进行简单介绍。

13.5.1 腾讯课堂

腾讯课堂是腾讯公司推出的专业在线教育平台，聚合大量优质教育机构和名师，下设职业培训、公务员考试、托福雅思、考证考级、英语口语和中小学教育等众多在线学习精品课程，打造老师在线上课教学、学生及时互动学习的课堂。

腾讯课堂列表页如图13-1所示。

图13-1 腾讯课堂列表页

第 13 章　产品思维实践 1——Web 在线教育平台

腾讯课堂的首页网址：htttps://ke.qq.com/

腾讯课堂的 IT 互联网频道网址：https://ke.qq.com/course/list?mt=1001

腾讯课堂以男性用户为主，多具有初、高中及大专/本科学历，更倾向于以直播方式学习 IT、互联网、设计和创作等领域的课程。

1. 用户画像

腾讯课堂的用户画像如下所示（数据来源于网络）。

1）用户性别：男性 62%，女性 38%。

2）付费意愿：女性高于男性，付费意愿最高的地区是山东，付费意愿就学历方面来说，最高的是硕士，28~42 岁的用户付费意愿最高。

3）学习时长：女性 53 小时，男性 55 小时。

4）课程类别偏好：男性偏好编程开发类课程，女性偏好平面设计类课程。东南沿海偏好学习 IT 互联网和设计创作领域的课程，西北地区偏好职位考证领域的课程。

5）地域：用户占比最高的地区是广东，高达 15.6%。

6）学历结构：初高中及大专/本科学历为主。

7）年龄：年龄在 32 岁以下的群体是腾讯课堂的中坚力量。

2. 用户占比地域分布

在地域分布方面，广东省的用户数占腾讯课堂在线学习整体用户数的比重最大，为 15.6%，在其后的是山东省、江苏省和浙江省，分别占比为 6.9%、6.8% 和 6.7%。

3. 各学习领域最受欢迎的省份比较

经济环境是影响学员学习兴趣的主要原因，东南沿海省份学习 IT、互联网、设计、创作领域课程的用户占比较高，北上广浙等互联网行业发达省市对 IT 互联网人才的需求较高，因此学习该领域课程的用户占比远高于其他地区。中东部地区学习 IT、互联网、设计、创作、职业、考证等领域的课程的占比相差不大。2017 年腾讯课堂各学习领域最受欢迎的省（市、自治区）TOP5，如表 13-1 所示。

表 13-1　2017 年腾讯课堂各学习领域最受欢迎的省（市、自治区）TOP5

IT+互联网	北京 43%	上海 38%	浙江 35%	广东 35%	福建 35%
设计+创作	浙江 26%	广东 25%	上海 25%	江苏 24%	福建 22%
升学+考研	山西 19%	甘肃 16%	吉林 16%	宁夏 16%	山东 15%
职业+考证	青海 33%	西藏 31%	云南 29%	贵州 26%	山东 26%

注释："北京：43%" 表示 2017 年有 43% 的北京用户选择在腾讯课堂学习 "IT+互联网领域" 的课程。

4. 直播课年累计上课人数占比比较

从各省市用户直播课上课人数占整体学习方式的比重来看，沿海省份及部分中东部内陆省份的用户，多以直播课形式参与学习，其中，浙江省直播课上课人数占比最高，为 61%，福建和广东都为 59%，西部地区录播课累计上课人数占比较高。

5. 付费意愿区域比较

从各省市学员的付费学习占比来看，山东省用户整体对学习课程的付费意愿最高。上海、重庆、黑龙江、天津学员的付费学习意愿紧随其后。

6. 各省份人均年累计付费金额比较

从各省市用户的人均年累计付费金额来看，用户付费金额的高低与当地的经济发展程度呈正相关关系，北京和上海的人均年累计付费金额最高，分别为 772 元和 749 元。

7. 用户年龄结构

从整体用户的年龄结构分布来看，32 岁以下用户占比为 86%，其中，以 18 岁到 27 岁为主要用户群，占比为 56%，超过一半。

8. 不同年龄段付费用户人均年累计学习时长

从付费用户人均年累计学习时长角度来看，75 前用户人均累计学习时长最长，为 74 小时，紧随其后的是 75 后到 90 后，人均 60 小时。

9. 付费用户年龄比较

付费意愿较强的用户群体为 75 后、80 后和 85 后，付费意愿强的年龄段集中在 28~42 岁，这部分群体大多已就业。

10. 各年龄段用户的学习广泛度情况

从各年龄段的学习广泛度来看，以 95 后、90 后为代表的新生代群体的学习广泛度普遍较高，超过 60% 的用户学习的课程涉及多个学习领域，95 后用户群体较为年轻，对未来规划的选择空间较大，因此，其学习广泛度最高，而 00 后及其他群体目标性比较强，学习涉猎的广度有所下降。

11. 各年龄段用户的学习热门课程情况

从各年龄段用户所报名课程的学习类别 TOP3 来看，互联网营销、平面设计和职业技能等是最受欢迎的课程，覆盖大部分年龄段用户，00 后正处于升学阶段，更关注初高中方面的内容。2017 年腾讯课堂各年龄段用户学习的热门课程如图 13-2 所示。

第 13 章 产品思维实践 1——Web 在线教育平台

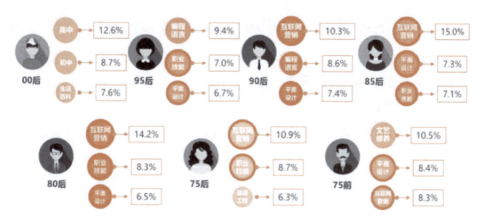

图 13-2　2017 年腾讯课堂各年龄段用户学习的热门课程（来源于网络）

12. 用户性别分布

从整体来看，腾讯课堂男性用户多于女性用户，男性用户占比为 62%，女性用户占比为 38%，男性用户数是女性用户数的约 1.6 倍，性别差异化比较明显。

13. 最喜爱的课程类别 TOP5

男性用户偏爱编程语言，女性用户偏爱平面设计。互联网营销、平面设计、职业技能课程受到男女性用户的共同追捧，男性用户对编程语言类课程的兴趣明显高于女性，女性用户对公考求职、文艺修养亦有较高的学习需求。2017 年腾讯课堂不同性别用户最喜爱的课程类别 TOP5 如图 13-3 所示。

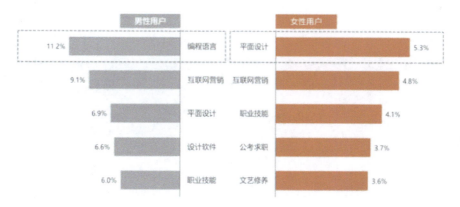

图 13-3　2017 年腾讯课堂不同性别用户最喜爱的课程类别 TOP5（来源于网络）

14. 用户的学历占比

从用户整体学历来看，初高中学历占比接近 60%，大专/本科学历占比为 30%，初高中及大专/本科学历人群是腾讯课堂的主要学习人群。

15. 用户单日学习时间段分布情况

用户在工作日和休息日的在线学习习惯相对较为一致，每天上课人数最多的时间集中在 20:00～22:00，白天的高峰是 14:00～16:00 和 10:00～11:00。

13.5.2　51CTO 学院

51CTO 学院是 2013 年由 51CTO 重磅推出的 IT 在线教育平台。51CTO 学院汇集各类 IT 精品视频课程，致力于打造顶尖 IT 培训讲师、网络技术精品培训课程、培训自测题三位一体的网络教育，是国内最完善、最专业的 IT 在线教育平台。

51CTO 学院课程涵盖云计算、移动开发、游戏开发、系统/运维、考试认证、编程语言、Web 开发等。课程收费，有一部分独家视频。

51CTO 学院首页网址：https://edu.51cto.com/

51CTO 学院首页如图 13-4 所示。

图 13-4　51CTO 学院首页

13.5.3 CSDN 学院

CSDN 学院是 CSDN 最新推出的一个面向软件开发者的 IT 技术职业培训平台，旨在提供优质的 IT 课程，创造更为方便、快捷的学习方式。自 2015 年 1 月发布至今，CSDN 学院已拥有了 500000+学习用户，签约了 400+IT 资深讲师，上线了 500+优质实战课程。

CSDN 学院课程类型包括移动开发、编程语言/框架、软件研发、系统/网络、云计算/大数据、数据库、游戏开发、硬件/嵌入式、认证考试、Web 开发等诸多技术领域，吸引了众多技术大咖、IT 学习者的关注。

CSDN 学院首页网址：http://edu.csdn.net/

CSDN 学院首页如图 13-5 所示。

图 13-5 CSDN 首页

13.5.4 极客学院

极客学院课程涉及 30 多个技术领域，例如 Android、iOS、Flash、Java、Python、

HTML5、Swift 和 Cocos2dx 等视频教程。其中，Android 课程涵盖开发学习的基础入门、中级进阶、高级提升和项目实战开发等。

极客学院首页网址：https://www.jikexueyuan.com/

极客学院首页如图 13-6 所示。

图 13-6　极客学院首页

13.5.5　网易云课堂

网易云课堂是网易公司出品的一款在线教育平台，其中，计算机专业体系分大一至大四的课程，IT 与互联网类的课程涉及产品设计、编程语言、网站制作、移动开发、硬件开发、行业动态、系统开发、数据处理、产品运营、网络技术和测试技术等方面。该平台面向学习者提供免费和收费的课程。

网易云课堂首页网址：https://study.163.com/

网易云课堂首页如图 13-7 所示。

第 13 章　产品思维实践 1——Web 在线教育平台

图 13-7　网易云课堂首页

13.6　产品架构

13.6.1　核心业务流程

视频课程、直播课程、专题和电子书购买流程如图 13-8 所示，具体说明如下。

1）学员在全局搜索页面输入搜索关键字后，搜索结果中会显示与此关键字相关的综合查询结果，还可查看视频课程、直播课程、专题、电子书和讲师等。

2）学员选中某个视频课程（录播课程）、直播课程、专题和电子书进行点击操作，进入课程或电子书详情页面。

3）学员点击"立即购买"按钮，进入步骤 7 的"核对订单信息"页面。

4）学员点击"加入购物车"按钮，将课程或电子书加入到购物车中。

5）点击"去购物车结算"按钮，进入购物车结算页面。

6）在购物车结算页面，点击"去结算"按钮，进入"核对订单信息"页面。

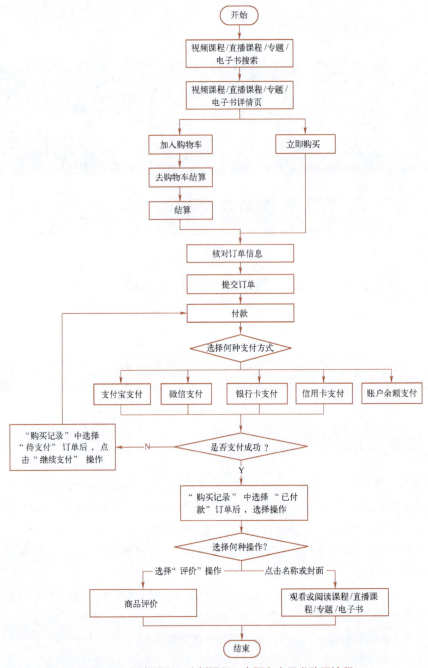

图13-8 视频课程、直播课程、专题和电子书购买流程

7）在核对并确认订单信息后，点击"去支付"按钮，进入选择支付方式页面。

8）在选择支付方式页面选择支付宝支付、微信支付、银行卡支付、信用卡支付和账户余额支付中的一种进行支付。

9）如果支付失败，可在用户中心的"购买记录"中的"待支付"订单列表中，选择某条订单的"继续支付"按钮，继续进入步骤8的选择支付方式页面进行再次支付。

10）如果支付成功，可在用户中心的"购买记录"中的"已支付"订单列表中，选择课程或电子书进行商品评价，也可点击该课程或电子书的名称，继续观看该视频课程、专题，或进入直播页面或回看直播视频，或者继续阅读该电子书。

视频课程、直播课程、专题和电子书退款流程如图13-9所示。

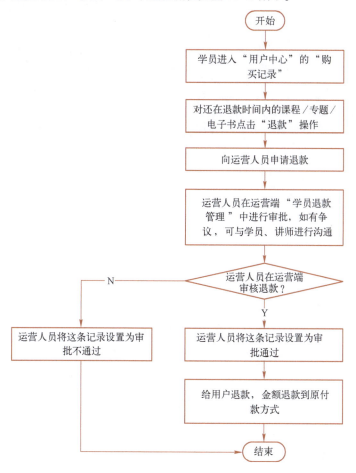

图13-9　视频课程、直播课程、专题和电子书退款流程

视频课程、直播课程、专题、电子书学员和讲师互动流程如图13-10所示。

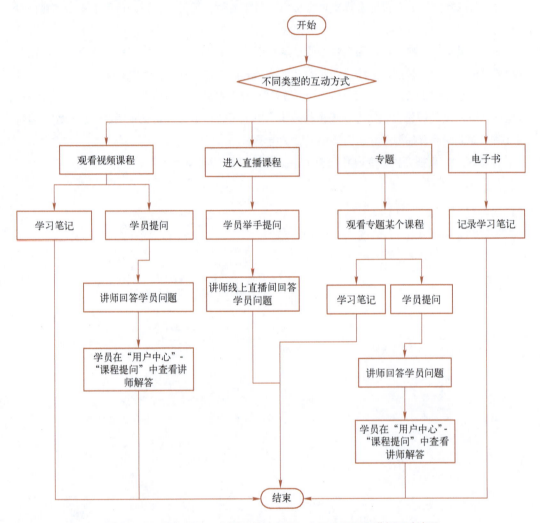

图13-10 视频课程、直播课程、专题、电子书学员和讲师互动流程

13.6.2 产品逻辑架构

在线教育平台的逻辑架构如图13-11所示。

第 13 章 产品思维实践 1——Web 在线教育平台

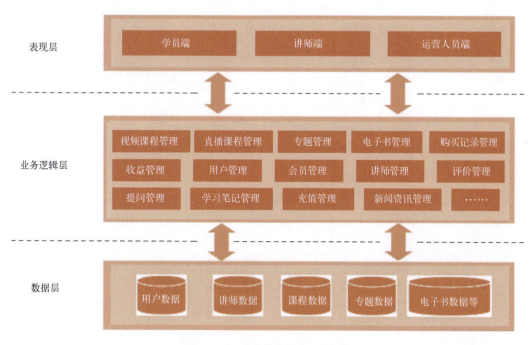

图 13-11 在线教育平台逻辑架构

13.6.3 学员端功能结构

学员端的功能结构如图 13-12 所示。

13.6.4 讲师端功能结构

讲师端的功能结构如图 13-13 所示。

13.6.5 运营人员端功能结构

运营人员端的功能结构如图 13-14 所示。

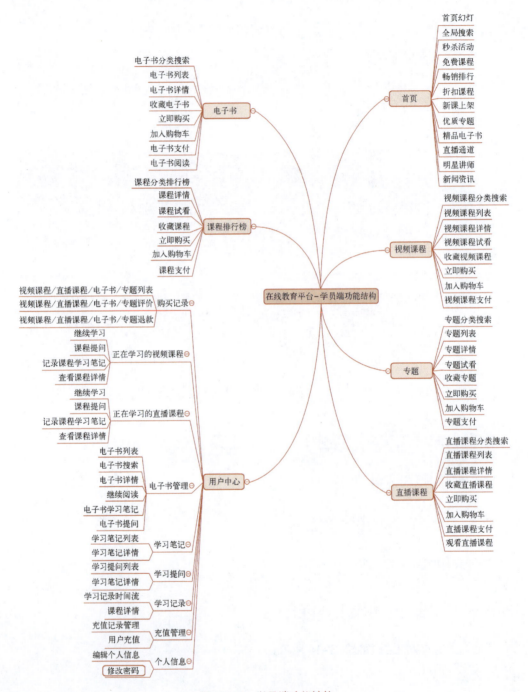

图 13-12 学员端功能结构

第 13 章 产品思维实践 1——Web 在线教育平台

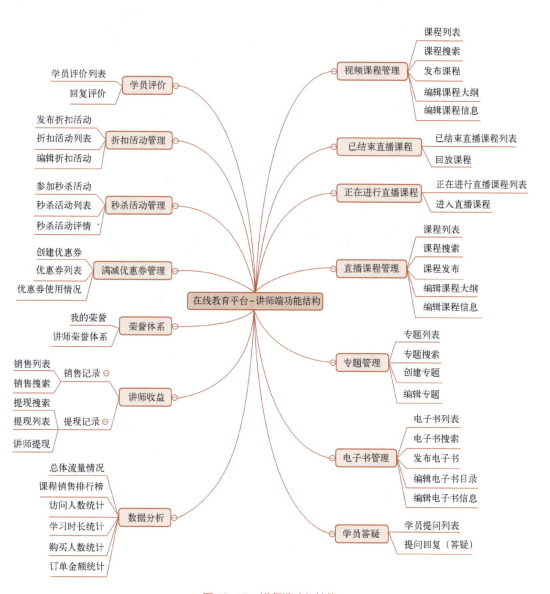

图 13-13 讲师端功能结构

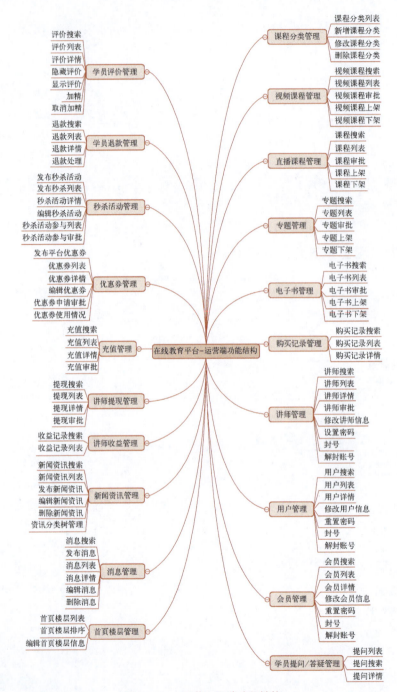

图 13-14 运营人员端功能结构

13.6.6 核心用户需求

该产品的学员核心用户需求包括以下内容。

1）全局搜索：学员输入关键字后，平台快速而精准地查询感兴趣的录播课程、直播课程、专题课程、讲师和电子书，并可根据综合排名（收藏数、购买数、点击访问量和评价数等）、销量、发布时间、人气（购买数、点击访问量排名）和价格排序。

2）购买录播课程：学员可选择某个录播课程后，选择"加入购物车"，或选择"立即购买"，购买某个或多个录播课程，可选择支付宝、微信支付、银行卡支付、信用卡支付和账户余额5种支付方式之一进行支付。

3）购买专题：专题由讲师在后台用多个录播课程组合而成，比单个课程购买优惠一定折扣（例如8折）的优惠，学员可选择某个专题课程后，选择"加入购物车"按钮，或选择"立即购买"按钮，购买某个或多个专题课程，可选择支付宝、微信支付、银行卡、信用卡和账户余额5种支付方式之一进行支付。

4）直播课程占位：直播课程可由讲师指定开课人数，在开播前可进行支付占位，如果未达到开课人数，金额将如数返还到原支付渠道。学员可以选择某个直播课程后，选择"加入购物车"按钮，或选择"立即购买"按钮，购买某个或多个直播课程，可选择支付宝、微信支付、银行卡、信用卡和账户余额五种支付方式之一进行支付。

5）购买电子书：学员可选择某本电子书后，选择"加入购物车"按钮，或选择"立即购买"按钮，购买某本或多本电子书，可选择支付宝、微信支付、银行卡、信用卡和账户余额五种支付方式之一进行支付。

6）观看录播课程/专题：对于已购买的录播课程或专题，学员可以在"正在学习的课程"或"购买记录"后，点击该课程或专题名称后，进入该视频/专题的播放界面，播放界面需要确保流畅、清晰，并可调整倍速和清晰程度，需智能地记录上次播放位置。

7）观看直播课程：对于已购买的直播课程，学员可以在"正在学习的课程"或"购买记录"后，点击该课程名称后，进入该课程的直播间。如果已经开课完毕，还需能观看直播课程回放。直播课程既可以查看讲师的视频，还可以选择播放教案，并可在直播课程中对学生进行举手、禁言某个用户和全部禁言等操作。

8）学习笔记：在观看录播课程、专题课程和电子书过程中，学员可实时记录文字笔记，并可在个人中心统一管理学习笔记。点击某条学习笔记时，可进入录播视频、视频课程或电子书的对应位置。

9）课程提问：在录播或直播课程中，学员可以对某个有疑问的知识点进行提问，提出疑问后，讲师可在教学中心查看，并进行解答。提问也可统一在学员个人中心进行管理。

10）课程评价：学员只可对已购买课程进行一到五星评价，并可给出具体的标签和评价信息。

11）课程退款：为了避免学员误操作，或者重复购买，支持半小时内无条件退款，或者播放量占视频总时长不到1%时，进行退款。退款后，金额返还到学员的原支付账户。

12）优惠方式：平台支持秒杀、折扣价和满就减三类优惠方式。

13）用户收藏：学员可在录播课程详情页、直播课程详情页、专题详情页和电子书详情页点击"收藏"操作，收藏的内容可在学员的个人中心进行统一管理。

14）学习记录：以学习时间流的方式记录用户对平台课程的点击播放记录。

15）购买记录：显示该学员所有已支付、待支付、待评价和所有的录播课程、直播课程、电子书和专题，并可进行评价。

16）正在学习的课程：按照点击时间倒序显示学员所有点击播放过的电子书，并可点击进行继续学习，平台需要智能记录上次观看位置。

17）电子书管理：按照学习时间倒序显示学员所有点击阅读过的课程，并可点击进行继续学习，平台需要智能记录上次阅读位置。

18）充值管理：学员可对账户余额进行充值，并可查看充值记录。

该产品的IT讲师核心用户需求包括以下内容。

1）视频课程管理：对录播视频课程进行管理，包括课程列表、课程搜索、发布课程、编辑课程大纲和编辑课程信息等操作。

2）已结束直播课程：显示已结束的所有直播课程，并可进行回放。

3）正在进行直播课程：显示已到开始时间，并且未到截止时间的直播课程，并可选择进入直播间。

4）直播课程管理：对直播课程进行管理，包括课程列表、课程搜索、课程发布、编辑课程大纲和编辑课程信息等操作。

5）专题管理：对专题课程进行管理，包括专题列表、专题搜索、创建专题和编辑专题（可重新设置专题信息、折扣以及加入的课程）等操作。

6）电子书管理：对电子书进行管理，包括电子书列表、电子书搜索、发布电子书、编辑电子书目录和编辑电子书信息等操作。

7）学员答疑：可查看该讲师所有课程的学员的提问信息，并可进行回复，支持回复多条信息。

第 13 章　产品思维实践 1——Web 在线教育平台

8）学员评价：可查看学员的评价，并可进行回复，支持回复多条信息。

9）折扣活动管理：可创建该讲师所有课程的折扣信息，例如为 A 课程设置 8 折折扣，并可设置折扣开始时间和结束时间。

10）秒杀活动管理：平台定期进行秒杀活动，每天 8:00～9:00、12:00～14:00、20:00～21:00，讲师可以选择某个或多个课程参加秒杀活动，运营人员通过后即可将该课程加入秒杀课程池，参加平台秒杀活动。

11）满就减优惠券管理：为了回馈学员，讲师可自行创建自己课程的优惠券，例如购满 500 元减 100 元优惠券，即学员在该讲师的课程中购买 500 元课程时，可优惠 100 元，优惠券使用后只需要支付 400 元即可。

12）荣誉体系：讲师发布课程、销售金额、销售量、用户评价、访问量、收藏量都和讲师积分相关，而讲师积分区间对应荣誉体系，不同的荣誉级别对应不同的课程、电子书分成比例。

13）销售记录：记录该讲师所有课程的销售记录，显示购买用户、课程名称、购买金额、分成金额、购买时间和购买渠道（安卓手机、苹果手机、计算机、微信等）。

14）提现：每月 10 日前讲师可进行提现操作，扣除个人所得税后收入将在 15 日发放到讲师指定账户。

15）提现记录：讲师可查看提现记录，并可查看发放状态。

16）数据分析：对讲师所有课程销售情况进行数据分析，并可统计讲师首页、课程的流量情况。

该产品的运营人员核心用户需求包括以下内容。

1）课程分类管理：可对平台的课程分类进行管理，包括课程分类列表、新增、修改和删除等功能。

2）视频课程管理：可对平台所有视频课程（录播课程）进行统一管理，包括视频课程搜索、视频课程列表、视频课程审批、视频课程上架和视频课程下架等功能。

3）直播课程管理：可对平台所有直播课程进行管理，包括课程搜索、课程列表、课程审批、课程上架和课程下架等功能。

4）专题管理：可对平台所有专题进行管理，包括专题搜索、专题列表、专题审批、专题上架和专题下架等功能。

5）电子书管理：可对平台所有电子书进行管理，包括电子书搜索、电子书列表、电子书审批、电子书上架和电子书下架等功能。

6）购买记录管理：可分别对视频课程、直播课程、专题和电子书的购买记录进行管理，包括购买记录搜索、购买记录列表和购买记录详情等功能。

7）讲师管理：对平台所有讲师的信息进行统一管理，包括讲师搜索、讲师列表、讲师详情、讲师审批、修改讲师信息、重置密码、封号和解封等功能。因违反规定被封号的讲师，课程将不再能继续购买，原购买学员不会受到影响。

8）用户管理：管理平台所有的用户信息，包括普通用户、会员用户、讲师用户，讲师用户还可同时是普通用户或会员用户之一。包括用户搜索、用户列表、用户详情、修改用户信息、重置密码、封号和解封等功能。

9）会员管理：管理会员用户，包括会员搜索、会员列表、会员详情、修改会员信息、重置密码、封号和解封等功能。

10）学员提问/答疑管理：对学员提出的提问和讲师的答疑进行管理，包括提问列表、提问搜索和提问详情功能。

11）学员评价管理：对学员的视频课程、直播课程、专题、电子书的评价信息进行统一管理，包括评价搜索、评价列表、评价详情、隐藏评价、显示评价、加精和取消加精等功能。

12）学员退款管理：对学员发起的视频课程、直播课程、专题和电子书的退款记录进行管理，包括退款搜索、退款列表、退款详情和退款处理等功能。

13）折扣活动管理：管理平台级的折扣活动，例如双11活动、双12活动和周年庆活动等，还可管理讲师设置的折扣活动，包括发布折扣活动、折扣活动列表、折扣活动详情、编辑折扣活动和折扣活动审批等功能。

14）秒杀活动管理：管理平台级的秒杀活动，例如 20:00～22:00 场，包括发布秒杀活动、秒杀活动列表、秒杀活动详情、编辑秒杀活动、秒杀活动参与列表和秒杀活动参与审批等功能。

15）优惠券管理：管理平台级的满就减优惠券，还可管理讲师设置的满就减优惠券，包括发布平台优惠券、优惠券列表、优惠券详情、编辑优惠券、优惠券申请审批和优惠券使用情况等功能。

16）充值管理：对学员充值记录进行统一管理。学员可为个人账户充值，账户余额可购买视频课程、直播课程、专题或电子书，包括充值搜索、充值列表、充值详情和充值审批等功能。

17）讲师提现管理：对讲师提现记录进行统一管理。每月10日前完成讲师提现操作，超过10日后账户余额可合并到下月提取，包括提现搜索、提现列表、提现详情和提现审批等功能。

18）讲师收益管理：对讲师每笔收益和分成情况进行统一管理。一个课程购买的收益为一条记录，包括收益记录搜索和收益记录列表等功能。

19）新闻资讯管理：对平台所有的新闻资讯进行统一管理，包括新闻资讯搜索、新闻资讯列表、发布新闻资讯、编辑新闻资讯、删除新闻资讯和资讯分类树管理等功能。

20）消息管理：对系统通知消息进行统一管理，包括消息搜索、发布消息、消息列表、消息详情、编辑消息和删除消息等功能。

21）首页楼层管理：对首页楼层的排序和显示内容进行管理。

22）统计分析：对用户情况、讲师情况、用户购买情况、用户访问数、用户访问时长、用户点播情况和课程排行榜（购买人数）等进行统计分析。

本章小结

本章设计了一款新型的 IT 专业在线教育平台产品，聚焦 IT 培训，包括产品定位、用户画像、用户价值、商业价值、竞品分析，并且设计出该产品的核心业务流程、产品逻辑架构、核心用户需求，以及三个主要角色（学员、讲师和运营人员）的功能结构，让读者将前面各章的知识点融会贯通，更加懂得如何运用在实际的产品规划和设计工作中。

第 14 章
产品思维实践 2——新闻类 App

设计一款新闻产品 App，主要专注于视频新闻，即拍、即加工、即上传的时效性很强的新闻 App，打造新闻 IP，观人间万象。

14.1 产品定位

本产品的定位：一款时效性很强，基于个性化推荐引擎技术的新闻 + 自媒体的聚合类新闻客户端，通过这款产品，谁都可以向世界发出真实的声音。

14.2 用户画像

本产品目标用户群体的用户画像内容如下。

1）用户年龄结构：14~35 岁群体为主。
2）用户性别：男性：女性比例为 5.5∶4.5。
3）学历结构：大专/本科为主。
4）地域分布：一二线城市为主。
5）月收入情况：2000~10000 元的普通白领居多。
6）阅读新闻主要时段：早上醒来时 7:00~8:30、中午休息时 12:00~14:00、晚上休息时 20:00~23:00，周六日休息时间，或其他等待的无聊时间，例如等车、等人、坐公交、等地铁的碎片时间。

接下来看一下这款新闻 App 的 3 个典型用户故事。

1. 用户场景故事 1——早上醒来时

小花 24 岁，女性，公司白领，早上醒来时，会在床上先看半小时推荐新闻，我们的新闻 App 会给她推荐经常关注的男女明星，例如易烊千玺、赵丽颖和周冬雨等，看完几篇近期热点文章后，开始愉快地起床洗漱。

2. 用户场景故事 2——午休时间

小红 25 岁，女性，公司白领，在 12:00～14:30 的午休时间，吃完午餐后，打开我们的新闻 App，阅读一下热点新闻，了解近期发生的热点事件打发时间，也让自己和公司同事更有聊天话题。

3. 用户场景故事 3——下班回家路上的碎片时间

小明 26 岁，男性，公司白领，坐地铁回家的路上 18:30～19:30 有大概 1 小时的碎片时间，打开我们的新闻 App，看一场自己喜欢的篮球比赛，了解一下自己关注很久的高科技产品，将碎片时间利用起来。

14.3 用户价值

这款新闻 App 产品的用户价值主要体现在以下几个方面。

1. 完美利用碎片时间，推荐真正有价值的内容

以海量数据为依托，基于云计算、大数据、机器感知等技术，提供个性化的内容推荐机制，可根据用户的喜好（关注领域、点赞、评论、分享和推等操作）为其推荐个性化的媒体信息，让用户在信息过剩的互联网时代，能够在零散、较短的碎片时间内，迅速获取自己所关心的内容，而不是推荐千篇一律的新闻。

2. 让内容创造者愿意发声，并因此获得收益

不做新闻生产者，只做新闻的搬运工，中国有庞大的内容创业者群体，有很多人愿意发声，包括自媒体和传统媒体，可提供大量原创、真实可靠的图文新闻和视频新闻，平台吸引大量传统媒体与自媒体内容创作者加入进来。同时，平台为这些原创作者获得粉丝，打造 IP，并获得广告分成等收益。

14.4 商业价值

平台和自媒体用户可利用资讯引来的流量进行变现,获取盈利,各个综合类新闻 App 有着类似或不同的探索。新闻 App 的主要盈利模式包括如下三种。

1. 广告投放

广告是新闻 App 产品的核心业务,闪屏与信息流插入是投放广告最基本的手法,其余在哪些位置设置广告位,可以由产品和运营人员一起,结合自身 App 的页面设计进行创新挖掘。今日头条目前的营收主要来自开屏收入和信息流广告,另外,还有软文植入带来的收入,可以在产品相关领域的版块推送有针对性的软文,例如在时尚版块推送某服装或包包品牌的新品信息,因为有紧密的相关性,用户就不太会觉得反感,反而可能当作新闻来看。

但如果希望广告投放后能取得良好的效果,就需要提高广告的精准投放能力,为不同标签的人群投放有针对性的不同分类的广告信息,这样广告的价值才能最大化。为了做到这一点,需要平台有自身的智能推荐算法,基于用户在平台内部产生的阅读数据,例如关注领域、阅读新闻情况、点赞、分享和评论情况等,以此判断用户的阅读倾向,做到广告的精准投放。例如经常看时尚频道的妈妈,就可以推荐给她一些品牌服饰;喜欢看母婴频道的信息,可以推送一些婴幼儿产品;喜欢看数码测评的男性,就给他推荐电子设备的广告;喜欢汽车或房产的男性,就可以推荐一些楼盘,或经常关注的汽车品牌。

但是,最重要的一点还是那句老话"以用户价值为依归",平台需要将用户体验放在第一位。平台的广告如果太明显或数量太多,非常容易让用户反感,作为新闻 App 的产品经理,需要尽可能地控制用户体验与广告投放的平衡,在用户价值和产品价值中进行平衡,让用户和平台方都受益。

2. 提供渠道获得利润分成

在订阅页面,可以在用户下载好 App 之前,就将栏目预装在订阅栏里。或者用户在频道下选择订阅栏目时,新闻 App 可以通过类似出租摊位的方式,将靠前的位置按天、月、季和年等方式,租给需要的合作品牌,帮其进行导流。平台作为一个分销商,向合作品牌收取一定的利润分成。

3. 未来可拓展电商业务

当这款新闻 App 积累到大量用户量及流量后,可进行更多功能的开发来给用户提供更多的增值服务,进行流量变现,例如拓展电商业务,销售电商平台可销售的任何产品,或者为电商平台如京东、天猫等进行引流，获得销售分成等。

14.5 竞品分析

目前，市场出现了很多新闻客户端，按照内容大致可以分为以下两类。
1）媒体新闻客户端，例如腾讯新闻、搜狐新闻和网易新闻。
2）聚合信息客户端，例如今日头条。
下载量靠前的四款新闻客户端，分别为腾讯新闻、搜狐新闻、网易新闻和今日头条。

14.5.1 用户画像分析

从如下几个方面绘制新闻资讯 App 的用户画像。

1. 用户年龄分析

从年龄分析，现在新闻资讯 App 用户基本是以年轻人为主，35 岁以下用户占比高达 68.25%，26 岁以下占 34.25%，用户群体趋于年轻化，如图 14-1 所示。

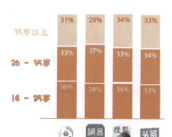

图 14-1　四款新闻资讯 App 应用户人群分析——年龄（来源：AdMaster）

2. 用户性别分析

从性别分析，新闻资讯 App 男性使用人群比女性多，大致比例为 5.5∶4.5，相对还算均衡，如图 14-2 所示。

图 14-2　四款新闻资讯 App 应用用户人群分析——性别（来源：AdMaster）

3．用户地域分析

从地域分析，今日头条在一线城市的用户比例最高，网易新闻在一二线城市用户比例最高，搜狐新闻在三线城市用户占比较高，如图 14-3 所示。

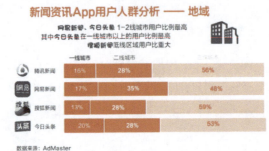

图 14-3　四款新闻资讯 App 应用用户人群分析——地域（来源：AdMaster）

4．用户使用场景

由于移动互联网和智能终端的普及，互联网已经融入用户生活、工作的方方面面，同时，人们对移动新闻客户端的依赖性也不断攀升，新闻客户端用户使用场景主要包括以下几个方面。

1）早上醒来时，7:00～8:30。

2）中午休息时，12:00～14:00。

3）晚上睡觉前，20:00～23:00。

4）等待的碎片时间，如等车、等人、坐公交和等地铁等。

5）工作、学习的休闲时间，根据工作、学习情况会有所不同。

14.5.2　产品战略层分析

四款新闻资讯 App 产品的口号、产品定位、产品优势如表 14-1 所示。

第 14 章 产品思维实践 2——新闻类 App

表 14-1 四款新闻资讯 App 的口号、产品定位和产品优势比较

产品	口号	产品定位	产品优势
今日头条	信息创造价值	第一时间获取全球资讯新闻,随时随地专业咨询服务	个性化推荐算法
腾讯新闻	打开眼界	快速、客观、公正地提供新闻资讯的中文免费应用程序	渠道优势,背靠 QQ、微信和 QQ 浏览器的巨大用户量
网易新闻	各有态度	"各有态度"的综合资讯客户端	优秀的媒体资源; 用户生成内容(User Generated Content,UGC)价值
搜狐新闻	搜狐新闻先知道	资讯全媒体的开放平台	移动新闻客户端市场份额第一; 全媒体资讯平台; 开放的订阅模式; 海量媒体独家内容

14.5.3　产品范围层分析

四款新闻资讯 App 在功能方面的对比如表 14-2 所示。

表 14-2 四款新闻资讯 App 的范围层功能对比

功能名称	今日头条	腾讯新闻	网易新闻	搜狐新闻
栏目频道	☑	☑	☑	☑
视频新闻	☑	☑	☑	☑
地方频道	☑	☑	☒	☑
专题	☑	☑	☑	☑
推荐个性订阅	☑	☑	☑	☑
直播间	☑	☑	☑	☑
自媒体创作	☑	☒	☑	☒
要闻推送	☑	☑	☑	☑

14.5.4　产品结构层分析

分析产品结构层可通过绘制各产品的功能结构图,这样看起来更加一目了然。

今日头条 App 的功能结构如图 14-4 所示。

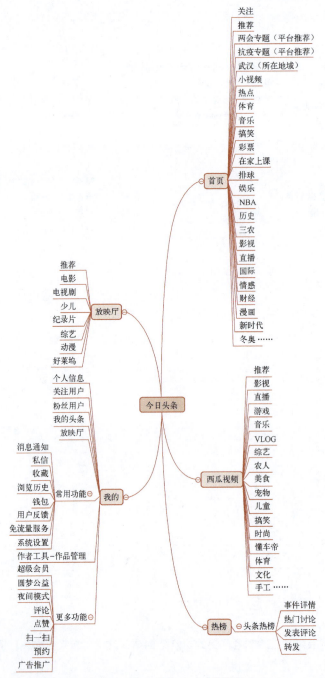

图 14-4 今日头条 App 功能结构

第 14 章 产品思维实践 2——新闻类 App

腾讯新闻 App 的功能结构如图 14-5 所示。

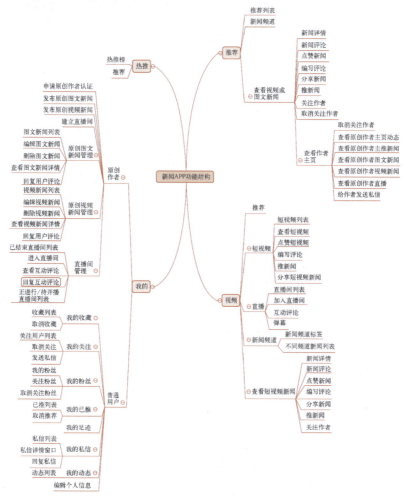

图 14-5 腾讯新闻 App 功能结构

因为篇幅关系，主要对今日头条和腾讯新闻进行分析，搜狐新闻和网易新闻不赘述。

14.5.5 产品框架层分析

今日头条 App 的阅读新闻的流程如图 14-6 所示。
腾讯新闻 App 的阅读新闻的流程如图 14-7 所示。
因为篇幅关系，主要对腾讯新闻和今日头条进行分析，搜狐新闻和网易新闻不赘述。

249

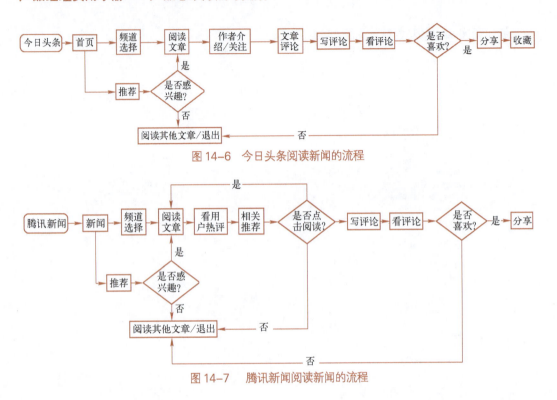

图 14-6　今日头条阅读新闻的流程

图 14-7　腾讯新闻阅读新闻的流程

14.5.6　产品表现层分析

腾讯新闻以蓝白为主色调，蓝色表现出一种美丽、文静、理智、安详与洁净的感觉，给人以轻松、舒适的心情。一个页面大概放置 4~5 个新闻块，可以同时浏览很多新闻，布局很紧凑，但总体趋向于简单、干净，使用起来很舒服。

腾讯新闻首页和个人中心界面如图 14-8 所示。

今日头条采用的是红白简约风格，新闻与新闻之间的间距比较适当，翻阅、点击新闻方便，给人以简单的感觉。

今日头条首页和个人中心界面如图 14-9 所示。

14.6　产品架构

接下来分析一下我们这款新闻 App 的产品架构，主要从核心业务流程、产品逻辑架构、产

第 14 章 产品思维实践 2——新闻类 App

品功能结构和核心用户需求四个方面进行分析。

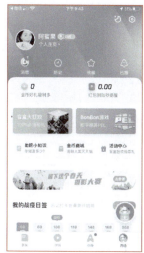

图 14-8 腾讯新闻首页和个人中心界面

图 14-9 今日头条首页和个人中心界面

14.6.1 核心业务流程

该新闻 App 的新闻阅读业务流程如图 14-10 所示。

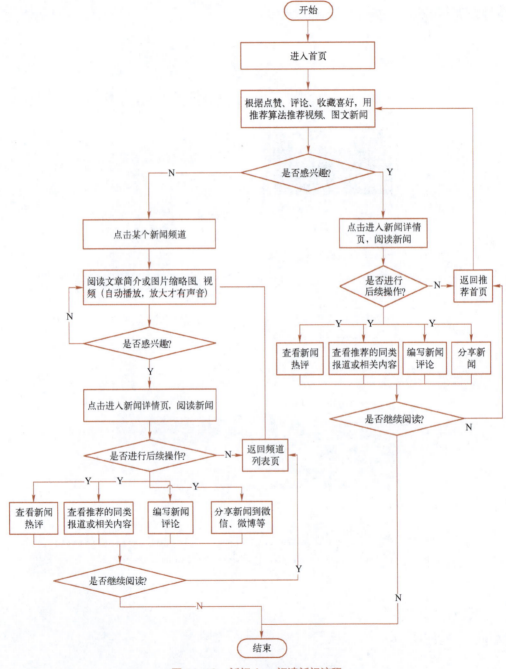

图 14-10 新闻 App 阅读新闻流程

14.6.2 产品逻辑架构

新闻 App 的产品逻辑架构如图 14-11 所示。

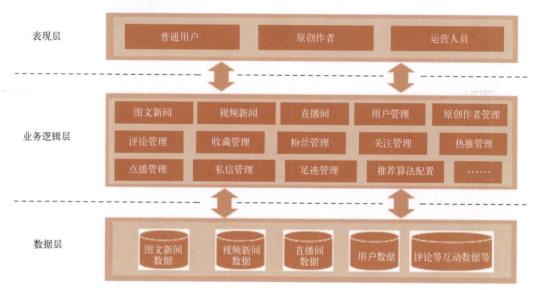

图 14-11 新闻 App 逻辑架构

14.6.3 产品功能结构

新闻 App 的产品功能结构如图 14-12 所示。

14.6.4 核心用户需求

普通用户的核心用户需求主要包括以下内容。

1）选择新闻频道：可选择不同的新闻频道查看新闻，例如娱乐、财经、房产和历史等新闻频道。

2）阅读视频或图文新闻：点击某个视频新闻或图文新闻后，进入新闻详情页面可以快速进行阅读。

3）收藏新闻：对于感兴趣的新闻，用户可选择"收藏"按钮进行收藏，被收藏的新闻位于"个人中心"的"我的收藏"中。

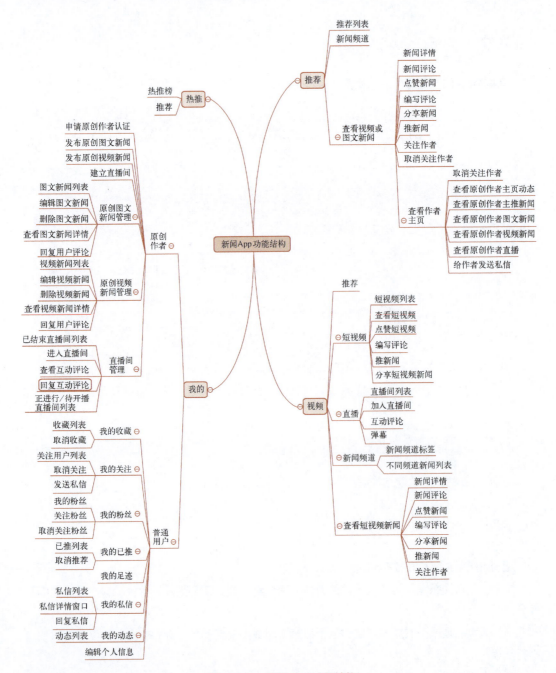

图14-12 新闻App功能结构

4）查看新闻评论：可查看某条新闻的所有评论，并可查看新闻的点赞数量。

5）编写新闻评论：对于感兴趣的新闻，用户还可以编写新闻评论。

6）为新闻点赞：可为某条新闻进行点赞操作。

7）分享到外部：分享到微信好友、微信朋友圈、企业微信、QQ 好友、QQ 空间、新浪微博、钉钉、多闪、其余应用、复制链接和新闻概览截图（会带上新闻二维码）。

8）推上热门：可选择将某条新闻推上热门，每推一次热度增加 1，越热门的新闻在热度榜上排名越靠前。

9）关注原创作者：看到某条新闻很感兴趣时，用户可以选择关注某个原创作者，关注的所有原创作者可在"个人中心"的"我的关注"中显示。

10）取消关注原创作者：对于已关注的原创作者可在查看该作者的新闻时取消关注，也可在"个人中心"的"我的关注"功能中取消关注。

11）查看原创作者主页动态：点击新闻详情页的原创作者的头像，可查看原创作者的主页动态。

12）查看原创作者主推新闻：点击新闻详情页的原创作者的头像，接着点击"主推"，可查看原创作者主推的新闻，按照时间倒序显示。

13）查看原创作者图文新闻：点击新闻详情页的原创作者的头像，接着点击"图文"，可查看原创作者发布的图文新闻。

14）查看原创作者视频新闻：点击新闻详情页的原创作者的头像，接着点击"视频"，可查看原创作者发布的视频新闻。

15）查看原创作者直播间：点击新闻详情页的原创作者的头像，接着点击"直播间"，可进入该作者组建的直播间。

16）给作者发送私信：点击新闻详情页的原创作者的头像，接着点击"私信"，可给作者发送私信信息，并可查看与作者的私信对话。

17）个人中心——我的收藏：进入"我的"菜单，而后点击"我的收藏"，可查看所有已收藏的图文或视频新闻。

18）个人中心——我的关注：进入"我的"菜单，而后点击"我的关注"，可查看所有已关注的用户，包括原创作者和普通用户。

19）个人中心——我的粉丝：进入"我的"菜单，而后点击"我的粉丝"，可查看粉丝列表，并可互关该粉丝，或者取消互关某粉丝。

20）个人中心——我的私信：进入"我的"菜单，而后点击"我的私信"，可查看粉丝列表，并可互关该粉丝，或者取消互关某粉丝。

21）个人中心——编辑个人信息：用户可编辑头像、个人简介和标签等信息。

22）个人中心——我的动态：进入"我的"菜单，而后点击"我的动态"，可查看所有的个人动态，包括点赞过的新闻、评论过的新闻、发表的图文新闻、发表的视频新闻和推过的新闻等。

23）个人中心——我的已推：显示所有自己"推"过的新闻。

24）个人中心——我的足迹：显示所有新闻浏览记录。

原创作者除具有普通用户具有的权限外，还能发表图文或视频类新闻，原创作者的核心用户需求主要包括以下内容。

1）原创作者认证：普通用户可申请成为原创作者，填写认证信息后提交运营管理人员进行审批。

2）发布原创图文新闻：原创作者可发布原创图文新闻，提交文字和一到多张图片信息。

3）发布原创视频新闻：原创作者可发布原创视频新闻，提交文字、视频信息。

4）建立直播间：原创作者可建立直播间，选择直播时间和直播内容等。

5）我的原创图文新闻：包括图文新闻列表、编辑图文新闻、删除图文新闻、查看图文新闻详情和回复用户评论等操作。

6）我的原创视频新闻：包括视频新闻列表、编辑视频新闻、删除视频新闻、查看视频新闻详情和回复用户评论等操作。

7）我的直播间：包括已结束直播间、正进行/待开播直播间、进入直播间、查看直播间互动评论和回复互动评论等功能。

本章小结

本章设计了一款时效性很强、个性化推荐引擎技术的新闻+自媒体聚合类新闻客户端，包括产品定位、用户画像、用户价值、商业价值、竞品分析等内容，并且设计出该产品的核心业务流程、核心用户需求、产品逻辑架构，以及普通用户和原创作者的功能结构。

第 15 章
产品思维实践 3——品牌特卖电商平台小程序

品牌特卖电商平台可为品牌商提供一站式品牌特卖清仓平台，为消费者提供实实在在的商品优惠，主要经营类目包括服饰、箱包和生活用品。平台招收店主成为平台出货代理商渠道，没有任何地域限制，触达全国更多消费者，快速裂变店主团队。

15.1 产品定位

品牌特卖电商平台的产品定位：优化品牌商家库存，为买家提供极致性价比的服饰、箱包和生活用品等商品，让卖家低成本开店，利用卖家的私域流量快速对商品进行分销，打造卖家的线上零售品牌特卖店铺。

15.2 用户画像

品牌特卖电商平台的买家用户画像内容如下。
1）用户年龄结构：18~35 岁群体为主。
2）用户性别：女性占比较大，70% 左右。
3）学历结构：大专、本科为主。
4）地域分布：一二线城市为主。
5）月收入情况：2000~8000 元收入的普通白领居多。

6）使用时间段：一般为晚上 20:00~22:00，或周末时间。

买家用户的故事：

小花是一名 23 岁的小白领，刚毕业 1 年，在北京工作，月收入 6000 元，每个月扣除掉房租和生活开支后所剩无几，但是，工作场合也需要穿一些质量过硬的品牌衣服。经朋友推荐加入了小娟的品牌特卖群，保证正品商品，假一赔十，和朋友买了后确认质量过硬，于是，小花在品牌特卖群内开启了买买买之旅。有时是因为小娟推荐的衣服好看，直接扫商品海报的二维码购买，有时候会直接进入小娟的品牌特卖首页，自行搜索选择心仪的商品。

品牌特卖电商平台的卖家用户画像内容如下。

1）用户年龄结构：18~35 岁群体为主。

2）用户性别：女性占比较大，90%左右。

3）学历结构：大专、本科为主。

4）地域分布：一二三线城市为主。

5）月收入情况：全职宝妈，或 2000~8000 元收入的普通白领居多。

6）使用时间段：全职宝妈白天、晚上 20:00~22:00 或周末时间，兼职人员中午 12:30~14:00、晚上 20:00~22:00，或周末时间。

卖家用户的故事：

小娟是一名 26 岁全职宝妈，一家三口只有老公在上班，收入比较拮据，但是，孩子才两岁，没到上幼儿园的年纪，需要自己在家照顾，开实体店也不太现实。因为目前存款不多，于是，想找一些投入不高，时间比较自由，收入尚可，可以兼顾带小孩的工作。

了解到这个特卖品牌只需要自己组群，然后分享销售即可，开店成本只要 699 元，于是，交了店铺入驻费，填写店铺信息后，小娟就有了自己的专属店铺，也不需要自己发货、进货，照顾孩子的同时完全忙得过来。

小娟开始组建自己专属的品牌特卖微信群，首先将自己熟悉的朋友拉入微信群，接着，慢慢让客户推荐，也添加了一些陌生客户，品牌特卖微信群壮大到 400 多人，她全天会分几个时间段在群内发送必播的品牌和商品，也会根据自己对于衣服、日用品牌的了解，推荐自己觉得质量不错，性价比很高的商品。除了这些，还会针对客户买错衣服尺码、颜色等的情况进行售后答疑和处理。

15.3 用户价值

品牌特卖电商平台的用户价值主要体现在几点：

1）买家用户：平台为喜爱品牌商品的买家用户提供特别实惠的特卖商品，由卖家组建微信群分享，可以根据推荐来进行购买。而且，平台还会根据买家的喜好在店铺进行智能推荐，缩短买家选择商品的时间。

2）卖家用户：只要 699 元低成本完成开店操作后，就能获得店铺销售分成收益。由平台提供商品，不需要进货，也不需要自己发货，只需要通过微信群、朋友圈等方式进行分享销售即可，在买家对商品有疑问时做出解答，成为买家和平台运营人员的桥梁即可。

3）品牌商家：部分品牌商家因为库存太多，需要优化库存管理，需要借助品牌特卖电商平台快速地优化库存，减少现金流压力，他们为了尽快出掉库存也愿意让利给消费者。

15.4 商业价值

品牌特卖电商平台的盈利模式主要包括以下两点。

1）商品销售利润分成：平台和品牌商家洽谈合适的分成比例，为了快速进行分享销售，优化商家库存，将广大愿意全职或兼职做分享销售的人群吸引过来，成为在平台上低成本开店的卖家，商家愿意将销售利润分成中的一部分让利给卖家，卖家也可继续让买家进行分销，让利一部分利润分成给买家。

2）卖家入驻费用：卖家用户需缴纳 699 元才能进行低成本开店，获得后续的销售分成。

15.5 产品架构

15.5.1 核心业务流程

买家通过卖家分享的商品二维码海报或进入店铺链接搜索某个商品后，可查看商品并进行购买，商品查看和购买流程如图 15-1 所示。

买家发起取消订单操作处理流程如图 15-2 所示。

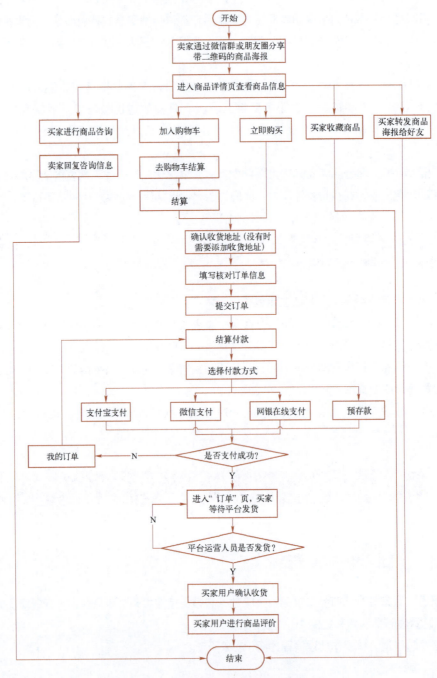

图 15-1 品牌特卖电商平台商品购买流程

第 15 章　产品思维实践 3——品牌特卖电商平台小程序

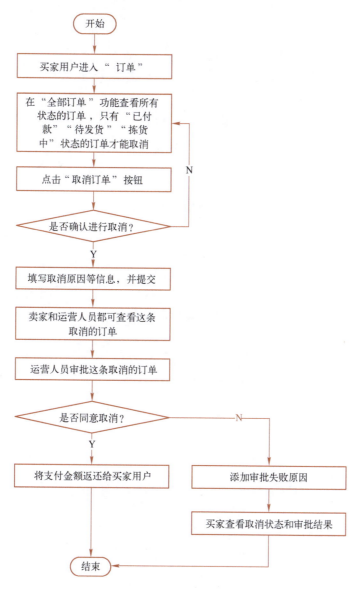

图 15-2　品牌特卖电商平台取消订单流程

买家收到商品后，发现不喜欢或有质量问题等时，想要退货退款，处理流程如图 15-3 所示。

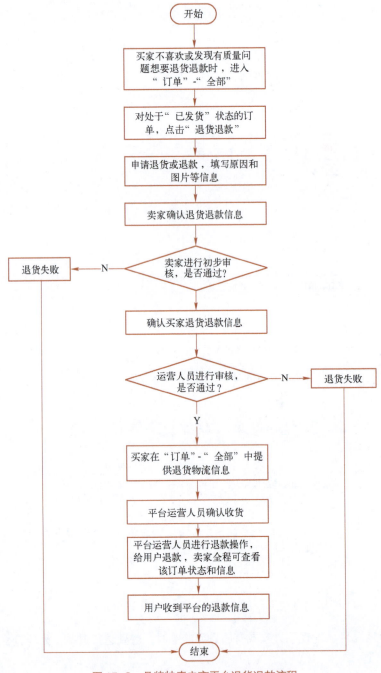

图 15-3 品牌特卖电商平台退货退款流程

15.5.2 产品逻辑架构

品牌特卖清库存电商平台产品的逻辑架构如图 15-4 所示。

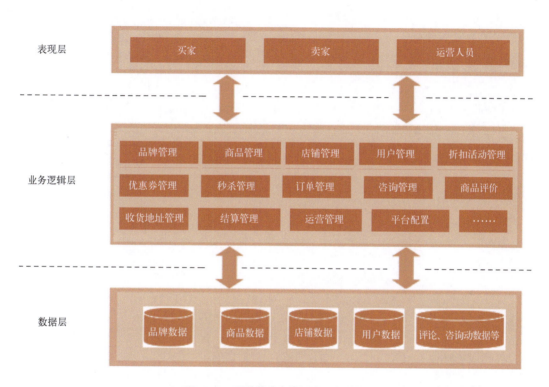

图 15-4 品牌特卖电商平台逻辑架构

15.5.3 产品功能结构

品牌特卖清库存电商平台买家的功能结构如图 15-5 所示。
品牌特卖清库存电商平台卖家的功能结构如图 15-6 所示。

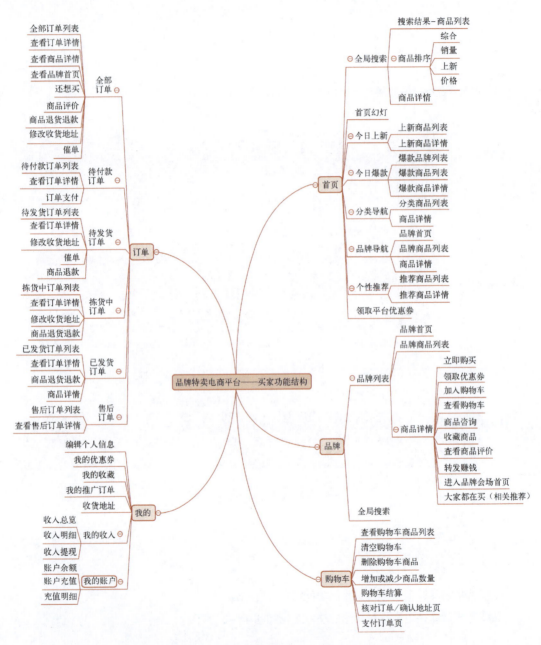

图 15-5　品牌特卖电商平台——买家功能结构

第 15 章 产品思维实践 3——品牌特卖电商平台小程序

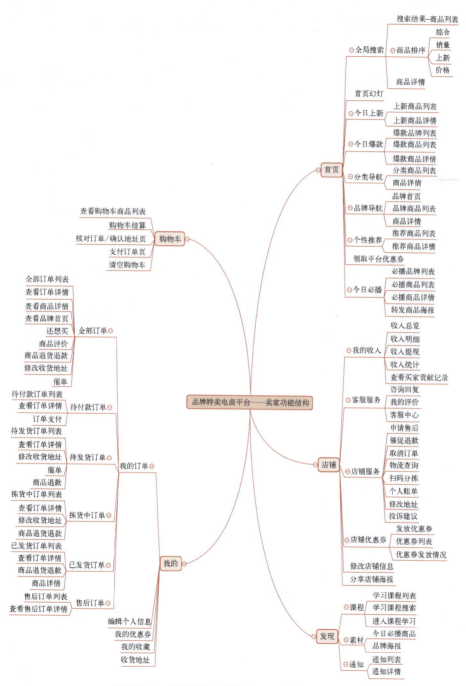

图 15-6　品牌特卖电商平台——卖家功能结构

品牌特卖清库存电商平台运营人员的功能结构如图15-7所示。

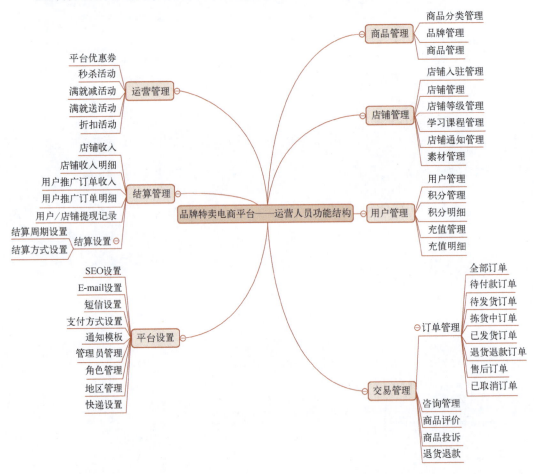

图15-7　品牌特卖电商平台——运营人员功能结构

15.5.4　核心用户需求

买家用户的功能与一般电商平台类似，可通过卖家在微信群播放的商品海报扫码购买，也可直接进入卖家的店铺首页自行选择后购买。

买家用户通过小程序进行购买，主要包括如下功能。

1）首页：可以进行全局搜索，并可点击"今日爆款""今日上新""分类导航""品牌导航"等进入品牌和商品列表页,平台可定期发布平台级优惠券,用户在购买产品时可在满足总金额要求时选择使用优惠券。

2)品牌:每个品牌特卖一般在 3 天左右就会下架。该功能提供当前正在销售品牌的品牌列表和热销商品列表,用户可选择进入该品牌的会场,查看该品牌的所有商品,点击商品信息可进入商品详情页,在商品详情页可进行收藏商品、领取优惠券、立即购买、加入购物车、查看购物车、商品咨询、转发赚钱、查看推荐商品和进入品牌会场首页功能。

3)购物车:包括查看购物车商品列表、删除购物车商品、清空购物车商品、增加或减少商品数量、购物车结算、核对订单、确认地址和订单支付功能。

4)订单:可查看全部订单,也可单独查看"待付款""待发货""拣货中""已发货""售后"状态的订单,可进行商品评价、退货退款、催单、修改收货地址和再次购买等操作。

5)我的:普通用户也可以将商品分享赚钱,赚 1%~5% 不等,比例由运营人员进行设置,包括编辑个人信息、我的优惠券、我的收藏、我的推广订单、收货地址、我的收入和我的账户等功能。

卖家用户销售的不是自己的商品,销售的是平台合作的品牌商进行特卖的商品,发货等操作都由平台或品牌商的人员负责,卖家主要负责通过组建微信群分享商品海报或店铺链接,用户购买过程中或购买后,负责售前和售后的客户服务。

卖家用户通过小程序进行管理,主要包括如下功能。

1)首页:"今日必播"功能进入后,可查看所有今日正在进行活动的热门品牌和热门商品,除"今日必播"快捷入口外,其余与买家大同小异,不再赘述。

2)店铺:卖家的收益来自分享商品后,用户购买得到的商品提成,不同品牌、不同商品的收益金额不一样,由运营人员在运营管理平台进行设置。该菜单主要包括查看我的收入(收入总览、收入明细、收入提现、收入统计、查看买家贡献记录)、客户服务(咨询回复、我的评价、客服中心)、店铺服务(申请售后、催促退款、取消订单、物流查询、扫码分拣、个人账单、修改地址、投诉建议)、店铺优惠券(每月有数量限制,店铺发放的优惠券有金额限制)、修改店铺信息和分享店铺海报等功能。

3)发现:该菜单功能主要为了方便卖家获取素材,得到平台的通知,以及学习相关的课程,不断提升销售、售前和售后能力,与平台共成长。

4)购物车:卖家用户也包含普通用户具有的功能,该功能与买家用户一样,不再赘述。

5)我的:卖家用户也包含普通用户具有的功能,该功能与买家用户大同小异,不再赘述。

运营管理人员可通过小程序或网站进行管理,主要包括如下功能。

1）商品管理：对所有参加特卖的品牌和商品进行统一管理，与其余电商平台商品不一样的地方在于，特卖有时间限制，一般在 3 天左右就会下架，包括商品分类管理、品牌管理和商品管理功能。

　　2）店铺管理：对所有卖家的店铺进行统一管理，与其余电商平台不太一样的地方是，本平台电商的店铺销售的都是平台的特卖商品，卖家并没有自己的商品，只是为平台提供一个社交电商销售渠道，类似于"柜员"的角色。

　　3）用户管理：对买家、卖家用户进行统一管理，包括用户管理、积分管理、积分明细、充值管理和充值明细功能。

　　4）交易管理：对平台商品销售情况、售前售后情况进行管理，包括订单管理（各种状态都可快速查看）、咨询管理、商品评价、商品投诉、退货退款。

　　5）运营管理：开展平台的各种活动，包括优惠券管理、秒杀活动管理、满减活动、满送活动和折扣活动管理。

　　6）结算管理：用于与卖家和买家进行结算，如果某个买家为某卖家进行推广，也可获得少量分享费用，分享奖金从卖家原本应该得到的分成奖金中扣除一部分。包括店铺收入、店铺收入明细、买家推广订单收入、买家推广订单收入明细、用户/店铺提现记录和结算设置功能。

　　7）平台设置：包括 SEO 设置、E-mail 设置、短信设置、支付方式设置、通知模板、管理员管理、角色管理、地区管理和快递设置等功能。

本章小结

　　本章设计了一款一站式的品牌特卖清仓平台，从产品定位、用户画像、用户价值、商业价值等方面进行详细讲解，并且设计出该产品的核心业务流程、核心用户需求、产品逻辑架构，以及买家、卖家和平台运营人员的功能结构。